西藏农牧业发展的
理论与实证研究

张剑雄 王小娟 等 著

厦门大学出版社 国家一级出版社
全国百佳图书出版单位

图书在版编目(CIP)数据

西藏农牧业发展的理论与实证研究/张剑雄,王小娟等著.—厦门:厦门大学出版社,2016.8
ISBN 978-7-5615-6677-0

Ⅰ.①西… Ⅱ.①张…②王… Ⅲ.①农业可持续发展-研究-西藏②畜牧业-可持续性发展-研究-西藏 Ⅳ.①F327.75②F326.377.5

中国版本图书馆 CIP 数据核字(2017)第 228028 号

出版人	蒋东明
责任编辑	潘 瑛 许红兵
封面设计	李嘉彬
技术编辑	朱 楷

出版发行 厦门大学出版社

社　　址	厦门市软件园二期望海路 39 号
邮政编码	361008
总 编 办	0592-2182177　0592-2181406(传真)
营销中心	0592-2184458　0592-2181365
网　　址	http://www.xmupress.com
邮　　箱	xmup@xmupress.com
印　　刷	虎彩印艺股份有限公司

开本	720 mm×1 000 mm　1/16
印张	16.25
插页	2
字数	294 千字
版次	2016 年 8 月第 1 版
印次	2016 年 8 月第 1 次印刷
定价	68.00 元

本书如有印装质量问题请直接寄承印厂调换

厦门大学出版社
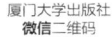
微信二维码

厦门大学出版社
微博二维码

前　言

农牧业是西藏自治区(以下简称"西藏")产业的重要组成部分,是西藏经济社会实现可持续发展的基础,西藏发展的重要前提是实现农牧区和农牧业的可持续发展。同时,西藏农牧业也是对生态环境依赖程度最大的产业部门,而良好的生态环境正是农牧业可持续发展的重要保障。

然而,西藏地处我国西南边陲,海拔高,山多地少,水资源分布不均衡,农牧业发展滞后,农牧产品的市场竞争力不强。随着西藏经济社会的发展和对外开放的进一步推进,西藏经济发展将面临许多新的挑战,如水土流失、草地沙漠化、生态环境污染等一系列环境问题,继而将影响西藏的产业和经济的可持续发展。

在这样的背景下,科技和管理创新的思想以及生态可持续发展理论的运用为解决西藏农牧业的可持续发展指明了方向,其中生态可持续发展理论的提出不仅为改善西藏生态环境提供了理论基础,而且为西藏政府部门制定相关产业政策提供了可靠的依据。同时,科技和管理创新对西藏生态农牧业的可持续发展还具有重要的促进作用。只有在生态发展理论的指导下,西藏的农牧业才能实现可持续发展前提下的生产跨越,才能更好地推动西藏经济与社会的发展。

因此,西藏地区需要因地制宜,立足于本地区的资源优势,发展生态农牧业,突出区域比较优势,在低碳经济理论、生态承载能力理论、可持续发展理论以及系统耦合等生态农牧业理论的基础上,结合自身实际情况,大力发展生态农牧业。这是在激烈的国内和国际市场竞争体系中全面提升西藏农牧业竞争力的重要途径,也是西藏经济社会在保持可持续发展的前提下实现产业跨越式发展的必然选择。

本书立足于西藏的特殊区情,根据新形势变化下的西藏经济社会发展和生态环境保护的总体目标与战略任务的要求,在科技和管理创新思想的指导下,从西藏可持续发展的角度出发,坚持把生态保护作为推进西藏经济社会发展的基础,并结合西藏经济发展的整体规划,正确处理西藏农牧业发展与生态保护的关系,为西藏实现生态农牧业的协调、可持续发展提供理论根据。

本书主要提出以下研究假设:(1)"低碳经济理论"、"生态承载能力理论"、"生态可持续发展理论"、"资源可持续发展理论"和"系统耦合理论"等生态农牧业理论的有效利用对推动西藏农牧业的发展有积极作用。(2)生态农牧业的共生发展、统筹发展和和谐发展等理念的导入对推动西藏生态农牧业的可持续发展有积极作用。(3)资源禀赋理论、比较优势理论、产业化理论、技术创新理论和管理创新理论的运用能有效地推动西藏生态农牧业发展。(4)对口支援、高原适应型技术和资金的引进对推动西藏生态农牧业发展有积极作用。(5)如果能够根据区域经济发展理论的总体要求开发西藏特色农牧业资源,则有助于降低和消除影响西藏生态农牧业发展的各种不合理因素,对推动西藏生态农牧业发展有积极作用。(6)科技和管理创新以及适应型技术的正确运用、机械化的合理导入、农牧业布局和农业种植结构的优化能有效地推动西藏生态农牧业发展。(7)中央财政扶持政策和西藏的农牧业支持政策对推动西藏生态农牧业发展有积极作用。

本书共分为七篇:第一篇主要探讨西藏农牧业发展的理论依据和现实条件;第二篇主要阐述西藏生态农牧业发展的理念与可行性;第三篇主要分析西藏农牧业发展的现状和存在的问题;第四篇主要研究西藏生态农牧业发展的方式与路径;第五篇主要剖析西藏生态农牧业发展需处理好的几个关系;第六

篇为西藏农牧业发展的计量分析;第七篇为推动西藏生态农牧业发展的政策建议。

本书由西藏民族大学财经学院张剑雄教授担任主编,负责拟定全书大纲、组织编排和内容审查等工作,各章节编写工作具体分工如下:第一篇由王小娟、张净和张剑雄等编写,第二篇由王小娟和章冬慧等编写,第三篇由刘美娟、张净和张剑雄等编写,第四篇由王小娟和张剑雄等编写,第五篇由王小娟和张剑雄等编写,第六篇由张剑雄、汪朋、陈少强、刘书铁、姚凌云等编写,第七篇由张剑雄和李继刚编写。

本书依托2012年获准立项的国家社科基金资助项目"科技和管理创新对加快西藏生态农牧业跨越式发展的实证研究"(项目编号:12BMZ081)完成,项目负责人为西藏民族大学财经学院张剑雄教授,项目组成员为西藏民族大学财经学院李继刚副教授、汪朋副教授,财政部财政科学研究所陈少强研究员,西藏民族大学财经学院的王小娟副教授和重庆大学经济与工商管理学院的马林博士研究生。此外,西藏民族大学中国少数民族经济专业研究生刘美娟、张净、韩金毯、刘书铁、姚凌云和章冬慧等也参与了本项目。

编 者

2016年6月28日

目 录

第1章 绪 论 …………………………………………………… (1)

  第一节 选题背景 ……………………………………………… (1)

  第二节 研究的意义 …………………………………………… (2)

  第三节 主要内容、创新之处 ………………………………… (4)

第一篇 理论依据和现实条件

  第2章 西藏农牧业实现跨越式发展的理论基础 …………… (11)

    第一节 跨越式发展理论 …………………………………… (11)

    第二节 跨越式发展的理论渊源 …………………………… (12)

  第3章 跨越式发展理论与西藏经济发展 …………………… (15)

    第一节 区域经济的跨越式发展 …………………………… (15)

    第二节 西藏经济的跨越式发展 …………………………… (17)

  第4章 西藏农牧业发展的现实条件 ………………………… (19)

    第一节 国家政策支持 ……………………………………… (19)

    第二节 西藏的资源优势 …………………………………… (20)

  第5章 生态发展理论与西藏农牧业的发展 ………………… (21)

    第一节 "低碳经济理论"与西藏农牧业发展 ……………… (21)

第二节 "生态承载能力理论"与西藏农牧业发展 ……………………(23)
第三节 "可持续发展战略理论"与西藏农牧业发展 …………………(24)
第四节 "系统耦合理论"与西藏农牧业发展 …………………………(27)

第二篇 发展理念与可行性

第6章 西藏生态农牧业的发展理念 …………………………………………(35)
第一节 西藏生态农牧业的共生发展理念 ………………………………(36)
第二节 西藏生态农牧业的统筹发展理念 ………………………………(38)
第三节 西藏生态农牧业的和谐发展理念 ………………………………(40)

第7章 生态农牧业提升为主导农牧业的经济学理论背景 ……………(44)
第一节 资源禀赋变化的诱致性变迁理论 ………………………………(44)
第二节 "比较优势理论"与西藏生态农牧业的发展 …………………(46)
第三节 技术创新理论与西藏生态农牧业的发展 ………………………(48)
第四节 管理创新理论与西藏生态农牧业的发展 ………………………(49)

第三篇 发展现状与存在的问题

第8章 西藏生态农牧业发展的重要性及其表现 ………………………(53)
第一节 西藏生态农牧业发展的重要性 …………………………………(53)
第二节 西藏生态农牧业发展重要性的表现 ……………………………(54)

第9章 西藏农牧业发展的现状 ……………………………………………(56)
第一节 西藏农牧业总产值增长 …………………………………………(56)
第二节 各地区农牧业总产值的增长 ……………………………………(58)
第三节 西藏农牧业总产值在西藏GDP中占的比重 ……………………(60)
第四节 西藏农村社会总产值的构成与增长 ……………………………(61)
第五节 主要农作物产量和播种面积的变化 ……………………………(63)
第六节 牲畜存栏和出栏情况的变化 ……………………………………(65)

第10章 西藏农牧业发展中取得的成就 …………………………………(68)
第一节 农牧业发展所取得成就的主要表现 ……………………………(68)

第二节　农牧业生产技术和基础设施得到持续改善 …………… (70)
　　第三节　形成新的农牧业管理机制 ………………………………… (71)
第11章　西藏农牧业发展中存在的问题及其原因分析 …………… (73)
　　第一节　农牧业发展中存在的问题 ………………………………… (73)
　　第二节　原因分析 …………………………………………………… (76)
　　第三节　促进西藏农牧业发展的政策建议 ………………………… (77)
　　第四节　生态化发展是西藏农牧业发展的必然选择 ……………… (81)

第四篇　发展方式与路径选择

第12章　"造血型"发展模式与西藏生态农牧业发展 ……………… (87)
　　第一节　"输血型"发展与"造血型"发展模式的特点 …………… (87)
　　第二节　对口援助的作用 …………………………………………… (87)
第13章　特色产业的培育与西藏生态农牧业发展 ………………… (91)
　　第一节　产业结构优化与升级 ……………………………………… (91)
　　第二节　西藏农牧业的产业结构分析 ……………………………… (92)
　　第三节　高原特色产业的培育 ……………………………………… (95)
第14章　产业布局的优化与西藏生态农牧业发展 ………………… (96)
　　第一节　西藏各地区农牧业的发展情况 …………………………… (97)
　　第二节　西藏各地区农业空间布局情况分析 ……………………… (99)
　　第三节　林业空间布局情况分析 …………………………………… (103)
　　第四节　牧业空间布局情况分析 …………………………………… (105)
第15章　科技创新与西藏生态农牧业发展 ………………………… (112)
　　第一节　西部十二省农业产值分析 ………………………………… (112)
　　第二节　西藏农业现代化水平分析 ………………………………… (113)
　　第三节　西藏农业水利设施建设分析 ……………………………… (117)
第16章　管理创新与西藏生态农牧业发展 ………………………… (119)
　　第一节　管理创新与集约化生产 …………………………………… (119)

第二节　西藏农牧业的集约化发展分析……………………(120)

第五篇　发展方式与内外关系

　第17章　对口支援与西藏生态农牧业发展………………(133)
　　第一节　中央西藏工作座谈会与对口支援…………………(133)
　　第二节　对口支援与西藏农牧业的发展……………………(134)

　第18章　资金引进与西藏生态农牧业发展………………(138)
　　第一节　资本积累与经济增长………………………………(138)
　　第二节　国家资金投入与西藏农牧业的发展………………(139)

　第19章　高原适应型技术引进与西藏生态农牧业发展…(144)
　　第一节　技术引进与经济发展………………………………(144)
　　第二节　国家资金投入与西藏农牧业的发展………………(150)

　第20章　生态环境保护与西藏生态农牧业发展…………(153)
　　第一节　资源与生态环境……………………………………(153)
　　第二节　生态环境变化与保护………………………………(154)

第六篇　计量分析

　第21章　西藏农业经济增长影响因素的实证分析………(163)
　　第一节　研究背景……………………………………………(163)
　　第二节　模型的设定…………………………………………(164)
　　第三节　数据选择及建模……………………………………(165)
　　第四节　结果分析……………………………………………(167)
　　第五节　对策建议……………………………………………(168)

　第22章　西藏生态农业发展的技术选择…………………(170)
　　第一节　研究背景……………………………………………(170)
　　第二节　理论分析和研究假设的提出………………………(171)
　　第三节　计量分析模型的建立………………………………(172)
　　第四节　问卷调查的实施与数据的说明……………………(174)

目 录

　　第五节　计量分析结果及解释…………………………………（175）
　　第六节　政策建议………………………………………………（178）
第23章　西藏经济发展的区域差异性与农牧业的布局优化………（179）
　　第一节　农牧业对于西藏经济发展的重要性…………………（179）
　　第二节　西藏与其他省区的经济发展差距……………………（181）
　　第三节　西藏地区间的经济发展差异…………………………（183）
　　第四节　西藏经济发展空间差异的原因探析…………………（185）
　　第五节　解决问题的理论根据与方法…………………………（187）
第24章　区域优化对西藏畜牧业实现跨越式发展的影响…………（188）
　　第一节　研究背景与理论分析…………………………………（188）
　　第二节　模型分析………………………………………………（189）
　　第三节　数据的说明……………………………………………（192）
　　第四节　计量分析结果及解释…………………………………（192）
　　第五节　结论与政策建议………………………………………（196）
第25章　西藏农业产业结构调整与农民收入关系的实证分析……（198）
　　第一节　研究背景………………………………………………（198）
　　第二节　实证数据的采集………………………………………（199）
　　第三节　理论介绍………………………………………………（200）
　　第四节　实证分析………………………………………………（202）
　　第五节　结论和政策建议………………………………………（206）
第26章　西藏财政支农与农牧民增收关系的实证分析……………（208）
　　第一节　研究背景………………………………………………（208）
　　第二节　西藏财政支农规模和绩效的描述性分析……………（209）
　　第三节　西藏财政支农与农牧民增收的格兰杰因果关系检验……（212）
　　第四节　西藏财政支农对农牧民增收的影响分析……………（215）
　　第五节　结论……………………………………………………（218）

第 27 章　中央财政政策对提高西藏农牧民生活水平的影响 …… (220)
　　第一节　数据说明 …………………………………………… (220)
　　第二节　模型建立及研究假设 ……………………………… (223)
　　第三节　计量结果及解释 …………………………………… (226)
　　第四节　结论与政策建议 …………………………………… (229)

第七篇　政策建议

第 28 章　促进西藏生态农牧业发展的政策建议 ………………… (239)

绪 论

第一节 选题背景

西藏地处我国西南边陲,面积约 120 万平方公里,地大物博,资源丰富。近年来,西藏农牧业在国家政策、西藏人民以及全国援藏工作的支持下得到了快速发展。《西藏自治区"十二五"时期国民经济和社会发展规划纲要》对西藏经济发展做出明确指示:"要实现西藏经济全面快速的发展,必须坚持党的领导,坚持社会主义制度,坚持民族区域自治制度,坚持走有中国特色、西藏特点发展路子,以科学发展、可持续发展和长治久安为主题,切实把推进跨越式发展和长治久安贯穿到建设社会主义新西藏的全过程,促进西藏经济更好更快发展和社会和谐稳定,为到 2020 年同全国一道实现全面建设小康社会的宏伟目标打下具有决定性意义的基础。"[①]西藏农牧业作为西藏经济发展的支柱产业,其发展成为西藏经济社会发展中的重要组成部分。

当前,国内很多研究都从政策理论的角度分析了西藏农牧业的发展,但从科技和管理创新的角度来分析西藏生态农牧业的发展的研究并不多;同时,对

---

① 西藏自治区人民政府.西藏自治区"十二五"时期科学和技术发展规划[J].西藏科技,2012(6):3-10.

西藏地区进行实地抽样调查、进行经济学理论和计量统计分析的研究更少,很多研究虽对此相关问题进行了阐述,但大多数研究并没有用计量统计分析方法对研究结论进行相应的验证。

为此,本书主要通过西藏生态农牧业发展的内涵界定以及内容和发展现状分析的基础上,提出西藏生态农牧业发展的相关政策建议和发展策略,并研究科技和管理创新对西藏生态农牧业发展的影响,同时采用经济学理论模型和计量统计分析的方法对结论进行验证,以期为西藏生态农牧业发展提供政策支持和借鉴。

第二节 研究的意义

(一)现实意义

西藏农牧业的发展是西藏经济社会发展的重要组成部分,西藏自治区政府高度重视西藏农牧业的发展。西藏地区具有较好的资源优势,土地资源丰富,土地总面积达120多万平方公里,生物资源、水产资源、药材资源、野生动植物资源以及能源资源丰富,为农牧业发展提供了得天独厚的条件。近年来,西藏生态农牧业取得了较快发展,在国家资金、技术、人才以及对口支援等政策的大力扶持,以及西藏各族人民的共同努力下,西藏农牧业取得了较快的增长,农牧民收入持续增长,生活水平不断提高。然而,由于气候条件等多方面的原因,当前西藏农牧业发展仍面临着困难和问题,对西藏农牧业的可持续发展的研究是十分必要的。

(二)理论意义

学术界关于西藏生态农牧业实现跨越式发展的研究主要侧重于以下几个

方面:(1)强调对口支援,充分调动人的积极性等策略(顾茂芝,2002[①];孙新章,2007[②]);(2)分析西藏农牧民收入现状,讨论西藏农牧民增收与西藏生态农牧业发展的关系(程越,2012[③];沈红益,2013[④]);(3)通过气候变化来说明提高西藏特色农业适应气候变化的能力(沈开艳、徐美芳,2012[⑤])等。

以上学者从各自的角度对西藏生态农牧业发展问题进行了阐述,但是大多数研究侧重的是西藏生态农牧业发展现状分析,部分学者在此基础上提出了相关策略,还有学者针对农牧民增收问题进行分析,而且研究方法以定性研究为主。本书在以上研究的基础上,采用经济学理论和计量统计分析方法对西藏生态农牧业实现科学发展的内涵进行界定,并对其内容和现状进行分析,从而较为全面地提出西藏生态农牧业的发展策略,为西藏生态农牧业的可持续发展提供参考。

(三)战略意义

从战略角度讲,西藏生态农牧业实现可持续发展是加快转变西藏经济发展方式、促进经济和社会又好又快发展的必要保证,是尽快缩小西藏与中东部地区的发展差距的前提,是促进西藏的经济结构调整、区域布局优化、自主创新、生态建设和环境保护的迫切需要,是促进社会稳定、建设和谐西藏的必要保证。西藏生态农牧业的可持续发展不仅是西藏长治久安的要求,还关系到国家生态安全、国防安全乃至中华民族的根本利益和长远发展。

---

① 顾茂芝.加快科技与经济的结合,实现西藏农牧业跨越式发展[J].西藏科技,2002(12):15-18.

② 孙新章.新时期西藏农牧业跨越式发展的战略思路与重点科技领域[J].中国软科学,2007(12):106-111.

③ 程越.促进西藏农牧民增收问题研究[J].中国藏学,2012(3):133-137.

④ 沈红益.西藏农牧民持续增收的财政政策研究[M].北京:北京林业大学出版社,2013.

⑤ 沈开艳,徐美芳.气候变化条件下的西藏特色农业跨越式发展研究[J].西藏大学学报(社会科学版),2012(2):32-39.

第三节　主要内容、创新之处

(一)研究内容

本研究主要是对西藏农牧业的发展进行分析。首先,通过分析已有研究对西藏生态农牧业发展的内涵进行界定。在此基础上,分析西藏生态农牧业从外生性增长向内生性增长转变的必要性,研究管理创新、技术创新等对发展的影响,探讨发展速度、经济效益、社会效益、环境效益与可持续发展的关系,阐明合理化的产业结构与西藏生态农牧业发展的关系,说明共生发展、统筹发展以及和谐发展的理念与西藏生态农牧业发展的关系等。与此同时,在西藏生态农牧业发展的相关研究中主要侧重区域布局的优化、科技创新、管理创新、推动产业升级和生态型集约化发展等问题。本研究的内容主要包括:

第一篇,分析西藏生态农牧业发展的理论基础,探讨西藏生态农牧业在可持续发展的前提下实现跨越式发展的条件,以及生态农牧业的理论对西藏农牧业发展的影响。

第二篇,研究西藏生态农牧业发展的理念,阐明西藏生态农牧业与社会、环境的可持续发展的必要性。同时,探讨西藏生态农牧业提升为主导产业的可行性,分析资源禀赋理论、比较优势理论、产业化理论、技术创新理论和管理创新理论对西藏生态农牧业发展的作用。

第三篇,主要对西藏农牧业发展概况进行分析,并侧重对西藏生态农牧业发展中的成就和问题进行探讨,主要包括:西藏农牧业总产值的增长、各地区农牧业总产值的增长、西藏农牧业总产值占GDP的比重、西藏农村社会总产值的构成与增长、主要农作物产量和播种面积的变化、牲畜存栏和出栏情况的变化等,探讨高原适应型农牧业生产技术的应用和生产设施的改善、农牧产品产量和质量的提高、新型管理机制的形成等问题,研究西藏生态农牧业在西藏经济发展中所占的地位以及所起到的作用,同时分析西藏生态农牧业发展中存在的问题与原因。

第四篇,从发展方式与路径两个方面来分析"输血型"发展模式和"造血型"发展模式对西藏生态农牧业发展的影响,同时探讨特色产业的培育、产业布局的优化、科技创新和管理创新等"造血型"发展模式对西藏生态农牧业发展所起到的作用。研究表明,"输血型"发展模式是一种外生型发展模式,只能暂时缓解被援助地区的燃眉之急,无法从根本上解决被援助地区的可持续发展问题;与之相对应的"造血型"发展模式是一种强调自我发展能力的内生型发展模式,它是通过技术进步、人才资源开发和产业培育来形成一个地区的自我发展能力,这种发展模式可以解决"输血型"发展模式造成的后继发展问题,为被援助地区提供可持续发展的动力。

第五篇,受地理环境和气候等条件的限制,西藏地区发展的成本较高,自我发展能力较弱,仅靠自身努力很难实现经济的快速发展,很难实现各地区共同发展和共同富裕。在西藏生态农牧业发展中,必须正确处理好对口支援、资金引进、高原适应型技术引进、生态环境保护与经济发展的关系。

第六篇,这部分主要通过经济学建模和计量分析对西藏生态农牧业发展进行深入研究。在以上西藏生态农牧业发展分析的基础上,通过《西藏统计年鉴》和问卷调查所获得的数据对以下问题进行较为详细的分析,其内容包括:(1)西藏农业经济增长影响因素的实证分析;(2)西藏生态农业发展的技术选择;(3)西藏经济发展的区域差异性与农牧业的布局优化;(4)区域优化对西藏畜牧业实现跨越式发展的影响;(5)西藏农业产业结构调整与农民收入关系的实证分析;(6)西藏支农政策与农牧民增收关系的实证分析;(7)中央财政政策对提高西藏农牧民生活水平的影响。

第七篇,在西藏生态农牧业发展研究的基础上,提出西藏生态农牧业实现可持续发展的对策建议。

(二)创新之处

本书主要的创新之处为研究内容创新和研究方法创新。

1.研究内容创新

(1)以往的研究大多侧重西藏生态农牧业发展现状分析,部分学者在此基础上提出了相关策略,还有学者针对农牧民增收问题进行分析。本书在这些研究的基础上,对西藏生态农牧业发展的内涵以及内容进行了较为全面的分析,从而提出了较为全面的西藏生态农牧业发展策略。

(2)比较优势是实现跨越式发展的必要条件,但要实现跨越式发展还需具有因地制宜建立的各项经济制度、创新管理制度,在学习发达地区经济发展经验的同时,还要富有一定的创新精神,此外,还需加强政策对经济发展的支持力度等,从而实现经济的跨越式发展。

(3)西藏生态农牧业的发展需要西藏从传统农牧业生产向生态保护型的现代农牧业生产转型,跃过严重破坏自然生态环境的生产阶段,实现环境友好型的可持续发展模式,与此同时,逐渐缩小城镇居民和农村居民的收入差距。

(4)西藏地区的特色种养殖业和"七区七带"的农牧业产业带的建立不仅能为西藏高原特色农产品生产奠定良好的基础,对农牧民的收入增加也能起到积极作用。西藏地区各级农业部门应积极推广建立农牧业产业带,以有效地提高生产效益。

(5)西藏地区龙头企业的发展有效地推进了农业产业化经营,提高了农畜产品的附加值价值,有利于创建西藏特色品牌,增加农牧民的现金收入。农牧业专业合作组织、经营和产销一体化组织等现代农牧业经营模式的创新能为西藏生态农牧业实现可持续发展奠定良好的基础。

(6)西藏生态农牧业的发展应建立在西藏地区的内因推动与外因帮扶的相互协调基础上,进一步突出西藏地区内生发展能力的培养,借助对口支援,依靠本地区的资源优势,大力发展"造血"型产业的内生经济。

2.研究方法的创新

以往的研究多以定性分析为主,少数学者进行了定量分析。本书在这些研究的基础上,主要借助《西藏统计年鉴》和问卷调查的数据,通过经济学理论建模以及实证分析对西藏生态农牧业发展的内容进行研究,从而提出较为深入和全面的发展对策。

(1)对藏东北、藏西北和藏东南等地区进行抽样调查,从调查中取得必要的数据;同时用经济理论模型对这些数据进行计量统计分析,利用计量统计分析的结果来证明区域布局优化、技术创新、管理创新、规模化、集约化和产业化经营等因素是否对农牧业产量的增长和产品质量的改进、农牧业经济效益的提高有促进作用,同时从速度和效益的角度来分析科技和管理的创新对加快西藏生态农牧业发展的影响。

(2)在内生经济增长理论的基础上,使用线性面板数据模型分析法和Hausman检验来分析现代农业科学技术、传统农业经验技术、现代农业生产方式、生态环境保护和政府的扶持政策等因素对西藏生态农业发展的作用。

(3)分析区域布局优化对西藏农牧业发展的影响,研究西藏经济社会发展过程中发挥生态农牧业优势作用的可能性,探讨区域布局优化对西藏生态农牧业发展的影响。

(4)使用存栏规模优势指数、产量优势指数和综合比较优势指数的计算模型对西藏七个地级地区(市)养殖业的存栏规模优势指数、产量优势指数和综合比较优势指数进行计算,同时使用线性面板数据模型分析法和Hausman检验来分析存栏规模优势指数、产量优势指数和综合比较优势指数与畜牧业总产值增长的关系。

(5)利用ADF单位根检验法、格兰杰(Granger)因果关系检验法和协整检验法对西藏农民收入与农村产业结构的关系进行计量分析,并建立相应的误差修正模型。

(6)通过对1990—2012年西藏财政支农的有关数据进行描述性分析,然后使用ADF单位根检验法对财政支出和西藏农牧民人均纯收入的序列进行平稳性检验,利用Granger检验法对协整关系进行检验,分析财政支持对西藏农牧民收入增长的影响。

(7)使用排序选择模型(Ordered Probit Model)对问卷调查取得的分布于西藏20个县共计193户的样本数据(447个)进行回归分析,研究西藏农牧民人均纯收入与他们生活水平的关系。

第一篇

理论依据和现实条件

2 西藏农牧业实现跨越式发展的理论基础

《西藏自治区"十二五"时期国民经济和社会发展规划纲要》指出:"要实现西藏自治区更快更好的发展必须坚持走社会主义制度以及坚持党的领导,坚持民族区域的自治制度,并坚持走具有中国特色和西藏发展特点的发展路子,以科学发展观结合跨越式发展和长治久安为主题,从而实现西藏经济全面快速的发展。"在"十二五"时期,西藏主要的目标是:"加快基础设施建设步伐,提高公共服务能力,改善生态环境,增加农牧民收入,缩小城乡差距,从而来增强全区全面建设小康社会的基础。"在西藏经济发展进程中,农牧业的发展至关重要。本章主要是探讨西藏农牧业的发展问题,探讨的重点是西藏生态农牧业发展的可行性和内涵。

第一节 跨越式发展理论

"跨越"指的是"向前跳过或跃过某个物体或某个空间距离的行为",英文翻译为"Leap","跨越式发展"被翻译为:"Leap forward in Development"。有学者认为,对于跨越式发展的理论国外并没有此提法,这个理论来自于国内。① 国内在1994年最早提出跨越式发展的概念,专家们认为,从世界科学技术发展的态势来看,与发达国家相比,中国在现有的技术境况下,3～5年便想进入更新的高科技领域,不一定具有绝对优势。因此,如果想与发达国家站在同一水平线上必须跨越某些技术的发展阶段。② 2000年10月,党的十五届五中全会公报提出了信息化与跨越式发展之间的关系;十六大报告说明了基础研究和高技术研究对于推进和实现技术的跨越式发展的重要性。2001年,中国学术界开始对跨越式发展进行研究,侧重于研究技术跨越式的发展、生产力的跨越式发展、跨越式发展的可能性以及跨越式发展的途径和方式。③④

另外,学者们认为,跨越式发展的科学内涵主要表现为:①落后的国家或地区的初始条件差异与后发优势并存;②跨越式发展基于信息技术,创新是其内在动力,属于通过技术进步来实现的经济赶超战略;③技术跨越是跨越式发展的基础,产业以及生产力跨越是经济跨越式发展的重要手段;④落后地区的跨越式发展要在科学发展观的指导下,实现对落后的产业结构、增长方式以及生产技术水平的跨越;⑤跨越式发展的本质是实现经济差距的不断缩小以及经济的快速增长;⑥跨越式发展是一种高效、可持续、超常规以及非均衡的发展。⑤,⑥

第二节 跨越式发展的理论渊源

跨越式发展是一个新名词,其主要理论渊源有资源禀赋、追赶超越、后发优势和比较优势等相关理论。

---

① 孙庆刚,秦放鸣.欠发达区域跨越式发展含义解析[J].新疆师范大学学报(哲学社会科学版),2011(3):46-51.
② 牛治富.西藏跨越式发展研究[M].拉萨:西藏人民出版社,2004.
③ 邓光奇.西部地区跨越式发展的理论思考[J].贵州民族研究,2003,23(3):45-50.
④ 李黎明.生产力跨越式发展理论和实践问题述要[J].改革与战略,2007(2):23-25.
⑤ 李卫平.后发优势与青海省跨越式发展研究[D].西宁:青海大学,2012.
⑥ 鄢杰.民族地区经济跨越式发展研究[D].成都:四川大学,2004.

第2章　西藏农牧业实现跨越式发展的理论基础

(1) 后发优势理论

1962年,在总结德国、意大利等国经济追赶成功经验的基础上,美国经济史学家亚历山大·格申克龙提出了后发优势理论[1],指的是工业化起步较晚的后起国家追赶先进国家,其追赶的速度也较快。[2]

在此基础上,列维认为,后发优势体现在欠发达地区可以借鉴先进国家的经验与技术,跨越先进国家早期的投资与积累阶段,在可能得到先行者的帮助与支持下,受到先行者的激励作用,实现不再是一个全新领域的跨越。[3]

在列维等学者研究的基础上,国内学者也对此进行了研究。其中,孙来斌和李敏认为,落后国家为了跨越经济发展的初级阶段,通过引进、模仿和消费先进国家的生产技术,以较快的速度掌握先进的生产技术和管理经验,能有效地形成后发优势。[4]李卫平认为,后发优势主要包括:①经验借鉴优势;②技术引进优势;③制度创新优势;④人力资源优势;⑤产业结构调整优势等。他认为这种优势可以为后发国家提供有利条件,并帮助其实现经济社会的进步。[5]

(2) 比较优势理论

林毅夫认为,中国的劳动力属于具有比较优势的资源,而劳动密集型企业的发展促进了劳动力成本升高,在此过程中需要通过适时推进技术调整以及新一轮的产业结构调整,从而可以使中国的工业化进程建立在比较优势的基础上。[6] 现代经济学所讲的比较优势主要指各地拥有的劳动力、资本量、自然资源等禀赋结构的优势,这是根据各个国家经济要素的比重结构来分析的。

(3) 追赶假说和赶超假说相关理论

阿伯拉莫维茨认为,技术模仿得越多,则继续实施模仿的成本越高。范艾

---

[1] Gerschenkron A. Economic Backwardness in Historical Respective[M]. New York: Harvard University Press, 1962.
[2] 侯高岚. 后发优势理论分析与经济赶超战略研究[D]. 北京:中国社会科学院研究生院, 2003.
[3] Levy M J. Modernization and the Structure of Societies: A Setting for International Affairs [M]. Princeton University Press, 1966.
[4] 孙来斌,李敏. 后发优势研究评述[J]. 经济社会体制比较, 2006(4):134-137.
[5] 李卫平. 后发优势与青海省跨越式发展研究[D]. 西宁:青海大学, 2012.
[6] 林毅夫. 发展战略与经济改革[M]. 北京:北京大学出版社, 2004.

肯认为,要实现技术和经济水平的赶超,转向技术的自我创新阶段,技术的引进、吸收、创新是经济欠发达国家可以利用的方法。从中可看出,追赶假说和赶超假说主要强调了技术创新在跨越式发展中的重要作用。

(4)资源禀赋理论

关于资源禀赋理论(要素禀赋理论),学者张春燕认为,区域拥有各种生产要素(包括劳动力、资本、土地、技术、管理等)在供给较大而价格较低的情况下相对富裕,否则该要素相对稀缺。

3

跨越式发展理论与西藏经济发展[①]

理论界关于跨越式发展的研究较多,其中主要表现为整体水平的跨越式发展研究和生产力的跨越式发展研究,也有部分是研究经济领域的跨越式发展。本章主要分析生态农牧业经济的跨越式发展。

第一节 区域经济的跨越式发展

有学者通过研究发现,欠发达地区的经济现状通常表现为经济基础较为薄弱、基础设施建设落后、对外开放程度较低等。还有学者的研究是关于省或市等地区的跨越式发展,其中,刘光辉通过对安徽经济实现跨越式发展进行研究,说明安徽经济发展要实现跨越式发展需选择主导产业,培育优势(特色)产业,依托技术创新,重视大型企业的培育,以信息化推进工业化等措施加速实现安徽经济现代化。[②] 岳佐华以河南省为例,说明利用社会进步过程中产生的区位、人力资本以及政策变迁,在观念变革的基础上,欠发达地区的跨越式

---

① 本章已在"西藏发展论坛"2015年第四期公开发表。
② 刘光辉.安徽经济实现跨越式发展的路径选择[D].马鞍山:安徽工业大学,2009.

发展经过技术跨越、制度跨越几个阶段,从而实现由欠发达地区跨越到发达地区。[①] 古再丽努尔·阿卜来提以跨越式发展作为主要背景在分析新疆喀什地区经济发展中的内外部环境基础上提出:坚持农业基础地位,强化和提升加工业能力,优化产业结构,加快城镇化,重视人力资源开发,提高发展能力等跨越式发展建议和措施。[②] 张春燕通过系统分析西部大开发对青海省农牧业的影响,提出了加快技术的创新和推广,提高农牧业生产技术水平,加强国内外市场体系的建设;加强生态环境保护和建设,合理开发资源等八条操作性较强的跨越式发展具体措施。[③] 李卫平通过SWOT分析对青海省实现跨越式发展进行研究,提出了青海省借助后发优势实现跨越式发展的相关建议。[④] 四川省社会科学院通过对川西北高原牧区的研究,提出了因地制宜选择牧区发展道路,加快基础设施建设,完善生态建设政策等牧区跨越式发展的对策建议。[⑤]

另外,也有部分学者的研究是关于民族地区农牧业跨越式发展。如财政部科研所区域室课题组认为,新形势下扩大开放是民族地区加快发展的必然选择,民族地区必须走跨越式的发展道路,并提出大通道建设、人口流动和人才培养、区域分工与协作、资源开发与生态补偿、对口支援等实现跨越式发展的具体措施。[⑥] 张广裕对甘肃藏区经济发展状况的研究,分析了甘肃藏区跨越式发展的资源优势和历史机遇,提出大力推进扶贫开发,加大人力资本投入,加强基础设施建设,促进优势特色产业发展,加强甘肃藏区生态环境保护与建设以及完善组织协调机制,抓好政策贯彻落实等跨越式发展的措施。[⑦]

[①] 岳佐华.论欠发达地区跨越式发展的理论基础与实现条件——以河南省为例[J].安徽农业科学,2007,35(4):1207-1209.

[②] 古再丽努尔·阿卜来提.跨越式发展背景下的喀什地区经济发展问题研究[D].乌鲁木齐:新疆财经大学,2012.

[③] 张春燕.青海省特色农牧经济发展研究[D].北京:中央民族大学,2011.

[④] 李卫平.后发优势与青海省跨越式发展研究[D].西宁:青海大学,2012.

[⑤] 四川省社会科学院长江上游高原牧区发展政策研究课题组.高原牧区定位重构与战略转型[J].川西北证版,改革,2011(11):76-83:

[⑥] 财政部科研所区域室课题组.以开放促发展:实现民族地区跨越式发展的新思路[J].经济研究参考,2011(62):2-18.

[⑦] 张广裕.甘肃藏区跨越式发展研究[J].民族论坛,2012(8):69-74.

第二节　西藏经济的跨越式发展

(1)关于西藏跨越式发展的相关研究。乔元忠对西藏经济社会发展中存在的问题,提出了解放思想,更新观念;深化改革,创新机制;加大投入,夯实基础;增加农牧民收入;加快小城镇建设,实行适度规模经营;搞活企业,增强"造血功能";大力发展教育事业;采取特殊优惠政策,加强生态建设和环境保护等八条跨越式发展措施。① 杨明洪认为,西藏经济的跨越式发展的核心需以超常的思维方式和思想观念为先导,依靠机制创新和管理创新、科技创新以及体制创新,通过产业升级、技术跨越、结构优化有超长规的突破和提高。② 王燕境,杜青龙,牛艳艳从生产要素(含自然资源、资本和劳动力)、产业结构的调整、制度建设的形成的三个方面分析其对西藏经济跨越式发展的作用。③ 欧珠认为,坚持和落实科学发展观是新时期西藏经济社会跨越式发展的必由之路,并提出调整经济结构,大力发展西藏特色产业以及保护优质资源和生态环境等跨越式发展策略。④ 肖方仁认为,要实现跨越式发展的目标,首先要有信心和决心,要充分利用西藏发展的后发优势,强调统筹兼顾。⑤ 王海英通过对西藏经济受自然条件、地理位置等制约因素的分析,提出转变发展理念,强化重点项目建设,重视特色优势产业发展,促进西藏非公有制经济发展以及深化改革开放等方式实现西藏经济跨越式发展的措施。⑥

(2)关于西藏农牧业怎样实现跨越式发展这一命题,顾茂芝认为,西藏农

---

① 乔元忠.对西藏经济社会跨越式发展若干问题的思考[J].中国藏学,2003(3):13-18.
② 杨明洪.西藏经济跨越式发展:治藏诉求与政策回应[J].中国藏学,2006(2):83-90.
③ 王燕境,杜青龙,牛艳艳.要素贡献与西藏经济跨越式发展的相关性研究[J].西藏大学学报,2008(3):32-37.
④ 欧珠.坚持和落实科学发展观是新时期西藏经济社会跨越式发展的必由之路[J].西藏发展论坛,2009(1):25-28.
⑤ 肖方仁.科学发展观视域下的西藏发展[J].延安大学学报(社科版),2011,33(2):39-42.
⑥ 王海英.大力推进西藏经济跨越式发展问题研究.中国集体经济,2012(21):61-62.

牧业若要实现跨越式发展必须推动特色资源合理的配置,实行科技人才和科技对口援藏,充分调动人的积极性,培养引进人才等策略实现西藏农牧业科技产业经济跨越式发展。[①]孙新章通过对西藏农牧业发展的主要成绩与现状的分析,说明当前西藏农牧业发展的主要问题,提出了特色产业发展战略,区域互补战略以及生态环境保护战略三个新时期西藏农牧业跨越式发展的战略思路与重点科技领域。[②]程越对近年来西藏农牧民收入较快增长的态势与特征进行分析,说明了影响西藏农牧民增收的重要因素,提出了稳定农牧业生产水平,用好用活国家的强农惠农政策,发展高原特色农产品的深加工。[③]沈开艳、徐美芳认为,西藏特色农业的跨越式发展的实现需要切实加强农户种植技术水平的提高,以及劳动技能的培训,在对口支援过程中突出市场渠道的开拓和市场体系的完善,进一步提高西藏特色农业适应市场变化的能力。[④]还有学者认为,要推进西藏农牧业跨越式发展,必须引导各类生产要素向产业带和优势产区集聚,并提出落实惠农政策,加强基础建设、科技创新,强化农牧业科技支撑,加强特色农业的产业开发,高效利用农业资源,加大农业技术人员的培养力度。

根据地区实现跨越式发展的相关理论论述,以及西藏经济实现跨越式发展和西藏农牧业实现跨越式发展的相关研究认为:西藏生态农牧业实现跨越式发展主要涉及发展理念、发展方式、制度创新、管理体制创新、科技创新、产业结构优化、基础设施建设、人才培养、对口支援以及生态建设等多方面内容。

---

① 顾茂芝.加快科技与经济的结合,实现西藏农牧业跨越式发展[J].西藏科技,2002(12):15-18.
② 孙新章.新时期西藏农牧业跨越式发展的战略思路与重点科技领域[J].中国软科学,2007,12:106-111.
③ 程越.促进西藏农牧民增收问题研究[J].中国藏学,2012(3):133-137.
④ 沈开艳,徐美芳.气候变化条件下的西藏特色农业跨越式发展研究[J].西藏大学学报(社会科学版),2012,27(2):32-39.

西藏农牧业发展的现实条件

第一节 国家政策支持

西藏实现跨越式发展的关键在于西藏经济尤其是农牧业的发展,长期以来国家高度重视西藏农牧业的发展。中央第三次西藏工作座谈会指出:"西藏农牧业的发展应很好地把握国家实施西部大开发战略的良好机遇,大力推进农牧业的产业结构调整,实现农牧民收入的增加,加快农牧业增效,以确保发展目标的实现。"中央第四次西藏工作座谈会上指出:"要积极推动西藏经济社会的快速发展,尽快实现西藏的跨越式发展。"而且,中央第五次西藏工作座谈会强调"西藏工作的重点是建设高原特色农产品基地,显著缩小农牧民人均纯收入与全国平均水平的差距。"①②另外,《西藏自治区"十二五"时期科学和技术发展规划》中把增加农牧民收入,保障与改善民生作为经济社会跨越式发展和长治久安的有力支撑。

---

① 苏山.中央第五次西藏工作座谈会关于西藏发展的基本思路和战略定位的意义和内涵[J].西藏发展论坛,2010(3):15-18.

② 西藏自治区人民政府.西藏自治区"十二五"时期科学和技术发展规划[J].西藏科技,2012(6):3-10.

第二节 西藏的资源优势

西藏地区具有较好的资源优势。西藏土地总面积多达120多万平方公里,其中草地占总面积的53.79%(65万公顷)。全区未利用土地占土地总面积的30.71%,具有较大的可利用潜力。西藏水资源丰富,地下水资源总量约1107亿立方米。

近年来,西藏生态农牧业取得了较快发展。在国家的人才、资金、技术以及对口支援等政策扶持下,在西藏人民的共同努力下,西藏经济取得了较快的发展。根据《西藏自治区2013年国民经济和社会发展计划执行情况》的数据可知西藏农牧业发展形势持续向好。与此同时,"第一产业总量增速较快,农畜产品总量供需基本平衡,特色经济作物发展状态良好,农业商品化率逐步提高,农业现代化进程较快,农业内部结构得到优化,农业合作经济组织不断扩大"(沈红益,2013)。

虽然,西藏具有较好资源优势,而且农牧业近年得到快速发展;但是,由于自然、历史等多方面的原因,当前西藏农牧业发展仍存在着困难与问题。如自我发展能力弱,基础设施建设滞后,生态环境保护任务依然艰巨,农牧业技术创新和体制建设滞后,特色农牧业产业化发展缓慢等。同时,还存在农牧区经济结构不合理,农牧民增收相对缓慢,城乡经济"二元结构"特征明显,农牧区社会化服务体系不健全等问题。

5

生态发展理论与西藏农牧业的发展

第一节 "低碳经济理论"与西藏农牧业发展

低碳经济最早源于能源战略的调整,之后广泛应用于农业、工业、服务业等领域。这种崭新的发展模式是在摒弃传统的"先污染后治理、先低端后高端、先粗放后集约"发展模式基础上提出来的,是共同实现经济发展与保护资源环境的必然选择。[①] 2003 年,英国在《我们能源的未来:创建低碳经济》白皮书中正式提出低碳经济的基本内涵。书中指出:低碳经济是指通过消耗更少的自然资源和排放更少的环境污染物来获得更大的经济产出,从而为人类的生产、生活提供更优的服务质量。低碳经济能够为先进技术的发展、应用和输出创造更多的机会,同时也可以创造出新的商机,为人们提供更多的就业岗位和机会。近年来,我国学者对低碳经济进行了深入研究,并对其内涵进行了界定。例如,我国学者张坤民认为:低碳经济是人类为转变现有的生存方式所进行的技术创新、制度创新,是一场全球性的以低能耗、低排放、低污染为基础的发展模式;付允认为:低碳经济是区别于传统高污染、高耗能,以节能、减排、环

---

① 低碳经济.百度百科[EB/OL]. http://baike.baidu.com.

保为目的的经济发展模式,是一种绿色经济发展模式;中国环境与发展国际合作委员会指出:低碳经济是社会发展的一个新的经济、技术体系,与传统经济体系相比无论是在生产还是在消费上都达到节省资源,维护经济社会稳定的目的。纵观国内外学者对低碳经济的理解,虽然定义不同,但内涵基本相同。本书将低碳经济理解为:以低耗能、低污染、低排放为目标,通过改变生产方式,创新生产技术,实现资源、环境的可持续发展的一种新的经济发展模式。

低碳经济作为一种新的发展模式,具有以下几方面的特征:首先,低碳经济具有经济性。其经济性主要表现在以下两个方面:一方面,低碳经济的经济性主要表现为不能仅仅依靠政府的扶持,而应是遵循市场的运行机制和规律的经济行为;另一方面,低碳经济的经济性是指通过节省资源,形成绿色的生产和消费模式,为社会创造更多的经济效益,而不是让人们回到以前的农耕社会。其次,低碳经济具有目标性。其主要目标是保持经济社会稳定发展的同时,减少空气中碳的排放量,提高人们的生活水平。低碳经济的目标性主要体现在追求发展质量的提高,而非传统的 GDP 数量的增长。除此之外,低碳经济还具有技术性特征。低碳经济的发展需要先进的技术保障,通过技术的创新改进,提高资源的利用效率,降低二氧化碳的排放量,从而实现经济、社会与生态系统之间的和谐发展。

生态农牧业是现代农牧业发展的必然产物,是指在农牧业生产中将现代农业技术与传统农牧业相结合,从而形成一种新型农牧业发展模式。目前,西藏农牧业的发展面临着资源和环境的制约,发展生态农牧业将成为西藏农牧业发展的必经之路。众所周知,生态农牧业必须以可持续发展为前提,而低碳经济的目标是实现人与自然、社会、经济和谐发展,其实质与核心都体现了可持续发展思想。西藏现有农牧业企业生产技术水平的参差不齐、研发和创新能力的有限性,以及所处生态环境的脆弱性等特点要求西藏地区必须发展"低碳"农牧业。低碳经济理论为西藏发展生态农牧业提供了良好的理论基础,有利于推进西藏农牧业发展。

低碳经济理论的核心思想是:通过制度安排、技术创新、政策激励和约束,促进整个社会由高耗能向低耗能、低排放的生产模式转变,形成新的生产方式和消费方式。这种生产、消费方式能够使资源得到有效利用,环境得到有效保护,最终实现经济和生态"共赢"的局面。

总之,在市场经济条件下,低碳经济理论的提出有利于改变传统的高污染、高排放生产方式,大大推动先进种植经验和高新技术的发展,促进西藏农牧业朝着现代化和生态化相结合的方向发展。因此,低碳经济理论成为西藏农牧业发展的重要理论依据。实践证明,发展低碳经济是转变农牧业发展模式、提高农牧民生活水平的重要途径,是西藏实现经济、社会、生态文明发展的必然选择。

第二节 "生态承载能力理论"与西藏农牧业发展

承载力是物理学中的术语,主要是指物体在受力的情况下,能够维持自身平衡且不出现任何不利现象时所能够承受的最大负荷量。在早期的实践中,承载力这一术语一般应用于畜牧业中。随着经济的快速发展,人与自然之间的矛盾不断加剧,承载力的概念逐渐延伸至自然、社会以及经济领域当中。第一次提出生态承载力这一概念的是美国学者 Park 和 Burgess,他于 1921 年在人类生态学杂志发表的论文指出:在一定的条件下,某一生态环境能够承载某一生产力的最高数量为其生态承载力的主要表现。[1] 随着 20 世纪 70 年代以来世界人口、环境、经济、资源之间矛盾的日益突出,资源承载力、人口承载力、水资源承载力、畜牧业承载力等概念相继产生。承载力概念的演化和发展过程反映出当今社会经济发展中不断出现的社会问题。

关于生态承载力的概念,我国学者的研究成果颇多。例如,学者程国栋认为:生态承载能力是生态系统为人类社会良性发展提供的包含资源和环境在内的支持能力,其主要研究内容是生态经济系统中各要素之间相互融合的关系;学者高吉喜指出,生态承载力是建立在资源承载力的基础上产生的,其内涵包括生态系统的自我维持和自我调节能力,以及资源与环境系统的供给能力。[2] 尽管到目前为止,我国国内学者对生态承载能力给出的定义不同,但都

---

[1] 低碳经济.百度百科[EB/OL]. http://baike.baidu.com.
[2] 低碳经济.百度百科[EB/OL]. http://baike.baidu.com.

赋予其客观性、可变性和层次性的特征。生态承载能力的客观性为生态系统抵抗外来风险提供了保障,同时也为生态系统的进一步优化提供了基础;生态承载能力并不是固定不变的,会随着经济和社会的发展而不断变化;生态承载能力的层次性主要体现为两个方面:一方面,生态系统中各个层次所能承受的能力是不同的;另一方面,生态承载力会出现在生态系统的不同层次中。

　　随着城镇化、工业化和农业现代化进程的推进,人类的生活水平与质量快速提高,人与自然环境之间的矛盾也变得越来越尖锐,环境污染、资源浪费、生态破坏等一系列问题的出现,导致生态承载能力下降,从而严重制约了人们的生产活动。良好的环境是人类赖以生存的基础条件,只有提高生态系统的承载能力才能保障人类生产活动的顺利进行,才能实现可持续发展的宏伟目标。西藏特殊的地理位置使其拥有丰富的自然资源,但生态的脆弱性也不容忽视,植被一旦被破坏,就很难恢复,加之人们盲目追求短期利益,使得西藏畜牧业的承载能力不断下降。因此,提高生态系统的承载能力对推动西藏生态农牧业的可持续发展就变得更为重要。可持续发展战略是西藏生态农牧业科学发展的前提,而生态承载能力理论的提出为西藏地区的可持续发展提供了有力依据。在生态承载能力理论的指导下,西藏通过分析当前农牧业的实际承载能力和未来的发展趋势,制定出合理的生态承载范围,这将有利于西藏探寻出一条合理的可持续发展路径,为西藏实现生态农牧业发展奠定夯实的基础。

　　生态承载能力的核心思想是:在一定的时间范围内,生态系统在不发生任何变化的情况下,所能承受的经济社会活动带来的最大承载力。其本质是要求人类在生产活动过程中将自身行为活动所产生的影响控制在生态系统承载能力可容忍的范围之内,实现人与自然和谐相处这一最终目标。按照生态承载能力理论,一个区域实现可持续发展的必要条件是该地区的人为活动要基于地区实际的生态承载能力。这一理论对正处于转型期的西藏经济来说更具有指导意义,为西藏经济的发展提供正确的方向,使其能够更好地发展。

第三节　"可持续发展战略理论"与西藏农牧业发展

　　人类社会在进入 20 世纪中叶以后,随着经济全球化的迅猛推进,我国在经济增长的同时面临着环境污染加剧、全球性气候变暖、不可再生资源剧减等问题。于是,环境问题作为一个重大的科学技术问题呈现在人们面前,并受到了来自全国各地专家学者们的重视。而西藏作为我国重要的生态战略地位,其可持续发展显得更为重要。改革开放初期,由于人们盲目追求眼前利益,导致草场退化、土地沙漠化、水土流失等一系列环境问题,严重制约了西藏生态农业发展。

　　早在1980年,联合国就发出呼吁:"要求全世界必须研究自然的、社会的、生态的、经济的以及利用自然资源过程中的基本关系,确保全球持续发展";1981年美国学者布朗(Brown)在《建设一个可持续发展的社会》一书中对可持续发展社会进行了描绘;世界环境与发展委员会的《我们共同的未来》报告从人口、粮食、能源、居住环境等方面入手,将环境保护与人类发展紧密结合,提出了"可持续发展"的概念,这一概念得到了全世界的普遍认可。[1] 可持续发展理论的提出,摒弃了传统发展观中过分强调环保和过分追求经济的片面增长思想,主张"生存与发展同步进行"。这一观点对于推动西藏经济发展来说更为重要,要促进西藏生态脆弱地带的生态农牧业发展,必须确立以农牧业资源持续高效利用为核心的全新发展战略。生态农牧业将经济、社会、技术、资源和环境有效结合起来,创造出人类与自然和谐相处的友好格局,确保资源得到充分利用,环境不被破坏,生态维持平衡,最终全面实现可持续发展目标。

　　因此,西藏地区要想发展生态农牧业,必须在可持续发展战略理论的指导下,结合当地实际情况谋求发展,从而有序、平稳地实现农牧业发展。本书结合西藏地区的实际情况,从生态和资源两个角度来分析可持续发展理论对西藏生态农牧业发展的重要指导意义。

(一)"可持续发展理论"与西藏生态农牧业发展

　　可持续发展是作为科学发展观的重要组成部分而提出的,是指既能够满足当代人的需求,而又不损害后代人需求能力的一种长远的经济发展模式。生态可持续发展作为可持续发展的一个重要物质基础,主要是从生态学的角度提出发展理论,最终达到人与自然和谐相处的目标。

---

[1] 低碳经济.百度百科[EB/OL]. http://baike.baidu.com.

农业是国民经济的重要组成部分,是人类赖以生存的基础条件,也是对自然环境依赖程度最大的产业部门,将农业生产放在第一要位是任何国家和地区的经济发展都必须做到的。农业的发展离不开生态环境保护,生态环境通过影响农业的质量和产量等方式来提高农业发展的水平。生态农业的可持续发展与自然环境保护相关,因此,生态可持续发展更加受到人们的关注。生态能否实现可持续发展的关键是自然环境能否提供持续的供给能力。然而,随着经济的迅猛发展,生态环境问题日益突出,水土流失、土地沙漠化、环境污染等一系列问题逐渐出现。在这种情况下,生态可持续发展理论的提出为解决生态问题指明了方向,最终为人类生产和社会发展创造稳定的生态环境。

西藏位于我国的西南边陲,气候寒冷,山多地少,水资源分布不均衡,使得农牧业发展滞后,农牧民缺乏市场意识,农牧产品的市场竞争力弱。西藏实现经济科学发展的重要前提是实现农牧区和农牧业发展。农牧业的发展与生态环境有着密切的联系,农牧业健康发展必须依赖良好的生态环境。生态可持续发展理论的提出不仅为改善西藏生态环境提供了理论基础,而且为西藏政府部门制定相关理论政策提供了可靠的依据。只有将可持续发展作为农牧业发展的理论指导,西藏生态农牧业的健康发展才能得到实现,才能更好地推动西藏经济与社会的发展。

(二)"资源可持续发展理论"与西藏农牧业发展

资源是可持续发展的重要自然物质基础,资源可持续发展主要是指农业发展所依赖的自然资源的可持续利用,包括土地资源的可持续利用、水资源的可持续利用、气候资源的可持续利用、土壤肥力的稳定或提高、森林资源的可持续利用以及维持生物多样性等。农业生产过程既依赖于自然又受人工控制,与资源环境密切相关。如果处理好农业与资源两者之间的关系,就能够满足农产品的有效需求与供给,同时还可以达到人与自然和谐相处的目标。反之,则会造成供给失衡,环境污染严重。资源是人类生产、生活的基础条件,但是,如果对资源不加限制的索取,不仅会破坏人类生存的环境,反过来还会影响农业的发展。因此,在发展农业的过程中一定要处理好农业与资源的关系,合理有效地利用资源,使生态环境得到保护,从而促进农业向着高产、高效、优质、生态、安全的方向发展。

西藏生态安全关系到我国的生态安全和可持续发展,更关系到整个亚洲地区的生态稳定与安全。西藏特殊的地理位置赋予其丰富的自然资源,拥有丰富的土地、植物、动物、矿产、能源等资源。但是,我们也应该清楚地认识到西藏生态环境的脆弱性,一旦破坏就很难恢复。因此,一定要将可持续发展理念融入发展的过程中,尤其是国民经济发展中占据重要地位的农业中。发展生态农牧业是西藏实现科学发展的重要途径,而生态农牧业的发展需要建立在可更新资源的基础上,与当地农牧业环境资源组合相适应。在此过程中,农牧民既要充分利用资源,发展生产,又要保证自然资源能够被可持续的利用。

资源可持续发展理论的提出有力地推进了西藏生态农牧业科学发展的进程,为西藏经济发展、环境保护提供了理论依据。实践证明,该理论对西藏建立生态安全屏障、加快转变经济发展方式提供了理论指导,不仅有助于维护西藏的和平安定,而且对我国乃至整个世界来说都具有重要意义。

第四节 "系统耦合理论"与西藏农牧业发展

"耦合"这一名词最早应用于物理学科,指两个或两个以上的物体或运动形式通过相互作用而彼此影响的物理现象。从协同学的角度来看,耦合作用决定了系统由最初的无序走向有序的过程。系统耦合最初也起源于物理学,但随着各个学科之间的相互融合,系统耦合也逐渐被应用到地理、生态、水体、生物、气候等学科当中。系统耦合主要是指两个或两个以上的同质系统具有相互融合的趋势,当满足一定条件时,结合成一个新的、高一级的结构功能体,从而产生新的系统。① 系统耦合理论为西藏生态农牧业发展提供了理论依据,本书主要分析在西藏生态农牧业发展过程中系统耦合理论的作用。②

生态经济系统耦合主要是指在社会子系统科学、合理的调控下,生态子系统、经济子系统和社会子系统三者之间相互融合、相互作用、相互渗透,实现经济社会的和谐发展、生态的可持续发展,通过三者之间的相互促进,形成一种

---

① 低碳经济.百度百科[EB/OL]. http://baike.baidu.com.
② 低碳经济.百度百科[EB/OL]. http://baike.baidu.com.

高级的优化系统。建立合理、科学的生态经济耦合机制是实现生态经济系统稳定与可持续发展的重要保障,研究某一地区的耦合机制有利于掌握该地区的经济发展水平和生态状况,为其今后发展提供建议。西藏是我国的重要生态安全屏障,一直以来也是社会、政府、专家学者们共同关注的焦点,但是受传统小农思想的束缚,与其他地区相比,农牧民科学文化素质略有偏低,盲目追求短期经济利益而过度放牧、滥砍滥伐,造成生态恶化、环境污染严重,生态经济系统的生产力较低,系统耦合程度较低。这意味着西藏当前的经济系统以低质能为主,经济系统对生态系统施加的压力过大,加之西藏特殊的地理位置决定了其是农牧业混合的产业带,使其生态经济系统的复杂性更为显著。基于上述情况,西藏地区亟须以正确的理论为指导,在发展过程中重视经济与生态的平衡发展,调整产业结构,合理利用资源,保护环境,实现其生态农牧业发展。系统耦合理论的提出大大丰富了现代农牧业发展的理论基础,该理论能够有效地将西藏农业发展与牧业发展相联系,使理论界对农牧业的研究上升到更高的一个层次,从而对西藏特色农牧产业的发展更具指导意义。

农牧业自古以来是西藏经济建设和产业发展的基础和重点,为促进西藏经济发展、维持社会稳定、提高农牧民收入发挥了重要作用,大力发展农牧业是西藏当前乃至长期以来的重要目标,生态农牧业的发展有利于西藏实现科学发展。因此,西藏要在低碳经济理论、生态承载能力理论、可持续发展理论以及系统耦合等生态农牧业理论的基础上,结合自身实际情况,大力发展农牧业。

第一篇 参考文献[①]

[1]孙庆刚,秦放鸣.欠发达区域跨越式发展含义解析[J].新疆师范大学学报(哲学社会科学版),2011,32(3):46-51.

[2]牛治富.西藏跨越式发展研究[M].拉萨:西藏人民出版社,2004.

[3]邓光奇.西部地区跨越式发展的理论思考[J].贵州民族研究,2003,23(3):45-50.

---

① 参考文献按论文中章的先后排列。

[4]李黎明.生产力跨越式发展理论和实践问题述要[J].改革与战略,2007(2):23-25.

[5]谭崇台.发展经济学[M].上海:上海人民出版社,1989.

[6]Fudenberg D,Gilbert R J,Stiglitz, J,Tiorle J. Preemption, Leepfrogging and Competition in Patent Races[J]. European Economic Review,1983,22(1):3-31.

[7]岳佐华.论欠发达地区跨越式发展的理论基础与实现条件——以河南省为例[J].安徽农业科学,2007(4):1207-1209.

[8]李卫平.后发优势与青海省跨越式发展研究[D].西宁:青海大学,2012.

[9]鄢杰.民族地区经济跨越式发展研究[D].成都:四川大学,2004.

[10] Gerschenkron A. Economic Backwardness in Historical Respective [M]. NewYork:Harvard University Press,1962.

[11]侯高岚.后发优势理论分析与经济赶超战略研究[D].北京:中国社会科学院研究生院,2003.

[12] Levy M J. Modernization and the Structure of Societies: A Setting for International Affairs [M].Princeton University Press,1966.

[13]孙来斌,李敏.后发优势研究评述[J].经济社会体制比较,2006(4):134-137.

[14]林毅夫.发展战略与经济改革[M].北京:北京大学出版社,2004.

[15]张春燕.青海省特色农牧经济发展研究[D].北京:中央民族大学,2011.

[16]刘光辉.安徽经济实现跨越式发展的路径选择[D].马鞍山:安徽工业大学,2009.

[17]古再丽努尔·阿卜来提.跨越式发展背景下的喀什地区经济发展问题研究[D].乌鲁木齐:新疆财经大学,2012.

[18]四川省社会科学院长江上游高原牧区发展政策研究课题组.高原牧区定位重构与战略转型[J].川西北证据,改革,2011(11):76-83.

[19]财政部科研所区域室课题组.以开放促发展:实现民族地区跨越式发展的新思路[J].经济研究参考,2011(62):2-18.

[20]张广裕.甘肃藏区跨越式发展研究[J].民族论坛,2012(8):69-74.

[21]乔元忠.对西藏经济社会跨越式发展若干问题的思考[J].中国藏学,2003(3):13-18.

[22]杨明洪.西藏经济跨越式发展:治藏诉求与政策回应[J].中国藏学,2006(2):83-90.

[23]王燕境,杜青龙,牛艳艳.要素贡献与西藏经济跨越式发展的相关性研究[J].西藏大学学报,2008(3):32-37.

[24]欧珠.坚持和落实科学发展观是新时期西藏经济社会跨越式发展的必由之路[J].

西藏发展论坛,2009(1):25-28.

[25]肖方仁.科学发展观视域下的西藏发展[J].延安大学学报(社科版),2011(2):39-42.

[26]王海英.大力推进西藏经济跨越式发展问题研究[J].中国集体经济,2012(21):61-62.

[27]顾茂芝.加快科技与经济的结合,实现西藏农牧业跨越式发展[J].西藏科技,2002(12):15-18.

[28]孙新章.新时期西藏农牧业跨越式发展的战略思路与重点科技领域[J].中国软科学,2007(12):106-111.

[29]程越.促进西藏农牧民增收问题研究[J].中国藏学,2012(3):133-137.

[30]沈开艳,徐美芳.气候变化条件下的西藏特色农业跨越式发展研究[J].西藏大学学报(社会科学版),2012(2):32-39.

[31]沈红益.西藏农牧民持续增收的财政政策研究[J].北京:北京林业大学,2013.

[32]雷云飞.跨越式发展及启示[J].延安大学学报(哲学社会科学版),2009(4):28-31.

[33]沈开艳,徐美芳.西藏经济跨越式发展的制约因素及对策研究[J].上海经济研究,2012(5):3-12.

[34]王秀云.中国共产党与中国社会的跨越式发展[J].国家教育行政学院学报,2001(5):7-10.

[35]阎革.关于后进省区跨越式发展问题的探讨[J].广西大学学报(哲学社会科学版),2003(4):64-67.

[36]易培强.跨越式发展战略与科技创新[J].常德师范学院学报,2001(5):48-52.

[37]杨汉林.人力资本的培植是后发地区跨越式发展的重要条件[J].理论与当代,2008(5):16-18.

[38]苏山.中央第五次西藏工作座谈会关于西藏发展的基本思路和战略定位的意义和内涵[J].西藏发展论坛,2010(3):15-18.

[39]西藏自治区人民政府.西藏自治区"十二五"时期科学和技术发展规划[J].西藏科技,2012(6):3-10.

[40]才旺达.西藏农牧业经济跨越式发展的思考[J].西藏发展论坛,2002(1):13-17.

[41]低碳经济.百度百科[EB/OL].http://baike.baidu.com.

[42]周宏春.低碳经济学:低碳经济理论与发展路径[M].北京:机械工业出版社,2012.

[43]生态承载能力.百度百科[EB/OL].http://baike.baidu.com.

[44]朱晓丽.基于生态安全的高寒牧区生态承载力评价[J].草业科学,2012(2).

[45]可持续发展战略理论的提出.百度文库[EB/OL].http://wenku..baidu.com.

[46]董会忠.薛惠锋.基于耦合理论的经济——环境系统影响因子协调性分析[J].理论探新,2011(3).

[47]刘永.生态经济系统耦合机制研究[J].攀登,2013(3).

| 第二篇 |

发展理念与可行性

6 西藏生态农牧业的发展理念

根据相关论述可知,西藏生态农牧业属于资源禀赋产业,已具备生态化发展的动力和条件。根据西藏经济和农牧业发展相关理论的论述,本研究认为西藏农牧业实现生态化发展的内涵主要包括两方面:一是发展理念,二是发展方式。其中,发展理念主要包括:共生发展的理念、统筹发展的理念以及和谐发展的理念三个主要方面。

落后的生产力往往由落后的生产理念所决定,之所以引发思想理念上的跨越主要是由于区域发展的不平衡,"穷则思变",当人们处于比较贫困的情况时,欠发达地区的人们就会受到一定的激励作用,从而实现理念上的跨越,这是跨越式发展的基础和核心。[1][2] 西藏农牧业的生态化发展理念,要求实现西藏生态农牧业经济与社会、环境的共生发展、统筹发展、和谐以及可持续发展,从而缩小西藏与中东部省市经济、社会、环境的发展差距。

---

① 胡开军.民族地区跨越式发展中的协调问题研究[D].乌鲁木齐:新疆大学,2012.
② 岳佐华.论欠发达地区跨越式发展的理论基础与实现条件——以河南省为例[J].安徽农业科学,2007(4):1207-1209.

第一节 西藏生态农牧业的共生发展理念

西藏高原农牧业实现生态化发展,首先就要重视西藏农牧业经济发展与西藏地区社会、环境的共生发展。近年来,西藏农牧业取得了良好的发展,农作物以及猪牛羊肉产量均有所增长。据2013年西藏统计年鉴可知,全年农作物种植面积243.95千公顷,比上年增加2.52千公顷。全年猪牛羊肉产量达28.95万吨,比上年增长4.6%;奶类产量31.69万吨,增长1.1%。新中国成立以来,经过几个阶段的生态化发展,西藏地区经济发展取得了较大的成就。在纵向比较上,根据2013年西藏统计年鉴数据可知:2012年,实现全区生产总值(GDP)701.03亿元,按可比价格计算,比上年增长11.8%。其中:第一产业增加值80.41亿元,增长3.4%;第二产业增加值241.65亿元,增长14.4%;第三产业增加值378.98亿元,增长12.0%。人均地区生产总值逐年增长,从2000年的低于5000元,到2013年增长到人均生产总值超过25000元,每年的增长速度均超过10%(见图6-1)。但是,在横向比较上,通过西藏近年来人均生产总值和全国人均生产总值比较可看出:西藏与全国整体经济发展水平相比,差距不但没有缩小,反而持续扩大。

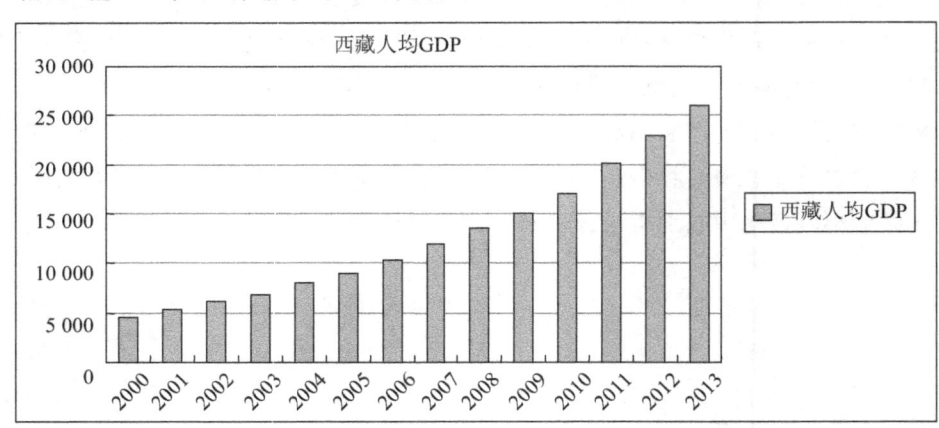

图 6-1 全区人均生产总值

数据来源:《西藏统计年鉴(2013)》中国统计出版社2013年版。

第 6 章 西藏生态农牧业的发展理念

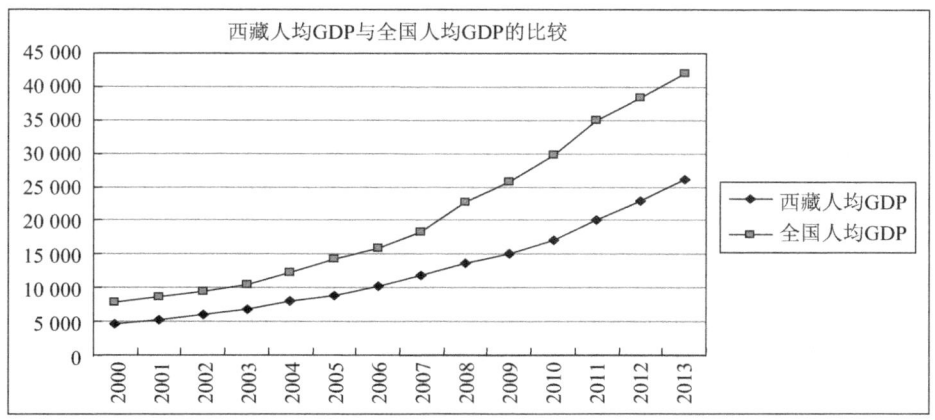

图 6-2　西藏人均生产总值与全国人均生产总值的比较

数据来源：《西藏统计年鉴(2013)》中国统计出版社 2013 年版。

同时，近年虽然西藏农牧民人均纯收入有了较大提高（表 6-1），但相比于全国农村人均收入水平仍存在较大差距，而且，这种差距有增加的趋势（图 6-2）。这一结果表明西藏农牧业经济发展还是相对较为缓慢，农牧业并未给人民带来较大收益，相反还有减弱趋势。

表 6-1　农村居民平均纯收入的比较　　　　　　　　　　单位：元

年份	西藏农牧民人均纯收入	全国农村居民平均纯收入
2000	1331	2253
2001	1404	2366
2002	1521	2476
2003	1691	2622
2004	1861	2936
2005	2078	3255
2006	2435	3587
2007	2788	4140
2008	3176	4761
2009	3532	5153
2010	4139	5919
2011	4904	6977
2012	5719	7916
2013	6520	8896

数据来源：《西藏统计年鉴(2013)》中国统计出版社 2013 年版。

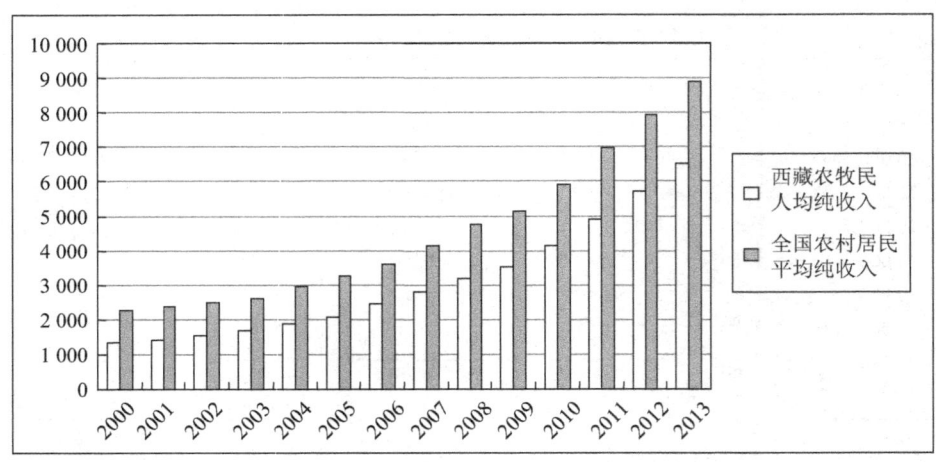

图 6-3　农村居民纯收入平均的比较

数据来源:《西藏统计年鉴(2013)》中国统计出版社 2013 年版。

针对图 6-3 显示的这一差距现象,根据相关研究可知,其根本原因在于国家过于强调西藏地区经济方面的发展,对西藏地区的支持只是单纯的经济扶贫,但是忽视了西藏地区社会发展的其他方面。因此,西藏农牧业的生态化发展在实现经济发展目标的同时,应该注重生态环境等领域的共同发展,而且是实现在经济和社会各个方面共生的发展。[①]

第二节　西藏生态农牧业的统筹发展理念

西藏农牧业的发展应是统筹发展速度和社会、经济以及环境效益的同步科学的发展。要正确处理好经济发展、农牧民增收与环境保护的关系,处理好短期发展和长远发展的关系,从而实现速度、质量、结构、效益的同步提高。党的十六届三中全会提出:要统筹区域平衡发展、城乡平衡发展、社会经济平衡发展以及自然与人和谐发展。在实践中,具体的统筹发展观的运用就是要在大力发展经济的同时,不断满足人民群众在知识、安全、健康等方面的需求;更

---

① 胡开军.民族地区跨越式发展中的协调问题研究[D].乌鲁木齐:新疆大学,2012.

加注重体育、文化、卫生等社会事业的进步;把经济发展和社会进步结合起来,统筹社会发展。①

统筹发展的思想对西藏生态农牧业的发展有着积极的影响,这就要求西藏在发展农牧经济的同时兼顾文化、体育、卫生等社会事业的进步,不断满足人民群众在知识、健康、安全等方面的需求,这样才能处理好西藏生态农牧业人口增长和资源利用、生态环境保护以及经济发展之间的关系,实现经西藏农牧业的可持续发展。②

表 6-2　西藏农林牧生产总值与教育、文化、科技、卫生、人民生活等方面的情况

	2000	2005	2009	2010	2011	2012	年增长率
农林牧渔业总产值(万元)	512 100	677 400	933 807	1 007 685	1 093 675	1 183 267	7.22%
农林牧渔固定资产投资(万元)	13 181				195 811	258 238	31.88%
在校学生人数(人)	381 099	368 500	507 551	532 850	527 913	521 850	26.53%
科技活动人员(人)				880	894	841	-2.17%
卫生机构个数(个)	1 237	1 378	1 329	1 352	1 380	1 403	1.05%
卫生技术人员(人)	8 948	8 914	12 099	12 269	12 995	13 896	3.74%
文化机构个数(个)	143		360	377	393	408	9.13%
农村居民消费水平(元/人)	1 144		2 397	2 381	2 755	3 098	8.66%
农牧民人均纯收入(元)	1 331	2 078	3 532	4 139	4 904	5 719	12.92%

数据来源:《西藏统计年鉴(2013)》中国统计出版社 2013 年版。

表 6-2 显示了西藏农林牧生产总值与教育、文化、科技、卫生、人民生活等方面的情况。由表 6-2 可看出,西藏生态农牧业经济发展的两个指标(总产值以及固定资产投资)年平均增长率都以较高速度增长,最高的平均每年增长 31.88%。在此基础上,除了在校学生数增长 26.53% 以及反映人民生活状况的农牧民纯收入增长 12.92%,文化机构个数增长 9.13%,农村居民消费水平

---

① 胡开军.民族地区跨越式发展中的协调问题研究[D].乌鲁木齐:新疆大学,2012.
② 白玛赤林.关于制定西藏自治区"十二五"时期国民经济和社会发展规划的建议的说明[N].西藏日报(汉),2010-11-13.

年均增长 8.66%,这些主要指标增长相对较快外,其他指标的年均增长数据均低于经济发展的速度,科技活动人员数甚至出现负增长。

从表 6-2 中可看出,西藏地区的经济发展和技术人员、科技活动人员的增长存在不平衡。因此,西藏地区要重视技术人员、科技活动人员的培养,提升与此相关的社会发展指标;相对于经济发展而言,需要把社会发展的绩效放到更为重要的地位上。① 要在推进西藏农牧业生态化发展的同时,实现社会效益、环境效益的同步跨越,把经济建设、社会发展、环境保护等方面统筹好、协调好;②正确处理好生产总量增长、经济效益提高、产业结构优化、资源消耗减少、农牧民收入增加的关系,使之相互促进、相互支撑,最终实现经济社会的统筹与人民生活全面协调以及速度、结构、质量和效益同步提高。③

第三节　西藏生态农牧业的和谐发展理念

和谐发展就是实现经济发展的可持续协调发展,实现社会、环境、生态文明以及经济的共生发展,必须协调好经济社会发展与环境保护的关系。④

和谐发展与生态化发展并不相互排斥,一个地区经济社会各方面科学发展的良好态势来源于和谐有序的发展环境。西藏地处我国西南边陲,自然生态环境脆弱。目前,在国家西部大开发政策的鼓舞以及对西藏经济发展的对口支援下,西藏地区无论是在社会发展还是经济发展都呈现出良好的发展势头;自 2010 年以来,西藏自治区推行了农牧区的基础设施建设工作,解决了 153 万农牧民的饮水安全等问题。而且,居民的收入持续提高,2013 年城镇居民可支配收入达到了 22 561 元,而农牧民的人均纯收入达到了 6 578 元,年均增长了 14.8%。⑤

---

① 胡开军. 民族地区跨越式发展中的协调问题研究[D]. 乌鲁木齐:新疆大学,2012.
② 陆学艺.中国社会发展新思维[J].江西师范大学学报,2004(2).
③ 庞元正.论统筹兼顾[J].学术探索,2009(12).
④ 胡开军. 民族地区跨越式发展中的协调问题研究[D]. 乌鲁木齐:新疆大学,2012.
⑤ 西藏自治区"十二五"时期国民经济和社会发展规划纲要(含图),http://wenku.baidu.com.

第6章 西藏生态农牧业的发展理念

但是,西藏自治区在经济发展、生态环境保护等领域存在不协调。一方面可能是由于较多地提倡西藏农牧业经济的发展速度,另一方面也可能是生态环境质量的日益下降,即,经济的发展和生态环境的发展并不和谐。在本研究中,根据数据的可获得性,主要通过农牧业生产总值与生态环境指标(水资源、土地资源、植被、森林覆盖率、草场畜牧量等)的数据对比关系衡量西藏农牧业经济发展与生态环境之间关系(见表6-3)。表6-3显示了西藏农林牧渔业生产种植总产值与耕地面积、林地面积、草场灌溉面积等的数值关系。

表6-3 农林牧渔业总产值与生态环境指标数值比较

年份	农林牧渔业总产值(万元)	耕地面积(公顷)	造林面积(公顷)	草场灌溉面积(公顷)	牲畜总头数(万头)
2000	512 185	230.83	14 101	722 100	2 266
2001	527 791	230.2		164 100	2 360
2002	558 874	229.89		208 440	2 439
2003	586 339	225.34		514 540	2 451
2004	627 373	222.74			2 509
2005	677 408	223.01			2 415
2006	704 765	223.01			2 438
2007	798 309	228.23	22 264	1 314 440	2 407
2008	884 518	225.92			2 405
2009	933 807	229.57			2 324
2010	1 007 685	229.53	28 793	550 560	2 321
2011	1 093 675	231.57	25 602	426 920	2 185
2012	1 183 267	232.57	36 092	574 390	2 056

数据来源:《西藏统计年鉴(2013)》,中国统计出版社2013年版。

由表6-3可知,西藏农牧业生产总值在从2000年以来一直处于持续增长状态,从2000年的512 185增长为2012年的1 183 267;耕地面积在2000年以来处于增多和减少不断变化中;林地面积在2000年到2007年处于增长,2007到2010年间有一段增长期,但是在2011年突然下降,在2012年却又有较快增长,波动较大;草场灌溉面积从2000年以来忽高忽低,而牲畜总头数自2007年以来一直处于持续减少状态。

同时,对数据进行归一化处理后得到图6-4。图6-4显示了西藏农林牧渔业生产种植总产值与耕地面积、林地面积、草场灌溉面积等的对比关系。

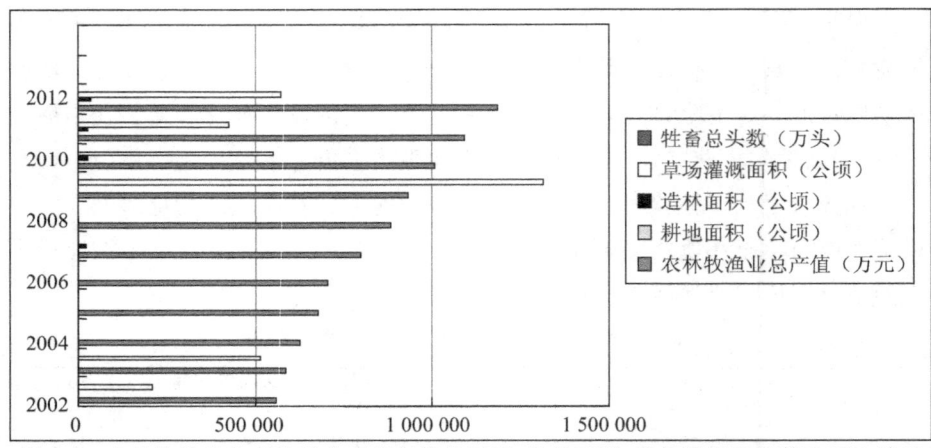

图 6-4　农林牧渔业生产种植总产值与耕地面积、林地面积、草场灌溉面积等的对比关系

数据来源:《西藏统计年鉴(2013)》,中国统计出版社 2013 年版。

根据图 6-4 可知,2000 至 2012 年西藏农林牧渔业生产总值草场灌溉面积比耕地面积和林地面积表现得较为突出。其中,主要的数值是在 2008 年、2010 年以及 2011 年西藏农林牧渔业生产总值与耕地面积、林地面积、草场灌溉面积差距较小,然而,2012 年西藏农林牧渔业生产总值得到较大提高,但是耕地面积、林地面积、草场灌溉面积增长缓慢,甚至出现负增长。

另外,近年来随着西藏地区人民生活水平不断提高,城镇和农村居民人均收入差距也在加大(图 6-5)。

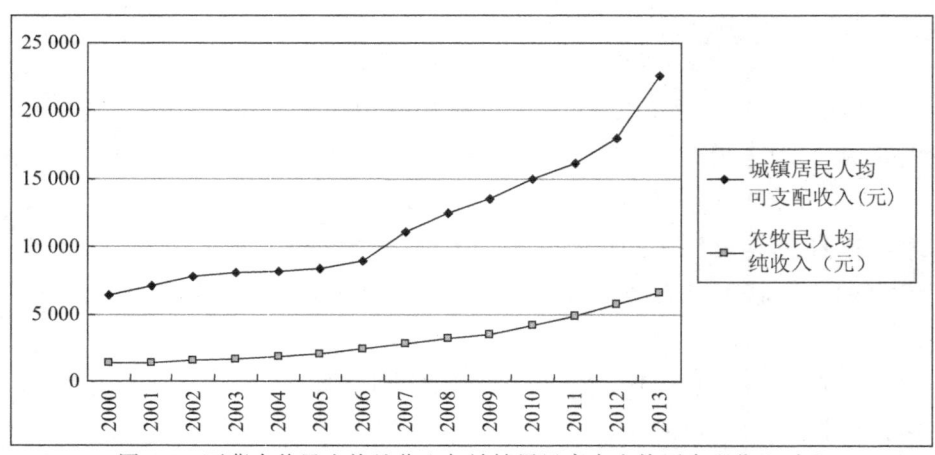

图 6-5　西藏农牧民人均纯收入与城镇居民家庭人均可支配收入对比

数据来源:《西藏统计年鉴(2013)》,中国统计出版社 2013 年版。

根据图6-5可知,西藏城镇居民家庭人均可支配收入在2000年为5000元、2007年超过10 000元、2013年超过20 000元;然而,2011年之前,西藏农牧民人均纯收入均处于5 000元以下,2011年以后才接近5 000元,差距11年;2011年,西藏城镇居民的家庭人均可支配收入将近15 000元,而西藏农牧民的人均纯收入不到5 000元,差距10 000元左右;然而,2013年这两者之间的差距超过15 000元。从中可知,尽管西藏地区的城镇和农村居民人均收入都在逐渐增长,但城镇居民的人均收入明显高于农村居民,[1]如果对两者的医疗、教育等方面进行比较,差距更大。

从以上数据可知,西藏农牧业经济发展与西藏生态环境之间出现不和谐现象,因此,实现西藏农牧业经济与西藏生态环境和谐发展是极其重要的。和谐发展的科学发展理念不仅仅是要求人与社会,人与人的和谐、同样也是人与自然的和谐。西藏地区应该重视在科学发展观的指引下,实现经济高速增长和人与社会和谐发展。[2] 因此,西藏生态农牧业实现和谐发展的理念,就是需要西藏从传统农牧业生产向生态保护型的现代农牧业生产的转型,跃过对自然生态环境带来严重破坏的生产阶段,实现资源节约型和环境友好型的和谐发展模式,与此同时逐渐缩小城镇居民和农村居民收入的差距。坚持和谐发展、可持续发展的理念,正确处理保护与开发的关系,以构筑重要的生态安全屏障和建设生态西藏为目标,高效有序地利用资源,从而实现在生态环境保护与经济建设上取得相应的突破。

---

[1] 胡开军. 民族地区跨越式发展中的协调问题研究[D]. 乌鲁木齐:新疆大学,2012.
[2] 胡开军. 民族地区跨越式发展中的协调问题研究[D]. 乌鲁木齐:新疆大学,2012.

7

生态农牧业提升为主导农牧业的经济学理论背景

第一节 资源禀赋变化的诱致性变迁理论

(一)资源禀赋理论

资源禀赋学说是在赫克歇尔的比较成本学说的基础上形成的,后经过更加深入的研究,赫克歇尔—俄林的资源禀赋学说最终得以形成。之所以被称为赫克歇尔—俄林的资源禀赋学说,是因为这个学说是由赫克歇尔和俄林为了对李嘉图的比较优势理论做出解释而形成的,这个学说主要是用于国家间的成本比较。

俄林认为,国家划分标准是生产要素禀赋,即生产要素在一个国家中的天然供给情况。这里的生产要素主要包括有劳动、资本和土地。俄林认为在国际竞争中之所以会出现竞争力的差异,主要是由于生产要素禀赋差异的存在,所以赫克歇尔—俄林理论通常又被人们称为要素禀赋理论。赫克歇尔—俄林理论的基本内容主要分为两个部分:生产要素供给比例理论和要素价格均等化理论。

赫克歇尔—俄林理论的主要结论:(1)各国应该利用相对丰富的生产要素

来生产本国有竞争优势的商品,输入生产过程中密集使用本国相对稀缺要素的商品。(2)各国之间的商品存在不同价格,不同价格的商品在国际之间的流动导致国际贸易的产生。

要素禀赋理论为西藏地区使用自身相对丰富的生产要素来生产本地区具有竞争力的产品提供了理论依据。

(二)资源禀赋理论与西藏生态农牧业的生态化发展

西藏因其独特的自然环境和地理环境,使得其农业自然资源禀赋与内地其他地区有很大的差别,主要体现在:

(1)西藏面积广阔,但人均耕地量不多。西藏资源丰富,但是可耕面积不多。据相关资料统计,截止至 2012 年末,西藏共有耕地面积 23.3 万公顷,2012 年末西藏总人口为 307.62 万人,其中农村人口为 237.64 万人,按农村人口计算,人均耕地面积为 1.47 亩①,与全国的人均耕地面积相比,西藏的人均耕地面积具有很大差别。

(2)草场面积大。西藏是我国的五大牧区之一,其拥有的天然草场极其广阔,西藏土地面积中有近 70% 为草原地带,在草原地带中有 66.7% 左右的面积是适合放牧的。广阔的天然草场对西藏畜牧业发展起到了很大的推动作用。

(3)独特的高原气候。西藏地形复杂多样,这也造就了西藏具有极其独特的高原气候。西藏空气稀薄,日照充足,气温较低,降水较少,含氧量低,西藏高原每立方米空气中氧气含量约为 150 至 170 克,相当于低海拔平地的 62% 至 65%,太阳辐射比同纬度的低海拔平均多 1/3 到 1 倍,日照也是全国的高值中心。全区各地降水分配不均,旱季和雨季分明,多夜雨。独特的资源禀赋赋予了西藏生态农业良好的发展环境,西藏应利用独特的资源环境集中力量生产自身具有资源禀赋的产品,尤其像虫草、贝母等等对自然条件具有特殊要求的产品。

---

① 数据来源:《2013 西藏统计年鉴》。

第二节 "比较优势理论"与西藏生态农牧业的发展

(一)比较优势理论

1776年,斯密在《国富论》中提出了绝对优势理论,1871年,李嘉图在《政治经济学及税赋原理》中正式对比较优势理论进行了阐述,并在亚当·斯密的绝对优势理论的基础上对绝对成本理论做出了另一种解释,这影响了后来的国际贸易体系。

亚当·斯密认为,两国间的贸易基于绝对优势。绝对优势是指一国或地区在生产某种商品时的生产成本绝对地低于其他国家或地区,则这些国家或地区在这些产品的生产上拥有绝对的竞争优势。各国家或地区应该按照绝对优势理论进行产业分工和商品生产,这样就能更加有力地使用各国和各地区拥有绝对优势的生产要素来进行生产,每个国家和地区都能得到更多的经济利益。

李嘉图认为,在完全自由贸易的制度下,每个国家自然会将自己的资本和劳动用于能够使它获得最大利益的那些工业部门,这种个别利益的追求是极其惊人地与整体的普遍利益联系在一起的。

比较优势理论和绝对优势理论的提出具有一定的科学性和社会进步意义。比较优势理论和绝对优势理论证明了国际贸易的产生不仅是由于成本价格的绝对差异,而且由于比较成本的差异所引起的。在生产的国际分工和经济发展的国际贸易中,一个国家或地区只要按照比较优势的原则,生产本国拥有竞争优势的商品,以此能取得较高的利润。比较优势学说为世界各国参与国际分工和国际贸易提供了理论依据。

(二)比较优势理论与西藏生态农牧业的发展

1.比较优势理论在区域农业上的运用。比较优势理论强调的是在国家之间,各国出口本国相对优势的产品进口本国相对劣势产品来取得整体的收益,这个理论在国内地区间的农产品贸易上也能适用,我国是农业大国,农业的发展是影响我国经济的发展的重要因素之一。从经济角度看,人类的衣食均离不开农业,农业的发展直接关乎人类的生存,也影响着我国的经济。所以,农业是经济发展的基础。同时,农业的发展也是工业等其他物质生产部门与一切非物质生产部门存在与发展的重要保障,例如,轻工业原料的主要来源于农业。同样,不同地区的不同农产品也体现了本地的特色和优势,例如北方的小麦、南方的水稻和西藏的青稞等,运用比较优势理论,若各地区能够将本地优势产品输出,劣势产品输入,必会使得各个地区的农业经济结构得以优化和升级,使得各个地区的农业都快速发展,进而促进农业的整体发展。

2.比较优势理论在西藏生态农牧业上的运用。目前,西藏生态农牧业发展滞后、产量小,这制约了西藏经济的发展。从比较优势理论来看,西藏在发展生态农牧业产业方面具有很多优势。首先,西藏具有独特的高原环境造就了它独特的优势:一、人均耕地面积、草地面积大;日照充足。第二、西藏具有很鲜明的民族特色,特别是在生态农牧业产品方面,例如青稞面、牦牛肉、藏香鸡等都是其他地区所没有的特色产品,这使得西藏在市场竞争方面处于优势地位。第三、西藏的生态农牧业产品的营养价值相对较高,加之其基本无污染,使其市场竞争力得到了进一步的提高。使得运用比较优势理论,西藏利用其自身的比较优势,对西藏的生态农牧业的发展必然会有十分积极的意义。

3.产业化理论与西藏生态农牧业的发展

西藏自治区地处我国西南边陲,地理位置、生态环境都十分独特,受地理及自然条件等原因,西藏农业经营方式相对于国内发达地区还比较落后,生产力水平有待提高,农业发展和农牧业经济增长速度也落后于国内发达地区。从当前农业发展来看,西藏农业相对来讲还处于低投入、低产出、高消耗、低效益的状态,未完全实现农业的产业化。

科学技术是第一生产力,这对西藏现代农业的发展的作用不可估量。根据自然条件和农牧业特色产业的特点,因地制宜、发挥独特优势,以市场为导向,西藏农牧业特色产业发展在现有的生产基地的基础上,按产业化发展打造产业带。要因地制宜,根据西藏的特点,走一条具有西藏特点的生态农业产业化道路。

第三节　技术创新理论与西藏生态农牧业的发展

(一)技术创新理论

技术创新理论先是由熊比特提出的,1912年,他在《经济发展理论》一书中首次提到"创新"的概念。技术创新理论的发展是从对古典经济学理论不重视创新而对社会经济产生严重阻碍开始的,这种理论也能进一步反映当时学者对占统治地位的新古典经济学的不满。技术的进步也曾经是亚当·斯密和马克思关注的焦点,亚当·斯密在国富论中提到:机械的发明会提高劳动生产率,而机械的发明又有一定程度的技术创新的含义。但是,尽管以后的学者们诸如亚当·斯密和马克思都认识到技术创新的重要性,但他们都没有具体地将其进行系统的分析。自1912年,熊彼特提出技术创新理论以后,由于当时凯恩斯理论的影响,并未引起重视。在20世纪50年代以后,许多国家出现了近20年的经济增长黄金期,此时,熊彼特的技术创新理论开始受到很多西方学者的关注,技术创新理论取得了快速的发展。

(二)技术进步理论与西藏生态农牧业的发展

自西藏和平解放以来,国家采取了各种援藏政策,并先后援派科技人员进藏,并于1952年形成了七一农业试验厂,后又进一步组建了西藏自治区农牧科学院。在科研技术效果方面的效果十分显著,具体的成果包括有:(1)冬小麦在西藏高原的种植成功,以及先后四次对小麦品种的改良,保证了西藏大多数农牧民的温饱问题;(2)畜禽品种的改良、人工种草的推广和基础设施的建设,加快了西藏畜牧业的发展,提高了西藏人民的健康与营养水平。

技术的创新使得西藏农牧业的生产水平得到进一步的提高,也是新产品研发的基础。未来西藏生态农牧业的发展也离不开技术创新,技术创新是促进西藏生态农牧业发展的一个重要条件。

第7章　生态农牧业提升为主导农牧业的经济学理论背景

第四节　管理创新理论与西藏生态农牧业的发展

龙头企业是西藏生态农牧业的载体和关键。龙头企业的创新更是关系到西藏生态农牧业的发展,到目前,西藏龙头企业已经通过多种创新经营模式,例如通过"公司+农牧户"、"基地+农牧户"等经营模式——有效的利益联结机制,这在促进农牧民增收和就业方面发挥了十分积极有效的作用。例如西藏的藏缘青稞酒业有限公司,该公司是以"公司+基地+农户"运营方式运营,目前已经拥有原料基地2万亩,一条8000吨的青稞酒窖池流水线,一年能转化青稞总量约6000吨,使得产业结构得到了有效的优化和调整,促进了西藏农业产业的发展。同时,农牧民原料收购额达到1.36亿元,均来自自治区级龙头企业,使得平均每户农户增加现金收入4000多元,使3万多农户受益。由此可见,企业的管理创新在农牧民增收和就业方面发挥了十分重要的作用。西藏农牧业的生态化发展离不开西藏企业的管理创新,企业的管理创新为西藏生态农牧业的运营发展提供了良好的环境。

第二篇　参考文献[①]

[1] 胡开军.民族地区跨越式发展中的协调问题研究[D].乌鲁木齐:新疆大学,2012.
[2] 岳佐华.论欠发达地区跨越式发展的理论基础与实现条件——以河南省为例[J].安徽农业科学,2007(4):1207-1209.
[3] 白玛赤林.关于制定西藏自治区"十二五"时期国民经济和社会发展规划的建议的说明[N].西藏日报(汉),2010-11-13.
[4] 陆学艺.中国社会发展新思维[J].江西师范大学学报,2004(2).
[5] 庞元正.论统筹兼顾[J].学术探索,2009(12).
[6] 西藏自治区"十二五"时期国民经济和社会发展规划纲要(含图),http://wenku.baidu.com.

---

① 参考文献按论文中章的先后排列。

[7]西藏自治区人民政府.西藏自治区"十二五"时期科学和技术发展规划[J].西藏科技,2012(6):3-10.

[8]涂永式.国际经济与贸易[M].广东:广东高等教育出版社,2011.

[9]傅家骥.技术创新学[M].北京:清华大学出版社,1998.

[10]丁毓良.生态农业产业化模式及效益研究[D].辽宁:大连理工大学,2007.

[11]顾茂芝.加快科技与经济的结合,实现西藏农牧业跨越式发展农业科研经济管理[J].农业科研经济管理,2002(3).

[12]李莉.西部地区生态农业产业化的优劣势分析[J].商业时代,2008(22).

第三篇

发展现状与存在的问题

8

西藏生态农牧业发展的重要性及其表现

第一节 西藏生态农牧业发展的重要性

西藏的生态农牧业发展起步较晚,但是在西藏农牧业发展中占有很重要的地位。西藏农牧区面积占全区总面积(120万平方公里)的90%,其中耕地面积542.45万亩,林地面积19025.44万亩,草地面积96686.16万亩,其他农用地179.11万亩。农牧区的占地面积达90%,而其总产值占西藏GDP的比重从1997年的53%降至2012年的16%,农牧业的总产值下降不能减弱其在西藏国民经济中的地位,至今农牧业仍然是西藏国民经济的基础产业,而目前生态农牧业又是农牧业发展的重头戏,所以生态农牧业也就是西藏国民经济的基础。

西藏生态农牧业的发展不仅是当地社会发展和经济发展的需要,也是国家生态安全、民族团结、社会稳定、可持续发展的需求,因此,生态农牧业发展就要求转变传统的仅将草地作为牧业发展的主要生产资料的意识和观念,而要在此基础上加进经济的、环保的、可持续的、生态的、社会的元素,以便在目前西藏草地的生产力已经难以承载农牧业发展需要的现状下,得到更好的更长远的发展。比如,以往都是对草原农牧区的投资集中发展畜牧业生产,而以后就要着眼于发展可持续的生态农牧业。再如,农牧民的收入和就业不仅仅局限在以前的畜产品生产上,要汇集在资源恢复、生态建设、文化遗产保护和发展生态旅游业的各个方面。在进行生态农牧业发展中应建立草地资源恢复的专项生态补偿金,对为恢复草原生态系统实施退牧还草、禁牧休牧所影响的牧民给予经济补偿。

另外,西藏的草地生态系统自然保护区地域辽阔、人烟稀少,仅靠保护区有限的工作人员难以实施必要的管护,最主要的还是要依靠草原上广大农牧民的参与,为此可以选择一部分当地常驻的农牧民作为兼职工作人员,在他们平时的放牧过程中有意识地参与生态系统的保护工作。此外,还可以专款专用地专门建立西藏生态系统保护基金会,对参与生态保护的农牧民给予物质补助,从而提高农牧民保护的积极性,也使得更多的农牧民参与进来。这是生态农牧业的第一步,可以为生态农牧业的发展提供外在的条件。①

第二节 西藏生态农牧业发展重要性的表现②

注重社会、经济和生态环境的可持续发展是生态农牧业的最显著特征,所以生态农牧业在西藏农牧业的发展中占有重要的地位。近年来,西藏生态农牧业的发展逐渐走上正轨,对西藏的经济、文化、社会的发展都起到一定作用,尤其对推动西藏的农牧业的发展起到了巨大作用。

西藏生态农牧业对西藏农牧业发展所起的作用的主要变化表现为西藏农牧产品的变化。西藏地广人稀,市场容量有限,加之生态农牧业发展起步较晚,现存的生态环境渐渐恶化,导致农牧业的产品成本较高。西藏历史上出现过粮食生产曾一度产量过剩的反常情况。针对这一现象,专家分析原因有二:一是一味地注重粮食产量的效率,导致总产量增长过快;另一方面是当地冬小麦的产量占粮食总产量的比重过高,加之当地居民的粮食消费主要是青稞,所

---

① 范小建.西藏农牧业增长方式研究[M]北京:中国农业出版社 2007 年版:235-238.
② 徐瑶,何政伟,陈涛.西藏农牧业生态环境现状与可持续发展对策[J].广东农业科学,2011(13):147-149.

以对冬小麦的消费量有限,从而产量过剩,所以单一的粮食增产不仅没有使农牧民的收入相应提高,反而加重农牧民的负担。与此同时,草场也因为过度放牧而产生退化现象,这种情况在内地比较常见,如果在西藏出现就不得不引发我们的关注。所以自然环境对农牧产品的影响作用不可低估,在这种状况下,保护草场势在必行,农牧区的生产必须发展生态农牧业。

推动生态农牧业的可持续发展,首先要解决在生态农牧业发展中粮食产量过剩的问题,可以在农牧区大力压缩冬小麦的种植面积,这样既能减少粮食库存陈粮,又可以将冬小麦的种植面积转化为其他作物的耕种面积。另外,青稞是目前西藏种植面积最大、产量最高的粮食作物,但青稞深加工却相对滞后。青稞酒深受大家的欢迎,市场前景十分广阔,因此,在不破坏生态环境的前提下加大青稞的加工对于西藏生态农牧业发展具有较为重要的意义。

其次,生态农牧业的发展主要在于解决草场的退化问题。对此,可通过扩大饲料的种植,建设专门饲料基地,在全区范围内逐步形成牧区繁育、农区和半农牧区肥育、城镇畜产品加工的生产模式进行。另外,草地畜牧业可从纯天然的草地游牧放牧型向农牧结合型方向发展,从而逐步提高种草养畜业的比重,重点缓解因寒冷季节草场窄小而产生的饲草严重不足的矛盾。

总之,生态农牧业的发展可以使西藏农牧业由数量型向着质量型、效益型的方向发展,从而最终促进西藏经济的快速可持续发展。由于西藏生态农牧业在西藏农牧业发展中的重要性及其对西藏经济发展的促进作用,大力发展西藏生态农牧业势在必行。

然而,鉴于数据的可获得性以及生态农牧业发展和农牧业发展的紧密关系,本书主要通过分析西藏农牧业发展的概况、成就以及发展中存在的问题来反映西藏生态农牧业的发展现状。

西藏农牧业发展的现状

第一节 西藏农牧业总产值增长

2000年以来,西藏经济社会快速发展,西藏自治区统计局的统计数据显示:2013年西藏GDP总量达到802亿元,同比增长12.5%;财政收入完成95亿元,同此增长10%;农牧民人均纯收入为6520元;第二产业增加值为287.23亿元;固定资产投资完成910亿元,同比增长28%。

表9-1 西藏农牧业总产值 单位:万元

年份	农业产值	牧业产值	农牧业总产值
2000	263 649	235 282	498 931
2001	276 113	238 695	514 808
2002	290 759	255 772	546 531
2003	252 779	270 867	523 646
2004	265 638	291 197	556 835
2005	298 887	300 498	599 385
2006	304 974	316 975	621 949
2007	359 382	349 108	708 490

续表

年份	农业产值	牧业产值	农牧业总产值
2008	396 962	389 629	786 591
2009	390 575	442 880	833 455
2010	462 822	488 612	951 434
2011	496 152	541 123	1 037 275
2012	5 338 63	590 193	1 124 055.57

数据来源:《西藏统计年鉴(1998年—2013年)》,中国统计出版社2013年版。①

农牧业作为西藏经济社会发展的重要组成部分,近几年总产值的增长较为显著,具体见表9-1。

根据表9-1所显示的西藏农牧业总产值的变化情况,除2002—2003年西藏农牧业总产值从546 531万元下降为523 646万元外,西藏农牧业总产值自2000年以来呈现持续增长的态势,农牧业总产值(在此主要包括农业和牧业)从2000年的498 931万元上升到2012年的1 124 056万元,年均增长9.83%,增长速度超过全国平均水平。

另外,在西藏第一产业中,农业、林业、牧业和渔业所占的比例如图9-1所示:

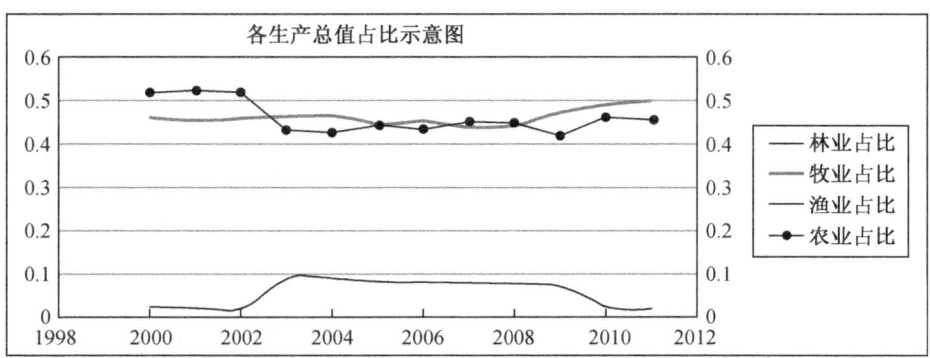

图9-1 农业、林业、牧业和渔业产值所占比例

数据来源:《西藏统计年鉴(2013年)》,中国统计出版社2013年版。

---

① 因课题写作时,2014年的西藏统计年鉴尚未出版,农业产值和牧业产值等数据只能取到2012年。

图 9-1 表明,自 2000 年以来,西藏第一产业的产值构成中,农业和牧业所占比重较大,渔业和林业所占比重较小。其中,农业所占比重从 2000 年的 50% 下降到 2012 年 50% 以下,略有变化;牧业所占的比重自 2000 年以来一直在 40%~50% 范围内波动,且 2008—2012 年处于上升趋势,并且所占比重超过了农业;林业所占比重自 2000 年以来先上升后下降,2009 年以后下降较为明显;而渔业所占比重一直最小,而且没有太大波动。这一方面说明农牧业在西藏第一产业中占有极其重要的地位,农牧业的发展基本可以代表西藏第一产业的发展状况,而且,农牧业总产值持续增长说明西藏农牧业呈现良好的发展势头;另一方面,由于西藏具有丰富的林业和水利资源,较低的林业和渔业发展状况说明了西藏的林业和渔业还有很大的发展空间。

第二节 各地区农牧业总产值的增长

以上分析表明西藏农牧业生产总值呈现上升趋势,其各地区的农牧业总产值及其发展情况如表 9-2 和图 9-2 所示。

表 9-2 各地区农牧业总产值　　　　　　　　　单位:万元

年份	合计	拉萨	昌都	山南	日喀则	那曲	阿里	林芝
2000	507 860	85 059	124 269	53 416	132 220	56 272	22 473	34 151
2001	524 596	73 916	126 207	53 969	146 264	67 220	21 003	36 017
2002	558 874	84 212	131 970	54 160	148 314	75 969	23 832	40 417
2003	583 814	86 548	149 635	50 852	144 143	79 603	26 760	46 273
2004	626 142	93 403	150 532	56 521	161 838	80 070	30 619	53 159
2005	676 761	100 255	163 423	55 463	179 421	89 761	30 463	57 975
2006	704 146	105 644	168 553	55 887	187 627	95 261	31 208	59 966
2007	798 002	116 473	186 534	59 992	222 011	109 835	37 155	66 002
2008	883 822	128 401	207 577	65 884	246 360	122 109	41 074	72 417
2009	933 305	135 551	219 636	69 105	259 657	128 430	44 188	76 738
2010	1 007 686	149 944	236 928	72 238	280 526	138 153	48 091	81 806
2011	1 093 675	163 173	256 777	78 298	304 989	149 627	52 030	88 781
2012	1 183 267	177 096	277 329	84 261	329 968	161 468	56 693	96 452

数据来源:《西藏统计年鉴(2013 年)》,中国统计出版社 2013 年版。

第 9 章　西藏农牧业发展的现状

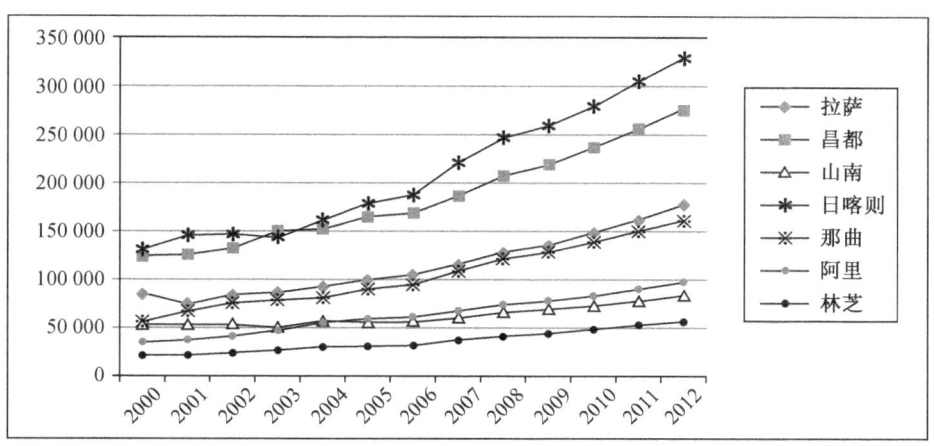

图 9-2　西藏各地区农牧业总产值变化情况

数据来源:《西藏统计年鉴(2013 年)》,中国统计出版社 2013 年版。

表 9-2 和图 9-2 表明:农牧业产值增长最快的是日喀则地区,依次为昌都,拉萨,那曲,林芝,山南和阿里。其中,日喀则地区的农牧业总产值从 2000 年不足 150 000 万元增长到 2012 年接近 350 000 万元;除因其优越的地理环境外,日喀则曾为后藏首府,海拔 3 800 米,是西藏第二大城市。日喀则地区拥有全区的 1/3 的耕地面积(125 万亩),粮油产量占全区 40% 左右,成为西藏自治区重要的商品粮生产基地。此外,日喀则地区的牲畜饲养量超过 550 余万头(只、匹),居全区第二位。其中,帕里牦牛、岗巴羊、霍尔巴羊等畜牧产品的生产历史悠久,其独特市场价值在区内外有较强的竞争力[①]。

农牧业总产值增长处于第二的是昌都地区,从 2000 年不足 150 000 万元增长到 2012 年的近 300 000 万元;昌都地区农牧业的快速发展也同样与它优越的地理环境分不开,昌都地区空气洁净、日照时间长、辐射强、海拔高,该地区平均海拔在 3500 米以上,空气稀薄;昌都年平均气压和单位空气中含氧量偏低,较之平原地区,均能低 33% 左右。农牧业发展中最重要的条件是降雨量,昌都降雨集中,并且季节分布不均;占全年降雨量的 77.9%～95.8% 的月份集中在 5—9 月,其余月份的降水量仅占全年的 4.2%～21.1%。而又因

---

① http://tibet.news.cn。

5—9月温度高,导致这些月份当中水的蒸发量大,相应的湿度较大[①],昌都地区的这种天然优良的气候条件为农牧业发展奠定了良好的基础。

农牧业总产值增长处于第三和第四的分别是拉萨和那曲地区,其农牧业总产值增长速度基本接近,从2000年的超过50 000万元到2013年超过150 000万元。农牧业总产值增长处于后三位的分别是林芝、山南和阿里地区。其中,林芝地区农牧业总产值从2000年不足50 000万元增长到2012年近100 000万元;山南地区农牧业总产值增长较慢,从2000年50 000万元以上增长到2012年不足100 000万元;阿里地区农牧业总产值从2000年的25 000万元左右增长到2012年超过50 000万元,12年间增长了1倍左右。

第三节 西藏农牧业总产值在西藏GDP中占的比重

西藏农牧业是西藏地区国民经济的基础,其地位通过农牧业在西藏地区生产总值中所占比重能反映,具体数据见表9-3。

表9-3 西藏农牧业总产值在西藏GDP中所占的比重　　　　单位:亿元

年份	农牧业生产总值	西藏地区GDP	农牧业总值占GDP比重
2000	49.89	117.8	0.423
2001	51.48	139.16	0.369
2002	54.65	162.04	0.337
2003	52.36	185.09	0.283
2004	55.68	220.34	0.253
2005	59.94	248.8	0.241
2006	62.2	290.76	0.214
2007	70.85	341.43	0.208
2008	78.66	394.85	0.199
2009	83.36	441.36	0.189
2010	95.14	507.46	0.187
2011	103.73	605.83	0.171
2012	112.41	701.03	0.16

数据来源:《西藏统计年鉴(2013年)》,中国统计出版社2013年版。

---

① http://www.tibet.cn。

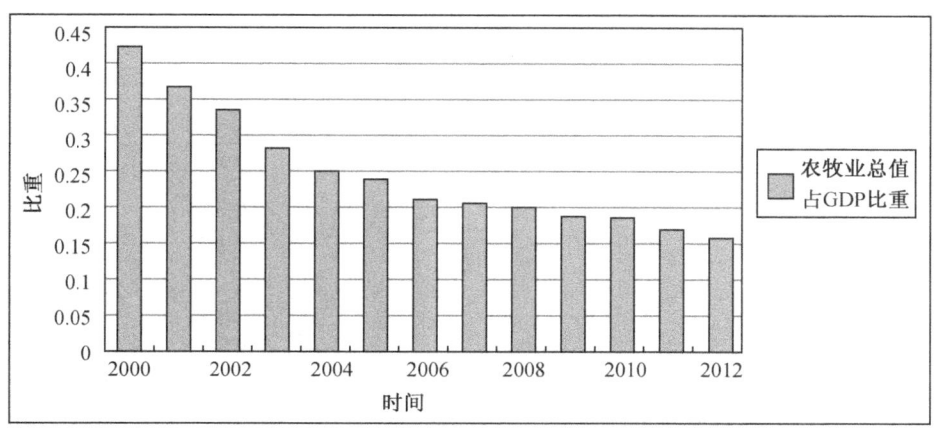

图 9-3 西藏地区农牧业总产值占西藏 GDP 比重示意图

数据来源:《西藏统计年鉴(2013年)》,中国统计出版社 2013 年版。

表 9-3 表明,西藏地区生产总值从 2000 年以来一直处于持续增长态势,农牧业的生产总值除 2002 年从 54.65 亿元下降为 2003 年的 52.36 亿元外,其余年份一直持续增长。另外,通过图 9-3 可知,农牧业虽然一直是西藏国民经济的支柱产业,但其地位在逐渐下降。农牧业生产总值占西藏地区生产总值的比重从 2000 年的 42.3% 下降为 2012 年的 16%。在西藏地区生产总值中占有较大比例的农牧业生产总值的比重下降现象说明了在西藏经济构成中,其他产业发展较快。

第四节 西藏农村社会总产值的构成与增长

西藏农村社会总产值主要由五大生产部门的产值构成,分别为农林牧渔总产值、农村工业总产值、农村建筑业总产值、农村运输业总产值、农村商业总产值。具体数值及其变化如表 9-4 所示。

表 9-4　西藏农村社会总产值　　　　　　　　单位:万元

年份	农村社会总产值	农林牧渔业总产值	农村工业总产值	农村建筑业总产值	农村运输业总产值	农村商业总产值
2000	570 808	512 185	13 307	14 546	17 086	13 684
2002	618 802	558 874	11 707	14 788	20 832	12 601
2003	675 593	586 339	20 033	23 995	26 120	19 106
2004	757 243	627 373	26 536	40 567	41 556	21 211
2005	823 658	677 408	27 207	43 925	45 077	30 041
2006	877 722	704 765	27 802	64 743	47 445	32 967
2008	1 150 468	884 519	30 385	126 476	59 854	49 234
2009	1 236 703	933 807	28 520	150 398	67 243	56 733
2010	1 351 837	1 007 685	35 194	154 366	82 109	72 483
2011	1 469 501	1 093 675	40 599	151 534	95 565	88 128
2012	1 650 604	1 183 267	58 446	185 357	113 415	110 119

数据来源:《西藏统计年鉴(2013 年)》,中国统计出版社 2013 年版。

从表 9-4 可知,西藏农村社会总产值及其构成(农林牧渔总产值、农村工业总产值、农村建筑业总产值、农村运输业总产值、农村商业总产值)自 2000 年以来一直处于增长状态。根据表 9-4 中数据计算可知,自 2000 年以来,农林牧渔业总产值年增长率为 7.23%,农村工业总产值年均增长率为 13.12%,农村建筑业年均增长率为 23.62%,农村运输业年均增长率为 17.09%,农村商业总产值年均增长率为 18.98%。因此,年均增长率最高的是西藏农村建筑业(23.62%),说明西藏农村建筑业自 2000 年以来得到快速发展;其次,年均增长率较大的是农村商业总产值(18.98%),农牧区产品从最初自给自足,到现在农村商业总产值达 110 119 万元,说明农村商业得到了较快发展;农牧业生产总值年均增长率为 7.23%,说明了 2000 年以来西藏农牧业也得到了较快的发展。

第五节　主要农作物产量和播种面积的变化

西藏是我国的五大牧区之一,全区天然草场达 12.3 亿亩,占全国天然草原总面积的 1/5 左右。西藏的粮食主要产于的农牧区,主要农作物产量如表 9-5 所示。

表 9-5　西藏地区主要农作物产量　　　　　　　　　　单位:吨

年份	粮食总产量	稻谷	小麦	冬小麦	青稞	豆类	其他	油菜籽	花生	蔬菜	青饲料
2000	962 234	5 517	307 288	245 319	597 094	29 467	22 867	39 610	46	173 727	54 820
2002	983 970	5 831	278 250	208 505	635 978	34 435	29 476	45 157	94	234 506	84 109
2003	966 001	5 564	272 308	211 484	619 137	33 541	35 453	49 378	100	281 979	121 088
2004	959 950	5 533	257 279	192 324	612 273	30 780	53 937	53 944	50	299 858	149 247
2005	933 918	5 452	255 506	171 172	613 548	32 371	27 041	61 164	154	429 225	152 852
2006	923 688	5 884	265 315	209 286	592 000	31 550	28 939	54 490	108	449 309	213 352
2007	938 634	5 460	264 859	206 941	610 845	31 882	25 588	52 125	137	450 650	213 923
2008	950 343	5 140	257 556	193 002	618 196	26 527	45 118	57 729	126	551 060	271 249
2009	905 330	5 172	245 617	194 763	595 150	24 333	42 924	60 145	161	481 408	276 243
2010	912 289	5 932	242 373	197 811	602 570	23 503	37 911	57 986		581 208	317 757
2011	937 290	5 960	249 064	191 653	621 886	23 467	36 913	63 276	239	600 705	296 288
2012	948 963	5 446	245 716	184 297	637 102	22 806	37 894	63 047	262	655 905	316 085

数据来源:《西藏统计年鉴(2013 年)》,中国统计出版社 2013 年版。

从表 9-5 中的数据得出:西藏地区的粮食总产量的变化可以分三个阶段:2000—2003 年增加,2003—2006 年下降,2006—2008 年增加,2008—2009 年下降 5 万多吨,2009—2012 年的产量又逐渐上升。其中,从数据可知,青稞是西藏地区主要的粮食作物,青稞产量从 2000 年的近 60 万吨增加到 2012 年的近 64 万吨,期间有小幅度波动,增加幅度较小,但总体产量是上升的,其主导粮食作物的地位没有动摇。从表 9-5 可知,增幅最为显著的属于青饲料,其产量从 2000 年的近 5.4 万吨增长到 2012 年的近 32 万吨,增幅近 5 倍;其次,增幅较大的是蔬菜,从 2000 年的 17.4 万吨增长到 2012 年的近 66 万吨,而且一直保持持续增长,但是蔬菜产量的持续增长显然大大改变了居民的蔬菜需求;再次,产量变化较为明显的是小麦和冬小麦,产量变化表现为一增一减,基本保持持平;花生和其他农作物上升幅度不大;而豆类产品的产量是唯一下降的品种。

农作物的产量变化是很多因素造成,比如自然条件、气候变化、耕地面积、技术采用等。以年末实有耕地面积变化为例分析,如表 9-6 所示。

表 9-6　西藏地区主要耕地面积　　　　　　　　　单位:千公顷

年份	年末实有耕地面积	旱地	水田	当年减少	国家基建占地	当年增加
2000	230.83	229.76	1.07	0.39	…	0.06
2001	230.2	229.15	1.05	1.4	0.25	0.77
2002	229.89	228.9	1	2.45	0.66	2.15
2003	225.34	224.38	0.96	6.22	0.79	2.77
2004	222.74	221.77	0.97	4.03	0.35	1.46
2005	223.01	222.03	0.98	1.55	0.37	1.83
2006	223.01	222.03	0.98	1.55	0.37	1.83
2007	228.23	227.26	0.97	1.27	0.68	1.95
2008	225.92	224.95	0.97	0.44	0.09	1.58
2009	229.57	228.49	1.08	0.83	0.04	5.06
2010	229.53	228.43	1.1	1.53	0.09	1.49
2011	231.57	230.44	1.13	0.71	0.14	2.04
2012	232.57	231.34	1.23	0.75	0.19	1.74

数据来源:《西藏统计年鉴(2013 年)》,中国统计出版社 2013 年版。

从表 9-6 可知,西藏地区年末实有耕地面积的变化幅度不大,整体趋势是平稳的。2000—2004 年年末实有耕地面积从 230.83 千公顷降低为 222.74 千公顷,2004—2012 年年末实有耕地面积又从 222.74 千公顷增加为 232.57 千公顷。西藏年末实有耕地面积的变化情况说明西藏耕地面积整体变化趋势较为平稳。在实有耕地面中所占比重最大的是旱地,旱地面积整体在起初的略微增长过程后又有下降;水田的面积也是增中有降;其中,值得注意的是国家基建占地面积,2000—2012 年波动较大,最高的时候达到 0.79 千公顷,最少的时候只有 0.04 千公顷。根据西藏地区年末实有耕地面积的变化情况可得出，耕地面积对于西藏地区粮食产量的贡献并不显著，粮食产量的持续增加关键在于管理和技术等其他外在条件的改善所引起的。

第六节 牲畜存栏和出栏情况的变化

西藏地区除了农作物对于经济增长的贡献较高以外，畜牧业也是农牧业生产总值增加的重要因素之一。西藏牲畜种类较多，主要有牦牛、黄牛、绵羊、山羊、马、驴、骡、藏猪和藏香鸡等。表 9-7 显示了西藏地区主要牲畜年末存栏情况。

表 9-7 西藏地区牲畜存栏情况　　　　　　　　单位：万头/只

年份	牲畜总头数	大牲畜	牛	羊	绵羊	猪
2000	2 266	579	526	1 664	1 074	23
2001	2 360	607	553	1 729	1 111	24
2002	2 439	633	577	1 782	1 139	24
2003	2 451	647	591	1 779	1 134	25
2004	2 509	668	613	1 816	1 151	26
2005	2 415	686	632	1 698	1 072	30
2006	2 438	703	651	1 703	1 066	32
2007	2 407	674	622	1 707	1 060	26
2008	2 405	696	645	1 678	1 032	31
2009	2 324	705	653	1 584	968	35
2010	2 321	706	654	1 579	977	36
2011	2 185	690	645	1 459	900	36
2012	2 056	668	625	1 352	841	36

数据来源：《西藏统计年鉴（2013 年）》，中国统计出版社 2013 年版。

存栏量是指年末的各类牲畜，其中包括成畜、幼畜在内的实有数。表 9-8 表明：西藏地区的牲畜存栏总量 2000—2004 年持续增长，从 2000 年的 2 266 万头增加为 2004 年的 2 509 万头；2005—2012 年逐年递减，从 2 415 万头减少为 2 056 万头;其中,除了猪的存栏数量增加外,其他种类的牲畜存栏数量都在减少。这些数据的变化与保护环境的力度加大相关,如果一味增加存栏量,这必将会出现草地的退化,植被的破坏等生态环境问题的发生。这样的现象在 2005 年我国大环境改造中也出现过,当时因存栏量增加而引起草地退化现象较为严重,因此,政府导入宏观调控,积极应对,通过降低农牧业牲畜的存栏量来改善草原生态环境。在国家宏观调控的影响下,西藏地区也积极响应,实施相应的草原生态环境保护措施,因此,2005 年以来的存栏量持续降低。

西藏地区牲畜总量是减少的,而出栏情况却与此相反。表 9-8 显示了西藏地区牲畜的出栏情况。

表 9-8 西藏地区牲畜出栏情况 单位:万头/只

年份	出栏总数量	牛		猪		羊	
		出栏数	出栏率(%)	出栏数	出栏率(%)	出栏数	出栏率(%)
2000	531.3	80.13	15.2	13.64	62	437.52	25.9
2001	565.8	85.31	16.2	12.73	55.3	467.74	28.1
2002	634.2	89.47	16.2	14.38	59.9	530.38	30.7
2003	626.4	96.28	16.3	13.93	55.7	516.19	29
2004	596.28	105.1	17.1	15.26	61	475.92	26.8
2005	607.98	106.07	16.8	18.84	62.8	483.07	28.4
2006	634.79	107.96	16.6	18.31	57.2	508.52	29.9
2007	659.1	116.59	17.9	15.58	48.6	526.9	30.9
2008	659	123.35	18.9	15.6	60	520.08	30.5
2009	676.1	126.58	19.6	19.67	63.5	529.84	31.6
2010	682.5	136.89	21	20.45	58.7	525.11	33.1
2011	715.55	147.89	22.6	19.85	55.3	547.81	34.7
2012	721.93	162.02	25.12	19.32	53.79	540.59	37.05

数据来源:《西藏统计年鉴(2013 年)》,中国统计出版社 2013 年版。

从表 9-8 可看出,西藏地区牲畜的出栏总量一直持续增长,从 2000 年的 531.3 万头增加到 2012 年的 721.93 万头,年均增长率为 2.59%。其中,2000—2012 年,牛的出栏率从 15.2% 增长到 25.12%;猪的出栏率有所减少,从 2000 年的 62% 减少到 2012 年的 53.8%;羊的出栏率从 2000 年的 25.9%

增长到 2012 年的 37.05%。根据表 9-8 的出栏率进行分析,西藏地区猪的出栏率远远高于牛和羊的出栏率,反映牛和羊养殖的周转率低下、经济效益不高。一般畜牧业生产的目的是获得高额市场价值的畜牧产品。因此,西藏地区市场价值较高的牛和羊的出栏率较低,直接反映出西藏畜牧产品市场竞争力较弱。与经济较发达地区相比,西藏的牛、羊的存栏数和饲养量很高,出栏率很低,解决的最直接的办法就是有效地提高牛、羊出栏率。另一方面,从猪的出栏率总体减少、牛和羊出栏率增加的趋势可得出,西藏地区正在采取积极措施,改善牛和羊的周转率,从而增加牛和羊的肉类产品的市场竞争力。

10

西藏农牧业发展中取得的成就

第一节 农牧业发展所取得成就的主要表现

加快推进农牧业发展是《西藏自治区"十二五"时期国民经济和社会发展规划纲要》的重点建设项目。西藏农牧业的发展能有效夯实西藏农牧区的发展基础,提高西藏地区农牧业的综合生产能力。根据《西藏自治区"十二五"时期国民经济和社会发展规划纲要》中对西藏农牧业发展成果的论述可知,2011年,全区粮食产量达到了93.73万吨,2012年粮食产量达到94.8963万吨,创造了西藏自治区粮食产量连续14年保持在90万吨以上的高产纪录。蔬菜产业一直是从内地省份输入为主,蔬菜产业自给率明显提高,品种愈加丰富多样,2011年的年总产量能达到60.07万吨,2012年的蔬菜产量达到65.59万吨,比上一年增长3.4%,比2005年增长40%。肉奶产业的发展情况如下:2011年的全区肉产量已达27.67万吨,比上一年增长5.2%,比2005年增长了28.9%;奶产量达31.35万吨,比上一年的增长3.5%,比2005年增长16.2%。[①]

---

① 西藏日报[N].2010-08-06.

农牧业发展的主要表现如下:①②

1.特色农牧业的发展

近几年来,西藏地区大力发展特色农牧业,并不断优化农牧业的产业结构和产业的区域布局,积极推动特色鲜明的"七区七带"——藏西北绒山羊、藏中藏北绵羊、藏东北牦牛、藏中藏东藏猪藏鸡和藏药材、藏中优质粮食和饲料、城郊优质蔬菜和藏东南林下资源的农牧业产业带的建立。该产业带的经济效益逐年提升,这不仅能为西藏提高高原特色农牧产品的生产能力奠定良好的基础,也为农牧区的农牧民的收入增加带来了更多的机会。

2.农牧业先进实用技术的推广

农牧业的快速发展关键在于技术。在西藏地区各级农业部门对农牧业科技加快推进的基础上,农牧业科技应用水平不断提高,这些措施有效地提高了生产效益,同时还提高了农牧民的收入。2011年,西藏农作物优良品种的覆盖率高达85%。西藏地区的25个粮食主产县已经建立了26万亩的测土配方施肥示范区,建好70万亩的农业高产创建示范园。另外,粮食单产水平进一步提高,农业机械化的发展速度加快,到2011年,全区的农机总动力已达427.9万千瓦,比2005年增长了85.4%,综合机械化作业水平已达53.8%。全区的改良绵羊达84万只,改良黄牛存栏总数达38万头。

3.农牧业生态环境的改善

近年来,国家大幅度增加对西藏退牧还草工程、草场建设、农村沼气等生态保护的投入力度,有效地保护与改善了生态环境。截至2012年,全区已累计完成人工种草130万亩,累计完成退牧还草7 746万亩,累计完成农村户用沼气20.18万户。截至2012年,西藏草地植被覆盖度已经提高到55%以上,产草量提高了25%~30%,草地生态功能大大增强,有效遏制了部分草地退化的趋势,改善了西藏农牧业的生态环境,这也为促进农牧业的可持续发展打下了良好基础。

4.产业经营的加快和产业结构的优化

农牧业产业化经营方面,16家自治区级的农业产业化经营龙头企业在政

---

① 西藏日报[N].2013-04-22.
② 任璐.西藏公共气象服务体系构建研究[D].中央民族大学,2015.

府的有效扶持下发展壮大,其中有多半的企业已达到国家级龙头企业的水平;同时还培育了60多家地(市)级龙头企业。龙头企业的发展增加了农牧民就业,增加了农牧民的现金收入。

5.经营机制的创新

经营机制的主要方式包括草场承包、收益管理机制、农牧民的合作经济。草场承包的工作成绩显著,全区约90%的冬春草场已经承包到户。草场承包和土地承包的经营权流转有序进行。另外,农牧民专业合作经济组织等现代农牧业经营模式在政府的支持和引导下快速发展,2011年全区累计成立853家各类专业合作组织,参与农牧户达到62 011户,而且生产、销售一体化的经营模式在农牧区逐渐推广,与之同步发展的是农垦企业机制创新和市场开拓工作。此外,动物医疗的兽医管理体制改革也取得明显成效,自治区和地市两级新型兽医管理体制已经建立,依法防治动物疫病工作步入新阶段,动物的区域性重大疫病发生率明显下降。

第二节 农牧业生产技术和基础设施得到持续改善[①]

农牧业基础设施的建设直接影响到生态农牧业的发展,农牧业生产发展进而又会影响到农牧民收入的增加。党的十八大报告中明确提出"加快建设现代农业",自治区政府要求农牧厅务必做到以下几点:紧抓农牧业生产、把控农畜产品质量安全,适时进行农牧区经营体制改革,想方设法提高农牧民收入。西藏农牧业生产技术和基础设施的改善主要表现为:

1.农业生产方面

农业产量提高的关键在于农作物优质品种的推广,所以农作物的优良品种的筛选力度要加大,要做好优良农作物品种的播种和繁殖,繁殖过程中严格把关农药化肥,保证春播生产用种。春播之后的冬播也依然重要,在春播期间就要做好冬播的准备,加强管理,适时播种,确保冬季农作物的灌溉,施肥和病虫害的监测,为冬播作物的返青做好基础工作。对此,西藏自治区政府积极拓

---

① 西藏日报(汉)[N].2013-04-22.

展优质农作物的播种面积,将"藏青2000"的青稞新品种作为重点推广品种,大大增加了西藏地区农业产量。

另外,提高农牧业生产的主要因素是人的力量,技术服务都是人的力量体现,所以应当加强技术服务,各级农牧业部门必须积极培养农牧业技术人员。并且,技术指导服务必须与农牧业生产有效地结合起来,实现农牧业产量的提高。对此,西藏地区积极投入人力、物力,并采用先进的农牧业生产技术,增加农牧业产量。

2.畜牧业发展方面

西藏自治区是我国重要的畜牧业省份,如果畜牧业生产快速发展,将提高农牧民的收入。对此,西藏的畜牧业生产特别重视幼畜成活率和成畜死亡率,提高幼畜成活率、减少成畜死亡率是必须实现的目标。减少成畜死亡率主要做好动物的疾病瘟疫的防控工作,其关系到畜牧业生产能否持续健康地发展。

第三节 形成新的农牧业管理机制

农牧业管理机制的形成是随着时间的推移逐渐完善的。在西藏各个不同的经济社会发展时期,基本都有主导的农牧业政策起到了积极作用,比如改革开放后实施的"农牧业生产责任制",所以回顾以前的农牧业管理机制有以下五个特点:特殊性、时间滞后性、稳定性、有限性、施肥均衡性。[①] 主要表现如下:

首先,西藏地区采取了积极的农牧业政策。西藏地区要实现农牧区和农牧业经济的发展目标,农牧业政策应不断完善"两个长期不变":一是"土地归户使用,自主经营,长期不变"的政策,二是"牲畜归户,私养私有,自主经营,长期不变"的基本政策,这两项政策激励和加快了农牧区经济体制转轨步伐,从而促进农牧业由传统农牧业向现代生态农牧业转变。

其次,农牧业新的管理机制的带动作用。西藏地区在农牧业新的管理机制的带动下,土地和草场承包经营权流转经营有序进行;兽医管理体制改革取

---

① 谷树忠.西藏农牧业发展的可持续性分析与对策[J].资源科学,2000(7).

得明显成效，自治区和地（市）两级新型兽医管理体制已经建立；农牧民专业合作经济组织得到有效发展，生产、加工和销售一体化等现代农牧业经营模式在西藏农牧区得到快速发展；农垦企业机制创新和市场开拓工作取得新的进展；农牧业对外开放步伐加快，农畜产品出口形势喜人。

11

西藏农牧业发展中存在的问题及其原因分析

第一节 农牧业发展中存在的问题

作为西藏传统经济发展的支柱产业,农牧业发挥着不可替代的作用。改革开放以来,西藏农牧业发生了巨大变化,但由于特殊的地理位置和历史原因,其发展过程中面临着生产率低、经济效益差、农牧业结构不合理和市场供给失衡等问题,在一定程度上阻碍了西藏经济发展。

(一)农牧民科学文化素质需进一步提高

近年来特别是 21 世纪以来,随着科学技术水平的提高,知识经济的作用日益凸显。由于西藏长期以来受到自给自足的小农经济思想的影响,农牧民的商品经济意识和市场观念淡薄,再加上近几年来农副产品的市场前景不乐观,一些农牧区"惜杀"现象较多,导致农牧业经济效益下降,农牧民收入来源减少,自我积累和自我发展的能力降低。此外,农牧民以其拥有牲畜的数量作为衡量自身财富的标准,盲目进行数量扩张,经营方式的不合理造成了市场供给失衡,使得农牧民面临经营风险大、经济收益差等问题。

(二) 农牧业基础设施薄弱

农牧业的基础设施建设关乎全区人民的福祉,更有助于建设充满活力、富有魅力、文明和谐的社会主义新西藏。由于西藏生态农牧业的发展速度慢,导致该地区的基础设施建设过于薄弱。近年来,国家投入大量资金以完善薄弱的基础设施,但西藏所处的特殊地理位置和恶劣的自然环境给基础设施的建设增加了困难。目前,西藏农牧业基础设施薄弱主要表现在以下几个方面:

首先是交通设施不完善。农牧业的发展离不开便利的交通保障,但是西藏由于受特殊的地理因素制约,交通运输起步晚,发展慢,建设难度大,尤其是农牧区的道路建设更加滞后。截止到 2008 年,西藏全区 916 个乡镇、7 198 个行政村中,仅有 4 695 个行政村通了公路,占行政村总数的 65%,远远低于全国平均水平 22 个百分点。近年来,西藏的公路、铁路、水路等运输通道逐步完善,青藏铁路的开通更是为农牧民的生产和生活带来了极大的便利。但是,西藏地区高寒缺氧、道路崎岖等特点导致其修建成本高,修建难度系数大,因此,交通设施的不完善仍是制约西藏农牧区经济发展的"瓶颈"。

其次是水利设施建设滞后。西藏是我国河流数量最多的省区之一,拥有丰富的地表水资源,但由于水利建设起步晚、基础差、缺少骨干调蓄工程,现有的水利工程大部分都是 20 世纪 70 年代修建的,规模小,标准低。全区农田有效灌溉的名义面积高于实际灌溉面积 34.28%。牧区的水利设施更为薄弱,草场灌溉面积仅占草地可利用面积的 2%。另外,水利工程管理的不健全也是导致工程失修、损毁、效益下降的主要原因,严重影响了农牧业的发展进程。

最后是电力设施不完善。电力为农牧产品的加工和农牧业的发展提供了便利条件。西藏现如今面临人口居住分散、负荷密度低、用电量小以及农牧民供电线路长,电网质量差等问题,这在一定程度上制约着西藏农牧业的发展。因此,要大力完善农牧区的电力基础设施,提高农牧区的供电质量和用电水平。

(三) 农牧业结构不合理,产业化水平不高

生态农牧业的产业化是指农牧业的发展要实现产、供、销一条龙经营,将传统分散的小农户与现有的大市场有效地连接起来,在家庭经营基础上,实现

农牧业的规模化、集约化与专业化,从而加快农牧业的现代化进程,促使农牧业生产向商品化、社会化的方向转变。但由于西藏现有农牧业经济结构不合理,农畜产品的品种单一,农业科技投入不足,创新体系不健全,使得农牧业产业化水平低。以种植业为例,西藏地区的种植业内部结构不合理,农牧业经济结构的失衡不利于产业化水平的提高。另外,长期以来形成的传统粗放、分散的种植方式会导致劳动生产率下降,农牧业的规模化、专业化程度较低;现代的农牧业生产经营体系缺乏,造成农业产业化水平低、经济效益差。西藏虽然拥有丰富的草原、耕地、动植物以及太阳能、风能、水能等资源,但产业化水平低这一特点使得其丰富的资源无法发挥其拥有的价值。例如,由于技术、资金、市场等原因,西藏的特色农牧产品青稞、牦牛未能进行深加工,使其缺乏市场竞争力,无法发挥特色农牧产品的产业优势。

(四)资金投入不足

农牧业属于弱质产业,自身积累能力差,加之生态农业的投资项目存在周期长、经济效益低、市场推广能力弱等问题,导致目前西藏的农牧业基础设施、农牧业合作经济组织以及农牧业龙头企业的发展存在资金短缺问题,严重制约了西藏生态农牧业的发展。近年来,为加快西藏农牧业的产业化进程,政府部门给予了大量的财政补贴和优惠政策。有关数据显示,2013 年的全区财政支农支出达 1 605 000 万元,比 2012 年增加了 164 739 万元,增长率高达 11.4%。政府部门为支持农业高产创建,促进农牧业发展,已落实资金 62 953 万元。但是,西藏经济基础薄弱,地方财力有限,财政支农的投入仍然单薄;恶劣的自然环境和特殊的地理位置使得自然灾害频繁发生,农牧业受损严重,加之基础设施薄弱、政策体系不完善,农牧业抗灾害、抗风险能力弱,使农牧业很难吸收外资和民间资金,导致市场资金投入不足;农业自身利润低,风险大,许多农村金融机构不愿大量贷款给经济实力不强的农户和企业,使农牧业缺乏足够的资金保障;此外,西藏农牧民的收入水平低,自我投入能力有限,不能满足生态农牧业的发展需求,造成农牧业发展缓慢,农牧民增收困难。

第二节　原因分析

农牧业是西藏国民经济的基础,是西藏广大农牧民基本生活资料的主要来源,倘若没有农牧业提供充足的粮食、肉类以及其他生活资料,广大农牧民就无法生存。农牧业是西藏劳动力就业的主要渠道之一,是西藏发展经济投资资金的主要来源,关系到整个农牧区的稳定发展,因此,农牧业健康有序的发展是西藏经济发展的重要保障。但是,西藏农牧业的发展目前面临着基础设施薄弱、产业化水平低、资金投入不足以及自然灾害严重等问题,阻碍了西藏农牧业的发展进程。本节将从自然环境、人类活动、改革滞后等方面分析这些问题产生的原因,为西藏今后发展农牧业制定合理的政策提供建议。

(一) 自然环境的影响

生态农牧业是全面规划,兼顾社会、经济和生态三大效益的整体农业,强调维持农牧业高额生产力的基础是对生态环境的保护与建设,通过深加工实现经济增值,从而提高农牧业的综合效益,降低营运成本。良好的自然环境是农牧业实现可持续发展的基础条件,但是人类在过去很长一段时间内,忽视了两者之间的关系,一味追求短期经济效益,导致生态环境遭到严重破坏。另外,西藏地理位置的特殊性导致其生态环境变得极为脆弱,植被的生长呈现出周期长、产量低等特点。例如,在植被生长的季节,低温、干旱、雪灾、冰雹等自然灾害可能会对植被生长产生不利影响。受低温、高寒天气的影响,西藏大部分地区的农作物实行一年一熟制,一旦遇上恶劣的气候条件,农作物将不复存在,农牧民的收入将会遭受损失。有关数据显示:西藏平均每3年发生一次小面积雪灾,每5年发生一次中型雪灾,每7~10年会发生一次大型雪灾,雪灾的降临会给农业及畜牧业带来严重的打击。例如,1997年西藏地区的特大雪灾造成牲畜死亡82万头,死亡率高达12.03%。[①] 自然生态环境的恶化导致

---

① 杨西平,张志恒.西藏农牧业特色产业发展:事实与战略[M].厦门:厦门大学出版社,2013.

自然灾害的发生更加频繁,而频繁的自然灾害会进一步影响农牧业的发展。据统计,20世纪80年代以来,受全球气候变暖的影响,西藏的年平均气温增长率达到了0.047℃,气温的持续上升加速了冻土消融,造成水土流失严重,部分湖泊的面积逐渐缩小,盐度上升,严重制约了农牧业的发展进程。

(二)人类活动的影响

良好的生态环境是农牧业健康发展的重要保证,但是近些年来,西藏的生态环境面临着水土流失、草场退化、土地荒漠化等诸多问题,而产生这些问题的一个重要原因就是人类不合理的经济活动。由于人口增加,为抚养新增加的人口,人类不得不改变赖以生存的土地利用方式。例如,将大片的林地和草地变为耕地,用扩大耕地面积的办法提高粮食产量,这种种植方式过于粗放,技术水平低,不但不能增加粮食产量,反而会使生态破坏,土地肥力下降。再比如说,在不断减少的草地上增加牛羊的饲养头数,会造成草地退化。过度放牧不但不能带来预期的经济效益,反而会使原本草质较好的牧草量快速减少,最终导致土地更加贫瘠,自然环境更加恶劣,农牧业发展更加缓慢。

据统计,西藏草场退化,草原面积减少,且呈现出不断增长的趋势。此外,当地农牧民为获取生活燃料和药材,过度砍伐树木,使环境破坏更为严重。人类的经济活动作用于生态环境,而生态环境反过来则会影响农牧业的发展。

第三节 促进西藏农牧业发展的政策建议

(一)加强科学文化教育,提高农牧民的综合文化素质

在农牧业中,农牧民的科学文化素质在一定程度上决定着农牧民收入水平的高低,也影响着农牧业的发展速度。因此,西藏要实现生态农牧业的可持续发展,就要不断提高农牧民的科学文化素质。传统的农牧民培训方式以课堂授课为主,但这种培训方式内容单一,效果不佳。新的培训方式是一种以培养农牧民自身能力为出发点,以提高农牧民的操作能力为目标而设置的技能培训模式;同时,要有创造性地开展多种形式的科技文化培训,加强对现有科技人员的继续教育。例如,在农牧民所在区域开展种养殖业的科技知识比赛、农牧民科技比赛等活动,促进每个农牧民掌握更多的科学文化知识。西藏交通的不便和市场信息的滞后会导致技术不能及时根据市场变化而更新,从而影响技术水平的提高。因此,要加强在职科技人员的继续教育,不断更新其技术能力。同时,还要加强科普宣传,积极倡导生态农牧业的相关知识,通过报纸、杂志、电视、广播等媒介,让更多的农牧民了解生态农业,使生态农牧业的理念真正深入人心。

农牧民科学文化素质的提高是一项长期而系统的工程,也是一项循序渐进和不断发展的事业。因此,政府部门作为主体力量,要充分发挥其职能,为农牧业的发展提供充足的教育培训资金,以确保这项工程的顺利开展。

(二)加强基础设施建设,为农牧业的发展创造良好的硬环境

西藏位于我国西南边陲,长期受自然灾害影响。近些年来,全球气候变暖和生态环境恶化使自然灾害的发生更为频繁。西藏地区农牧业的基础设施滞后,不能防止和减少日益严重的自然灾害带来的损失。因此,加强农牧业基础设施建设,改善农牧业的生产条件,是发展生态农牧业的基础条件。本书认为加强基础设施建设应该从以下两个方面入手:

一方面,要积极引导和鼓励农牧民改善农业生产设施条件。政府部门要深入基层,大力宣传现代化的农业生产设施,积极推广大棚、节水灌溉等节能增效的农业设备和先进技术的应用,让更多农牧民认识到基础设施建设是西藏经济社会发展的"先行资本",了解现代化技术,改变传统的生产方式。在此基础上,不断引入国内外先进的技术和机具,提高西藏农业的生产效率,促进西藏生态农牧业的发展。

另一方面,要加大资金投入,完善投资结构。基础设施的建设是一项工程技术,需要大量的资金保障。因此,要创新投资机制,完善投资结构,落实财政政策,确保农牧业的基础设施建设拥有稳定的资金来源。资金来源主要有以下几种途径:一是要努力向中央、地区政府争取更多的财政补贴,以支持基础设施的建设;二是要积极吸引外来投资,通过媒体宣传,提升西藏地区农牧产品的知名度,吸引外商投资;三是要引导当地农牧民增加投入,调动农牧民的积极性,让农牧民亲身参与到项目的规划、设计和运行之中,只有具备充足的资金,农牧业的基础设施建设才有保障,农牧业才能实现现代化发展。

(三)调整产业结构,实现产业优化升级

西藏当前农牧业的发展面临着生产经营规模小、产业化水平低、产品结构不合理等问题。提升农牧业的产业化水平能够更好地适应消费需求的变化,降低经营风险和交易成本,解决生态农产品信息不对称等问题。[①] 因此,西藏农牧业的发展要向规模化、现代化、集约化的方向发展。

首先,要培育、发展和壮大各类生态农牧业的龙头企业,带动相关产业链的发展。龙头企业具有促进特色农业产业发展、提高农畜产品加工水平和市场竞争力、吸纳剩余劳动力、创立特色农畜产业品牌、增加农牧民收入、带动经济社会发展的作用。因此,西藏要按照扶大、扶优、扶强的原则,鼓励和支持加工能力强、辐射范围广、带动力大的生态农牧业龙头企业的发展壮大。借助龙头企业的带动作用,能够促进相关产业的发展。

其次,构建新型的农牧业经营体系,促进农牧业的现代化发展。新型农牧业经营体系顺应了西藏当前农牧业的发展趋势,在推进农牧业现代化建设过程中发挥着核心和基础性作用。因此,西藏要加快构建新型农牧业生产经营体系的步伐,着力培育新型农业经营主体,发展适度规模经营,不断优化农牧业资源配置方式,提高农牧业资源配置效率,加强农牧业社会化服务体系,提高农牧业组织化、专业化、社会化水平,进一步促进西藏农牧业现代化发展。

最后,要扩展营销渠道,为特色农牧业发展提供保障。政府部门要积极与其他地区联系,及时了解市场信息,通过交流、合作等手段扩大营销渠道,加大无公害蔬菜、优质青稞、白绒山羊、藏药等特色农牧业产品的宣传力度,不断提高农畜产品的知名度,努力打造具有西藏特色的产业品牌,并积极完善农牧业的物流配套设施,逐渐形成"产供销"一体化的服务体系。

---

① 沈满洪.2013浙江生态经济发展报告[M].北京:中国财政经济出版社,2013.

(四)引导资金投入,支持生态农牧业的发展

随着西藏农牧业现代化进程的加快,农牧业中资本要素所占比重不断增加。生态农牧业的发展需要对技术、劳动力、设备等生产要素加以综合利用,需要以充足的资金为保障。通过资金的投入,可以实现资本对劳动力的替代、产品质量的提升以及产业的可持续发展。① 因此,政府部门应加大对农牧业的财政支持力度,实现生态农牧业的发展。

1. 政府部门要加大对农牧业发展的财政支持力度

当地政府部门应当建立多元化、多层次、多渠道的现代生态农牧业资金投入机制。一方面,要争取国家对农牧业的投入。全面、及时、准确地掌握国家的投资信息,抢抓国家的各项发展机遇,基于当地实际情况,争取取得一些重大项目的建设资格,发展优势资源和特色产业,改善农牧民的生活条件。另一方面,要加大本级政府对农牧业的投入力度。进一步深化财政体制改革,调整财政支出结构,增加财政在农牧业中的支出。同时,要进一步完善和落实各项农牧业优惠补贴政策,提高农牧民的生产积极性。②

2. 大力宣传,积极吸引外来资金投入

借助大众媒介广泛宣传西藏的特色产业与优势资源,引导更多的外商企业参与投资生态农牧业的发展。由于农牧业是弱质产业、投资回报的周期长、风险大,因此,许多外商不愿意将资金投在农牧业上。在这种情况下,西藏更加需要完善农牧业基础设施,广泛宣传其特色产业,邀请有意向在西藏投资的外商企业到西藏参观,以此吸引更多投资者的目光,让更多的投资者了解西藏的优势。

3. 积极倡导当地农牧民、企业的资金投入

西藏农牧民长期以来受小农思想的束缚,思想观念保守,加之受自然灾害的影响,农牧业的生产投入减少,许多农牧民不愿意在农牧业方面投入资金太多。因此,首先要从思想上引导当地农牧民增强对农牧业的投入意识,使其了解农牧业项目尽管投资周期较长,但其发展关系到整个西藏地区的发展,因此

---

① 沈满洪.2013 浙江生态经济发展报告[M].北京:中国财政经济出版社,2013.
② 沈满洪.2013 浙江生态经济发展报告[M].北京:中国财政经济出版社,2013.

加大农牧业的投入是非常必要的。其次,建立农牧民自身的投入机制,吸引农牧民将更多存款投入到农牧业中。例如,实行农牧业投资联合担保制度,降低农牧民的投资风险,保证农牧民的投资收益。最后,要不断完善各种惠农政策,为农牧民投资提供良好的环境。

第四节 生态化发展是西藏农牧业发展的必然选择

(一)发展生态农牧业是西藏农牧业实现可持续发展的必经之路

可持续发展是一种注重长远发展的经济模式,既满足当代人需求,又不损害后代人的需求,是科学发展观的基本要求之一。可持续发展为生态农牧业发展提供了良好的环境,而生态农牧业健康、有序的发展对可持续发展具有促进作用。

西藏由于受青藏高原气候的影响,气候多变,空气稀薄且气压较低,生态环境比较脆弱。西藏的土地面积辽阔,但是可用于耕地的面积却十分有限。据统计,截至2012年,西藏实有耕地面积23.257万公顷,其中旱地面积23.134万公顷,水地仅有0.123万公顷。另外,该地区耕地资源呈片状分散,化肥和农药的过量投入和不合理使用,不仅导致耕地的利用效率低下,而且会破坏土壤中的有机物质和农牧业的生态环境。据统计,化肥的施用量由2000年的24 955吨上升到2012年的49 876吨,其中,每公顷耕地平均化肥施用量由2000年的108公斤上升到2012年的214公斤,农药的使用量由2000的651吨上升到2011年的923吨。传统粗放型的土地利用方式仍然普遍存在,过分依赖资源物质消耗的增长方式没有转变,因而造成森林破坏严重、草场退化面积扩大。

总而言之,西藏当前农牧业的发展面临着巨大的挑战,西藏生态是否具有可持续性被质疑。发展生态农牧业,有利于优化资源配置和节约资源,防止不合理的生产方式带来的资源过度消耗,实现农牧业资源的有效利用,最终实现农牧业的高效、生态、可持续发展。

(二)发展生态农牧业是提高农牧业综合生产能力的需要

特殊的地理位置和生态的多样性,孕育了西藏独特而丰富的牦牛、绒山羊、青稞等特色农牧业产品,但由于西藏经济发展落后,交通不便,基础设施不完善,导致特色农牧业产业发展不稳定,经济带动力不强。例如,科学技术水平的落后导致其生产方式粗放,仍以初级产品生产为主,市场竞争力弱,经济效益低。另外,农牧产品的基础设施不完善,物流滞后,市场信息不对称,造成农牧产品的生产成本高,速度慢,产量低。同时,资本、人力的投入不足,自主创新能力不强,产业化水平低。

提高农牧业的综合生产能力是发展西藏农村生产力的关键,是促进西藏经济发展的一项重要任务。农牧业综合生产能力的提高有利于农牧业抵御自然风险,提高土地产出率,增加农牧产品的竞争力,确保国家粮食安全。生态农牧业的发展是一项系统而复杂的工程,既要着眼于长远,统筹规划,又要立足当前,点面结合,分布式推进。生态农牧业的发展应建立在可持续发展的基础上,实现资源和环境的和谐发展。因此,发展生态农牧业,要不断改进农业生产技术、培育专业人才、加强政策引导、明确分工、加快农牧业的科技创新、完善农牧业资源与生态保护体系、加强农牧业市场信息体系建设,最终提高西藏农牧业的综合生产能力。

总之,发展生态农牧业是西藏在实现经济快速发展阶段,针对农牧业发展落后、资源短缺、市场竞争能力不强等问题,提出的立足于西藏实际情况和特色产业优势,为实现西藏农牧业可持续发展而做出的战略选择。生态农牧业的理念、特征、目标符合西藏当前的实际情况,符合可持续发展要求,更加符合社会经济和谐发展的要求,为西藏发展农牧业提供了更加广阔的发展空间,对西藏的经济、社会稳定产生了深远影响。

第三篇 参考文献①

[1] 中国西藏新闻网, http://www.chinatibetnews.com.

[2] 人民网, http://finance.people.com.cn.

[3] 常川. 拉萨市农牧业发展全线飘红[N]. 西藏日报(汉), 2013-06.

[4] 夏青. 特色农牧业迎来机遇期[J]. 农村经济, 2013(5).

[5] 政策规划. 推进我国农牧业跨越式发展[J]. 农业工程技术(农产品加工业), 2013(6): 16-19.

[6] 龙新. 西藏农牧业发展与生态建设实现"双赢"[J]. 农业工程技术(农产品加工业), 2013(6).

[7] 孙新章. 新时期西藏农牧业跨越式发展的战略思路与重点科技领域[J]. 中国软科学, 2007(12): 106-111.

[8] 谷树忠. 西藏农牧业发展的可持续性分析与对策[J]. 资源科学, 2000(7): 44-49.

[9] 徐瑶, 何政伟, 陈涛. 西藏农牧业生态环境现状与可持续发展对策[J]. 广东农业科学, 2011(13): 147-149.

[10] 顾延生, 裴敏莉, 景芳. 青海发展生态农牧业的思考[J]. 青海社会科学, 2010(6): 101-104.

[11] 范小建. 西藏农牧业增长方式研究[M]. 北京: 中国农业出版社, 2007(1): 235-238.

[12] 彭月圆. 优化结构深化改革西藏农牧业发展迅速[N]. 西藏商报, 2012.09.20.

[13] 王实. 边缘藏区生态农牧业发展思考——以四川省巴塘县为例[J]. 农村经济, 2010(7): 55-58.

[14] 张萍英. 对西藏农牧业发展的思考[J]. 科教导刊, 2010(7): 233-243.

[15] 杨西平. 西藏农牧业比较优势的实证考察与对策建议[J]. 西藏研究, 2009(12): 78-85.

---

① 参考文献按论文中章的先后排列。

| 第四篇 |

发展方式与路径选择

12

"造血型"发展模式与西藏生态农牧业发展

第一节 "输血型"发展与"造血型"发展模式的特点

"输血型"即"要钱给钱,要物给物"的外生型发展模式,其优点是:简单、方便,可以暂时缓解被援助地区的一时之需;缺点是:依赖性较强,需持续输血,无法从根本上解决被援助地区发展的实质问题。而与之相对应的"造血型"发展则属于强调地区自我发展的内生型发展模式,它主要是通过人才资源开发和科技进步来培养该地区的自我发展能力,因此,可以解决输血型发展模式的不足,为被援助的地区提供快速而稳定的持续发展能力,解决其造成的后继发展问题。[①]

第二节 对口援助的作用

新中国成立以来,在推动民族地区的发展过程中,国家积极推动少数民族

---

① 胡开军.民族地区跨越式发展中的协调问题研究[D].乌鲁木齐:新疆大学,2012.

地区经济和社会事业的发展,主要方式是通过组织东部发达地区对西部不发达地区进行对口支援。1979年,中央明确规定了地区一对一的对口支援工作,即江苏支援广西、上海支援云南和宁夏、北京支援内蒙古、河北支援贵州和新疆、山东支援青海、全国支援西藏;改革开放以后,随着东西部地区发展差距的加大,对口支援的力度也得到不断强化,尤其是对西藏的对口支援。① 这些举措对民族地区尤其是西藏地区经济社会的快速发展起到了十分重要的作用。

国家对西藏的对口援助涉及技术、资金、项目、人才等全方位、多层次、大力度的支援。人才援建方面,国家强调:根据西藏对人才的需要组织实施,内地高校加强为西藏招收非西藏生源培养人才的工作,并且需执行中央财政资助学费的优惠政策;而且,在本科教育和研究生教育方面,内地高等学校要逐步扩大对于西藏的招生计划。如,2008年至2012年,中国人民大学等8所高等学校遵照国家对于西藏的教育支援的政策,5年共培养了1 980名大学生(本科1550名,硕士研究生430名),其中汉族干部占总数的40%,承担了培养西藏在职干部的重要任务。②

另外,在资金援助方面(见表12-1),西藏地区国家预算内资金占大部分,其次是自筹和其他投资,最后才是国内贷款,由此可见,国家对西藏地区的资金援助力度较大。然而,西藏地区农业经济的发展速度却远远低于资金投入速度(见图12-1)。

表12-1　西藏发展资金主要来源　　　　　　　　　　单位:万元

资金来源	2000	2007	2010	2011	2012
国家预算内资金	374 105	2 045 636	3 220 359	4 059 794	4 217 320
国内贷款	29 975	46 165	98 774	162 392	254 866
利用外资	23 091	2 097	14 403	49 440	65 898
自筹资金	189 713	840 902	1 588 139	1 686 511	2 029 335
其他资金	126 255	514 020	261 798	462 481	813 709

数据来源:《西藏统计年鉴(2013)》,中国统计出版社2013年版。

---

① 胡开军.民族地区跨越式发展中的协调问题研究[D].乌鲁木齐:新疆大学,2012.
② 中央统战部.国家民委关于进一步加强教育对口支援西藏工作的意见[N].中华人民共和国教育部公报,2007-5-28.

图 12-1 显示了西藏地区 1965—2012 年地方财政收入和财政支出之间的关系。从图中可知,西藏地区地方财政支出从 1965 年以来逐年增加,特别是从 2003 年开始涨幅加大,然而地方财政收入却呈现缓慢增长趋势。1965—2005 年几乎没有太大变化,2005 年后地方财政收入开始出现缓慢增长,2005 年西藏地方财政收入为 14.33 亿元,2011 年为 65.53 亿元,2012 年为 95.63 亿元,也就是说 2011—2012 年增长较快,增长了 30.1 亿元。

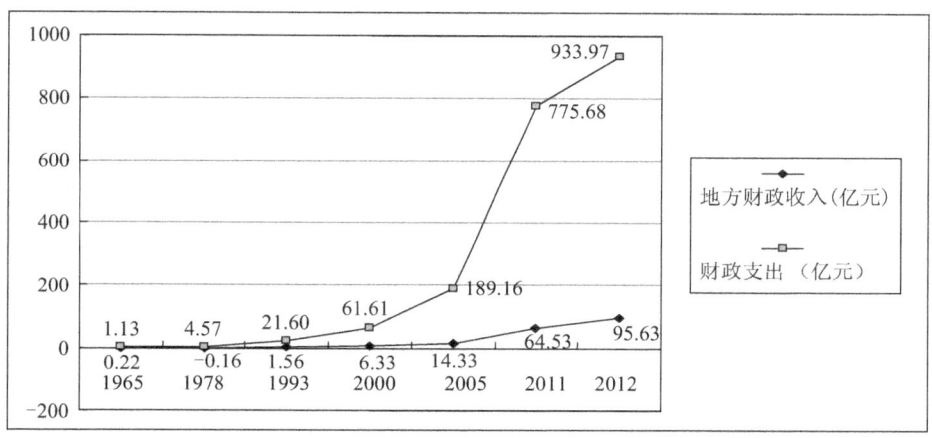

图 12-1 地方财政收入与支出关系

数据来源:《西藏统计年鉴(2013)》,中国统计出版社 2013 年版。

从以上数据中可看出,国家对西藏的对口支援的深度和广度以及速度都得到了很大提升,但这些均属于外部因素,如何较好地运用这些外部条件,促进西藏地区自身的经济以及生态农牧业实现从外生性增长向内生性增长转变尤为重要。2010 年,西部大开发战略的实施进一步强调了西部大开发今后 10 年的核心工作,即:以保障和改善民生为核心,以增强西部地区自我发展能力为主线,以人才开发和科技进步为支撑,加快西部大开发战略的实施。[①] 这次会议高度重视西部自我发展能力的培养,西部地区的大发展需要由输血型发展模式向造血型发展模式快速转变。

由输血型发展模式向造血型发展模式转变需要一个过程。在国家的相关

---

① 西部大开发步入新十年规划征途,http://www.oky17.com。

帮扶下，西藏各项事业的稳健发展，西藏经济尤其是农牧业经济的发展需要根据西藏地区自身优势有序进行。西藏位处祖国西南边陲，地广人稀，自然资源极为丰富。因此，在国家对口支援的帮助下，西藏地区需要壮大具有自身特色的优势产业，促进本地区的内生性经济增长。所以，从某种程度上说，西藏的经济社会发展是内因与外因帮扶以及自我发展和外力支持相互协调的结果，而在内因和外因发展基础上，需要进一步突出西藏地区本身自我发展能力的培养，借助对口支援以及资金支持，依靠本地区的资源优势，大力发展"造血"型的内生经济增长，才能推动本地区经济的快速增长。

13

特色产业的培育与西藏生态农牧业发展

第一节 产业结构优化与升级

根据萨缪尔森[①]的观点,对于两个相对独立的经济变量,在经济发展中,产业结构的变化决定了经济发展的速度,并对经济的可持续发展和跨越式发展创造了必要的条件。产业结构优化是实现产业结构优化升级的核心,选择正确的主导产业并进行积极的干预和扶持,是区域经济发展的主要内容之一。[②] 随着信息化进程的加快和经济全球化发展,新的产业结构调整正在全球迅猛展开,作为我国重要区域的西藏地区若要实现生态农牧业经济发展,就必须注重产业结构的优化升级以及优势产业的培育。只有从西藏生态农牧业经济产业结构的深层次入手进行农牧业结构优化升级,才能保障西藏生态农牧业发展的可持续性。

---

① 保罗·萨缪尔森,威廉·诺德豪斯.经济学(第16版)[M].北京:华夏出版社,2002.
② 潘明清.西藏经济跨越式发展中产业结构优化升级的原则及思路[J].消费导刊,2010(8):1-2.

第二节 西藏农牧业的产业结构分析

西藏资源丰富,除了具有丰富的土地资源和水资源外,还拥有丰富的生物资源(森林、药物资源)、动物资源、能源资源(水能、太阳能、地热能、风能、林草和畜粪等)、矿产资源等,具有较好的农牧业特色产业、文化产业等资源禀赋,比较优势明显。因此,西藏生态农牧业发展要注重根据不同优势和资源禀赋以制定不同产业结构的发展指导思想,因地制宜地制定相应的农牧业发展战略。

目前,西藏生态农牧业的产业结构如表 13-1 所示。

表 13-1 西藏生态农牧业产业结构 单位:亿元

产业结构	2000	2003	2007	2010	2011	2012
种植业	263 649	252 779	359 382	462 910	496 152	533 863
林业	13 130	53 085	63 078	24 602	23 929	25 577
牧业	235 282	270 867	349 108	488 612	541 123	590 193
渔业	124	78	1 073	2 268	2 181	2 220
合计	512 185	576 809	772 641	978 392	1 063 385	1 151 853

数据来源:《西藏统计年鉴(2013)》,中国统计出版社 2013 年版。

图 13-1 显示了西藏生态农牧业产业结构变化情况。从图 13-1 中可看出近年来西藏生态农牧业各产业增长变化情况。

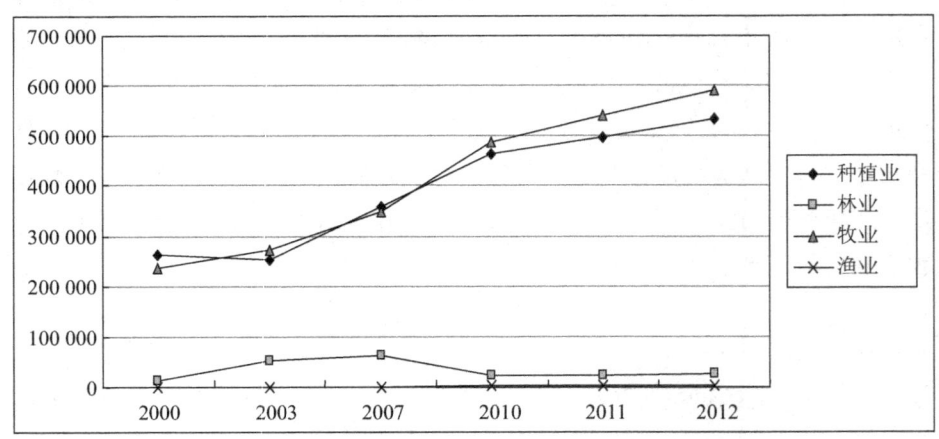

图 13-1 西藏生态农牧业产业结构变化情况

数据来源:《西藏统计年鉴(2013)》,中国统计出版社 2013 年版。

根据表13-1可知,牧业和种植业是西藏地区农牧业的主要构成元素,其次是林业,最后是渔业。从图13-1农牧业内部产业的变化情况来看,种植业在2000—2003年有所减少,但是种植业和牧业从2003年开始增长较快,2003—2010年种植业和牧业的增长基本平衡,但是在2010年以后种植业的增长略低于牧业增长;林业在2000—2007年呈缓慢增长状态,但2007年以后呈负向增长态势;渔业自2000—2003年从124亿元增长到1 073亿元,增长较快,2007—2010年从1 073亿元增长到2 268亿元,涨幅较大,但2010—2013年涨势缓慢。从以上数据分析可知,近几年,西藏的林业和渔业的发展虽然一直处于上升趋势,但由于其基数较小,因此对西藏经济增长的推动作用并不明显。

表13-2显示了农林牧渔业分项产值构成比例。从近年来西藏农业内部分项产值构成变化可知,2000—2012年间,种植业的产值下降了约6.4%,林业

表13-2　农林牧渔业分项产值构成比例　　　　　　　单位:%

	2000	2003	2007	2010	2011	2012
种植业	51.5	43.1	45	45.9	45.4	45.1
林业	2.6	9.1	7.9	2.4	2.2	2.2
牧业	45.9	46.2	43.7	48.5	49.5	49.9
渔业	—	—	0.2	0.2	0.2	0.2

数据来源:《西藏统计年鉴(2013)》,中国统计出版社2013年版。

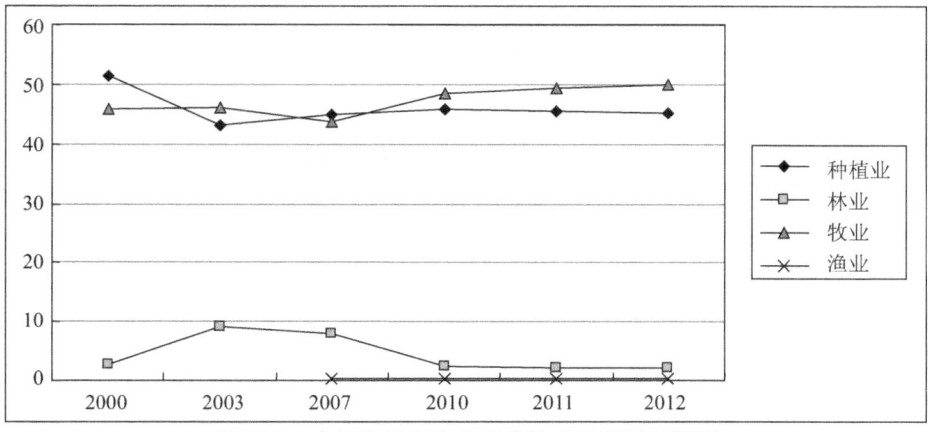

图13-2　农林牧渔业分项产值构成比例增长情况

数据来源:《西藏统计年鉴(2013)》,中国统计出版社2013年版。

的产值下降了 0.4%,牧业的产值上升了约 4%,渔业一直没有呈现任何变化。从这些数据可知,西藏农业内部的主业优势不明显。因此,西藏地区关于农牧业内部结构优化调整的成效并不显著。

综合以上分析,可以得出如下结论:西藏农牧业内部各行业增长速度不稳定,波动幅度较大,其发展过程不均衡。从图 13-1 和图 13-2 也可以看出,西藏农牧业增长速度在逐年趋缓。然而,相对来说,一直处于增长状态的是畜牧业,因此,畜牧业可被认为是西藏农牧业发展中的优势产业。

除此之外,西藏种植业、林业以及牧业等内部产业发展也不均衡(见图13-3)。比如,在畜牧业发展中,牛羊的产值一直处于持续增长态势,而且2000—2007 年牛的产值增长速度较快,自 2007 年以后大幅度增长,羊养殖自 2000 年以来一直处于缓慢的增长状态;猪和家禽饲养类增长较为缓慢,且猪产值在 2010 年以后出现负增长。从中可看出,在主导产业畜牧业中与牛、羊养殖相关的产业发展均可认为是促进西藏农牧业发展的特色产业。

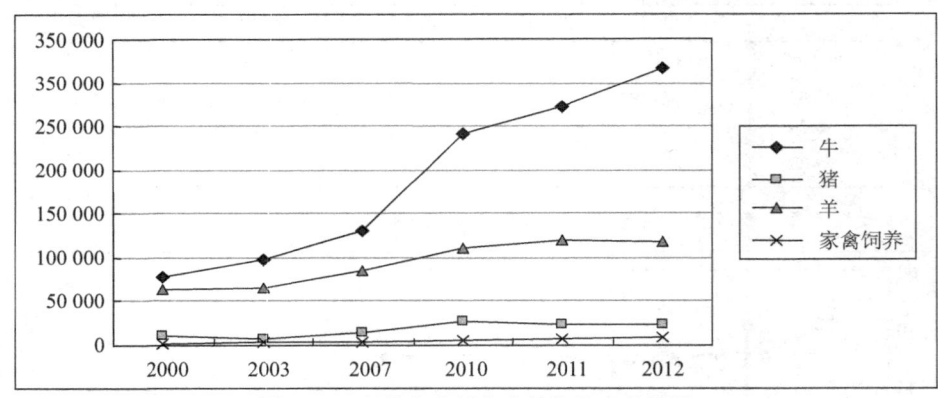

图 13-3　畜牧业内部产业结构的变化情况

数据来源:《西藏统计年鉴(2013)》,中国统计出版社 2013 年版。

第三节 高原特色产业的培育

根据"十二五"西藏产业结构优化升级的目标和要求,关于第一产业优化升级的思路为:第一产业要以农牧业产业化经营为主线,以高原特色绿色食品开发为突破口,增加农牧业基础设施投资;扶持一批具有市场竞争力、发展前景广阔、带动能力强的龙头企业,大力推动农牧业的产业化发展,从而加快推进农牧业产品的加工升级,带动西藏经济发展。[①] 因此,如果要实现西藏农牧业经济发展,就需要通过优化产业结构进行产业升级,利用西藏高原地区的资源禀赋优势,通过产业优化升级拉动西藏地区经济增长与社会发展,发展高原特色食品加工业,推动西藏生态农牧业发展。大力发展中小型高原特色食品加工和高原绿色食(饮)品企业,尤其是畜牧业产品加工,不断扩大乳制品、皮革、牛羊绒等生产规模,积极打造高原特色农牧产品基地。在农业产业发展过程中,由于种植业也占有较大比例,因此需要鼓励研发以青稞、荞麦、虫草、红景天等本地资源为原料的高原特色绿色食品、饮品和保健品的产品开发,同时加快林业资源等高原生物系列产品开发。另外,需加强产业间的联系,扶持培育一批以农畜产品深加工为主、多产业结合的龙头企业;同时,强化企业市场开拓能力,扩大企业生产规模,提升企业产品质量,打造一批有特色、上规模、附加值高、竞争力强的知名企业品牌,从而带动西藏生态农牧业经济产业优化升级发展。

---

① 潘明清.西藏经济跨越式发展中产业结构优化升级的原则及思路[J].消费导刊,2010(4).

14

产业布局的优化与
西藏生态农牧业发展

工业化产业布局的优化,是指在本地区比较优势的基础上,发展不同类型的农业区以及专业化生产区。西藏地区的产业布局优化主要是要优化农牧业的区域布局,形成具有西藏特色的农牧业主导产业的区域。[①]

西藏自治区位于青藏高原西南部,平均海拔在 4 000 米以上,占地面积 120 多万平方公里,现行的行政区划分为 4 个地级市、3 个地区和 73 个县(市、区)。[②] 同时,西藏地区的地形地貌复杂多样,分为藏东、藏北、藏南以及喜马拉雅山地四个地带。其中,藏东主要是高山峡谷,属于横断山脉、三江流域的地区;藏北高原长约 2 400 公里,宽约 700 公里,占自治区总面积的 1/3,是西藏主要的牧业区;藏南谷地,平均海拔 3 500 米左右,是西藏主要的农业区;喜马拉雅山地平均海拔 6 000 米左右,分布在我国与印度、不丹、锡金、尼泊尔等国接壤的地区,是世界上最高的地区。[③]

[①] 才旺达.西藏农牧业经济跨越式发展的思考[J].西藏发展论坛,2002(1):13-17.
[②] 西藏自治区概况,http://www.china.com.
[③] 西藏自治区自然地理概况,http://www.china.com.

第14章 产业布局的优化与西藏生态农牧业发展

第一节 西藏各地区农牧业的发展情况

近年来,西藏地区农牧业得到了较快发展。从图14-1可看出,西藏各地区农林牧渔业总产值在2006年以前总体变化较为缓慢,2006年以后才渐渐得到持续、较快的增长,林业和渔业以及农林牧渔服务业涨幅较慢,其中,林业甚至出现了负增长。总体而言,占西藏农牧业生产总值绝大部分的农业(种植业)和牧业拉动了西藏农牧业经济的整体发展。

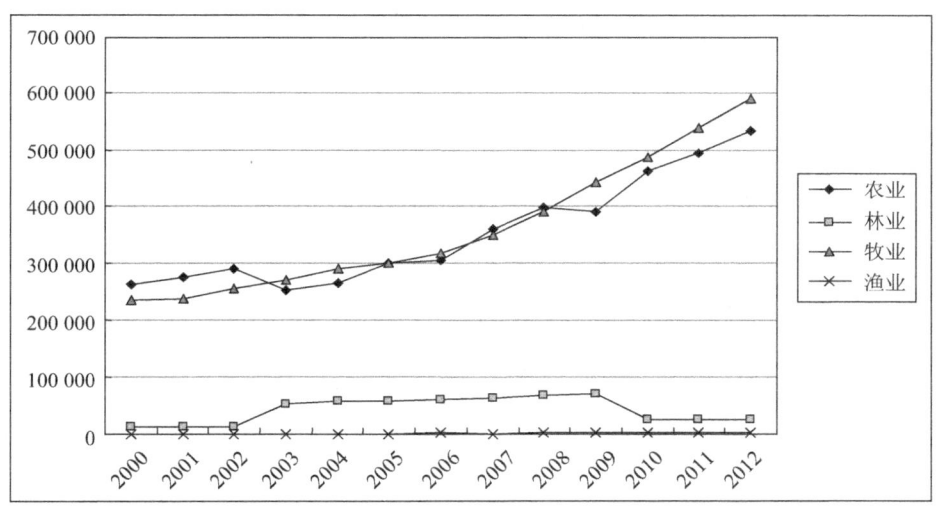

图14-1 西藏农林牧渔业总产值变化及比较

数据来源:《西藏统计年鉴(2013)》,中国统计出版社2013年版。

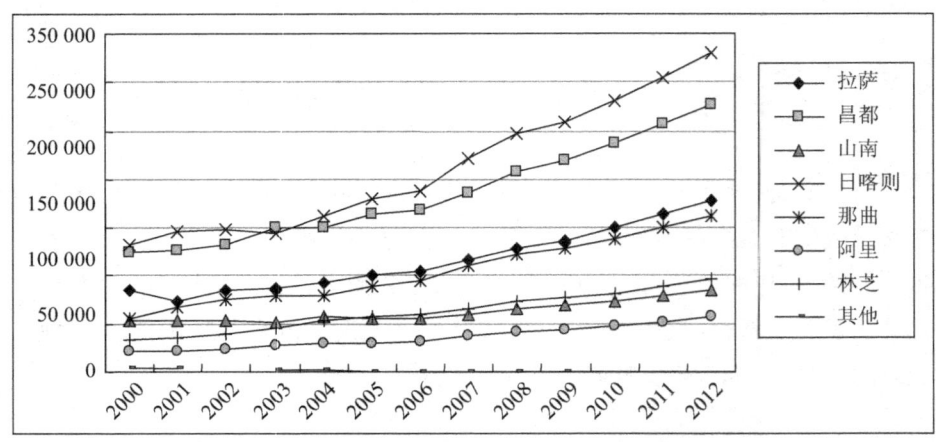

图 14-2 西藏各地市农林牧渔业总产值变化

数据来源:《西藏统计年鉴(2013)》,中国统计出版社 2013 年版。

图 14-2 显示了西藏各地市农林牧渔业总产值变化,从图 14-2 可看出,日喀则地区农林牧渔总产值增加最快,昌都地区,该地区自 2002 年以后增长速度加快;拉萨和那曲地区农林牧渔总产值增加较快,尤其是自 2006 年以后增速明显加大,同时,拉萨地区农林牧渔总产值一直略高于那曲地区;再次分别为林芝地区、山南地区以及阿里地区,这三个地区农林牧渔业总产值一直处于稳定增长状态,但涨幅不大。

表 14-1 和图 14-3 分别显示了西藏 2012 年各地区农牧渔业产值以及总产值比较情况。

表 14-1　2012 年西藏各地区农牧渔业产值　　　　　　　　　单位:万元

	农业	林业	牧业	渔业	农林牧渔服务
拉萨市	75 156	3 884	94 017	130	3 909
昌都地区	108 868	12 837	149 647	39	5 939
山南地区	39 779	1 691	35 578	1 491	5 721
日喀则地区	184 421	4 310	133 373	331	7 533
那曲地区	75 803	5	81 285	23	4 352
阿里地区	2 943	101	52 668	22	959
林芝地区	46 893	2 748	43 624	184	3 002

数据来源:《西藏统计年鉴(2013)》,中国统计出版社 2013 年版。

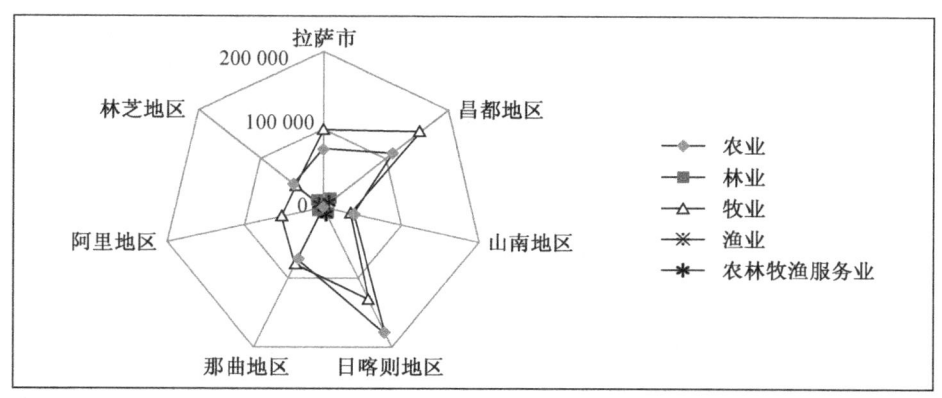

图 14-3 2012 年西藏各地区农牧渔业总产值比较

数据来源:《西藏统计年鉴(2013)》,中国统计出版社 2013 年版。

从表 14-1 和图 14-3 中可看出,农业(种植业)产值最高的地区位于日喀则地区(184 421 万元),其次依次为昌都地区、那曲地区、拉萨市,阿里地区的农业产值最低(2 943 万元);林业产值最高的地区在昌都地区(12 837 万元),其次依次为日喀则地区、拉萨市、林芝地区、山南地区,那曲地区的林业产值最低(5 万元);牧业产值最高的地区是昌都地区(149 647 万元),其次依次为日喀则地区、拉萨市、那曲地区、阿里地区、林芝地区,山南地区牧业产值最低(35 578 万元);渔业产值最高的是山南地区(35 578 万元),其次依次为日喀则地区、林芝地区、拉萨市、昌都地区、那曲地区,阿里地区渔业总产值最低(22 万元);农林牧渔服务业产值最高的在日喀则地区(7 533 万元),其次依次为昌都地区、山南地区、那曲地区、拉萨市、林芝地区,阿里地区的农林牧渔服务业产值最低(959 万元)。总体来看,各地区农业和牧业在农林牧渔总产值中占较高比例,产值较高,其次为林业,渔业产值处于最低状态。

第二节 西藏各地区农业空间布局情况分析

对于各地区农林牧渔业布局情况,可以以地区为标准,探讨各地区农业、林业、牧业以及渔业的产值变化。通过对比近年来各地区农林牧渔产业的变化情况可推知各地区适合什么样的产业进行发展,或者以各产业为标准(如农业、林业等)探讨各地区历年农业产值或面积变化情况,产值大或面积大的地区适合此产业,产值小的地区不适合发展此产业。根据数据的可获得性,本书运用第二种方法探讨各产业在各地区的适宜发展情况。

根据 2013 年西藏统计年鉴进行数据分析,得到图 14-4。该图显示了西藏各地区 2013 年年末实有耕地面积。

从图 14-4 可看出,西藏日喀则地区占有的耕地面积最大,为 90.33 千公顷,约占西藏总耕地面积的 39%;其次为昌都地区,耕地面积为 48.62 千公顷,约占西藏总耕地面积的 21%;再次为拉萨市、山南地区以及林芝地区,耕地面积分别为 35.11 千公顷、31.17 千公顷、19.54 千公顷,分别占西藏总耕地面积的 15%、13%、9%;耕地面积最少的两个地区为昌都地区和阿里地区,耕地面积分别仅有 5.02 千公顷和 2.78 千公顷,分别占西藏总耕地面积的 2% 和 1%。在此,耕地面积基本上属于旱地面积,只有林芝地区有水田,面积为 1.23 千公顷。

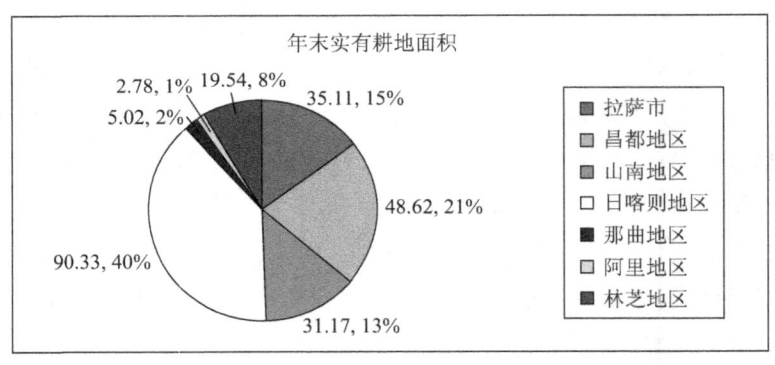

图 14-4　西藏各地区 2013 年年末实有耕地面积(单位:千公顷)

数据来源:《西藏统计年鉴(2013)》,中国统计出版社 2013 年版。

从以上数据可看出,最适合发展种植业的地区是日喀则地区和昌都地区;比较适合种植业发展的是拉萨市、山南地区以及林芝地区;不适合种植业发展的地区是那曲地区和阿里地区。

其中,在种植业中,各地的主要粮食物播种面积如表 14-2 所示,各地种植面积的对比情况如图 14-5 所示。

表 14-2　西藏各地区粮食作物面积分布　　　　　　单位：千公顷

	青稞	小麦	冬小麦	豆类
拉萨市	16.51	9	7.52	0.58
昌都地区	35.23	6.15	3.25	0.95
山南地区	12.21	8.83	8.46	1.02
日喀则地区	44.57	5.56	1.91	3.28
那曲地区	3.43	0.07	0.07	0.06
阿里地区	1.51	0.01	0	0.07
林芝地区	4.79	8.11	7.07	0.34
合计	118.26	37.73	28.28	6.31

数据来源：《西藏统计年鉴（2013）》，中国统计出版社 2013 年版。

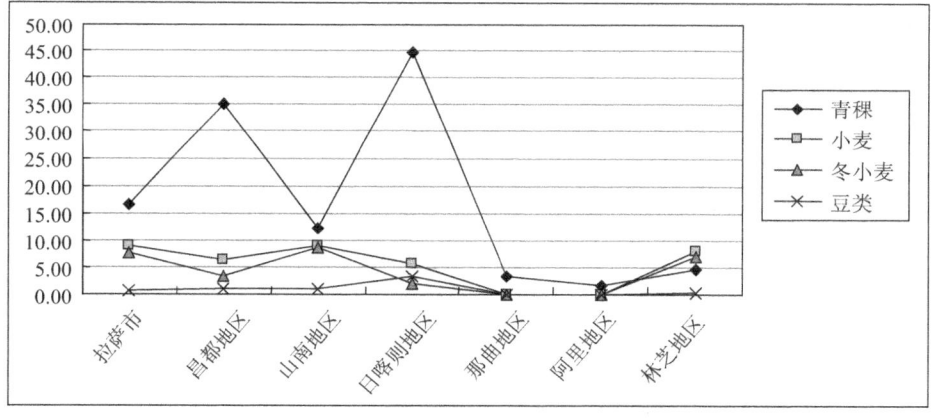

图 14-5　西藏各地粮食作物面积对比（单位：千公顷）

数据来源：《西藏统计年鉴（2013）》，中国统计出版社 2013 年版。

　　从表 14-2 和图 14-5 可看出，青稞种植面积占农作物种植面积最大（118.26 千公顷），其次为小麦（37.73 千公顷），然后为冬小麦（28.28 千公顷），最后为豆类（6.31 千公顷）；而且按地区分类，拉萨、昌都、山南、日喀则以及林芝地区，各农作物种植面积较多，而那曲和阿里地区农作物种植面积较少。其中，青稞种植面积在日喀则最大（44.57 千公顷），其次为昌都地区（35.23 千公顷），再次为拉萨市（16.51 千公顷）和山南地区（12.21 千公顷），面积较小的三个地区依次为林芝地区(4.79千公顷)、那曲地区(3.43千公顷)、阿里地区(1.51千公顷);小麦种植面积较多的地区为拉萨市(9.00千公顷)、山南地区(8.83千公顷)以及林芝地区(8.11千公顷),其次为昌都地区(6.15千公顷)和日喀则地区(5.56千公顷),小麦种植面积最少的地区为那曲地区(0.07千公顷)和阿里地区(0.01千公顷);冬小麦种植面积最大的为山南地区(8.46千公顷),其次依次为:拉萨市(7.52千公顷)、林芝地区(7.07千公顷)、昌都(3.25千公顷)、日喀则地区(1.91千公顷)、那曲地区(0.07千公顷),阿里地区没有冬小麦种植;豆类种植面积最大的地区为日喀则地区(3.28千公顷),随后依次为山南地区(1.02千公顷)、昌都地区(0.95千公顷)、拉萨市(0.58千公顷)、林芝地区(0.34千公顷),豆类种植面积最少的是阿里地区和那曲地区,分别为0.07千公顷和0.06千公顷。从以上数据图表可看出,拉萨、昌都、山南以及林芝地区适合种植青稞、冬小麦和小麦;日喀则地区适合种植青稞、小麦和豆类,在这几种农作物中,那曲地区和阿里地区适合种植青稞。图14-6显示了西藏主要农作物在各地区的产量分布情况。

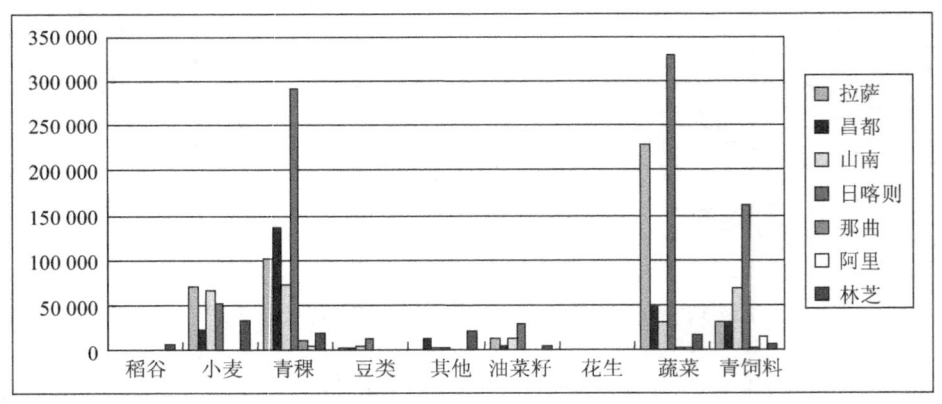

图14-6 主要农作物产量分布情况

数据来源:《西藏统计年鉴(2013)》,中国统计出版社2013年版。

另外,从表14-2、图14-5及图14-6可以看出,稻谷在林芝地区有较高产量,其他地区稻谷产量为0,因此,林芝地区适合种植稻谷;最适合小麦种植的地区依次为拉萨地区、山南地区以及林芝地区,比较适合小麦种植的地区为昌都地区和日喀则地区,最不适合小麦种植的为那曲地区和阿里地区;冬小麦最适合种植的地区为山南地区、拉萨地区和林芝地区,比较适合的地区为昌都地区和日喀则地区,不适合的地区为那曲地区和阿里地区;最适合青稞种植的地区依次是日喀则地区和昌都地区,比较适合的是拉萨市和山南地区,不适合青稞种植的地区是林芝地区、那曲地区和阿里地区;最适合种植豆类的地区为日喀则地区和林芝地区,比较适合的地区是山南地区、昌都地区、拉萨市和林芝地区,最不适合种植的地区为阿里地区和那曲地区;薯类在各地区的种植面积都较小;最适合种植油料的地区是日喀则地区,随后依次为拉萨地区、山南地区、昌都地区,油料种植面积以及产量较少的地区为林芝地区和那曲地区以及阿里地区;适合种植蔬菜的地区为日喀则地区、拉萨市、昌都地区、山南地区;适合青饲料种植的地区为日喀则地区、拉萨市、昌都地区、山南地区。

第三节 林业空间布局情况分析

根据2013年西藏统计年鉴得到西藏各地区造林面积分布情况,如表14-3所示。

表14-3 2012年西藏各地造林面积情况 单位:公顷

	当年林面积	育苗面积	幼林抚育面积	成林抚育面积	更新面积
拉萨市	12 904	604	484	316	945
昌都地区	4 843	13		6 266	287
山南地区	9 420	38	113		15
日喀则地区	6 165	432	773	600	
那曲地区	51				
阿里地区	149	102			
林芝地区	2 558	10		167	47
合计	36 092	1 200	1 371	7 349	1 294

数据来源:《西藏统计年鉴(2013)》,中国统计出版社2013年版。

根据表14-3可知,西藏2012年各地市造林面积情况为:当年林面积合计36 092公顷,新育苗面积1 200公顷,幼林抚育面积1 371公顷,成林抚育面积7 349公顷,迹地更新面积1 294公顷。

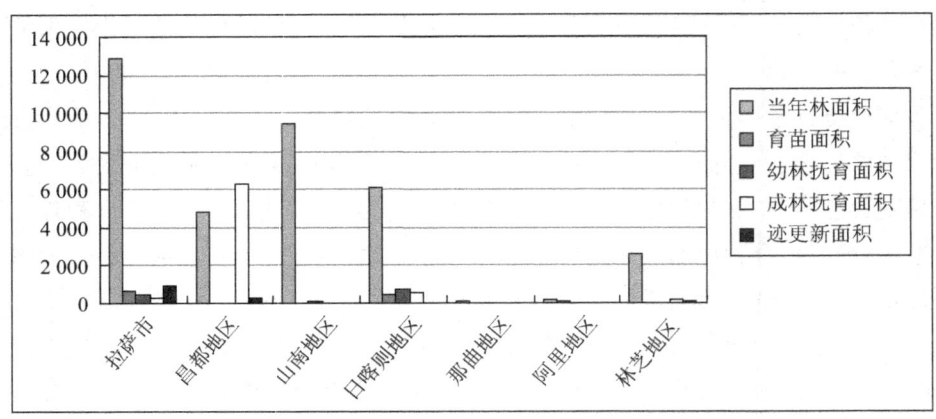

图 14-7　各地市造林面积情况（单位：公顷）

数据来源：《西藏统计年鉴（2013）》，中国统计出版社 2013 年版。

图 14-7 显示了西藏各地市造林面积情况。根据图 14-7 可知，拉萨市当年林面积最大，其次依次为山南地区、日喀则地区、昌都地区和林芝地区，阿里地区和那曲地区当年林面积较少。并且根据图 14-7 可知，成林育苗面积最多的地区是昌都地区，其次是日喀则地区，再次为拉萨市。幼林抚育面积最大的地区是日喀则地区，其次为拉萨市。林地更新面积最多的是拉萨市，其次为昌都地区等。

图 14-8 显示了西藏各地市造林面积分布情况。由该图可知，拉萨市当年林面积最多，为 12 904 公顷，占造林总面积的 36%；其次为山南地区，造林面积为 9 420 公顷，占当年造林面积的 26%；随后为日喀则地区，当年林面积为 6 165 公顷，占造林面积的 17%；之后为昌都地区和林芝地区，当年林面积分别为 4 843 公顷、2 558 公顷，分别占造林面积的 13% 和 8%；最后面的是阿里地区和那曲地区。从以上数据可知，最适合林业发展的地区是拉萨市和山南地区，比较适合林业发展的地区是日喀则地区、昌都地区以及林芝地区，最不适合林业发展的地区是阿里地区以及那曲地区。

第14章 产业布局的优化与西藏生态农牧业发展

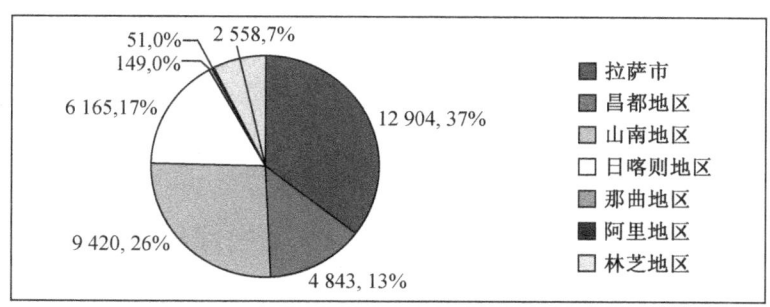

图 14-8 各地市造林面积分布情况

数据来源:《西藏统计年鉴(2013)》,中国统计出版社 2013 年版。

第四节 牧业空间布局情况分析

目前,西藏牲畜产量变化情况如图 14-9(年末存栏情况)以及图 14-10(年末出栏情况)所示。

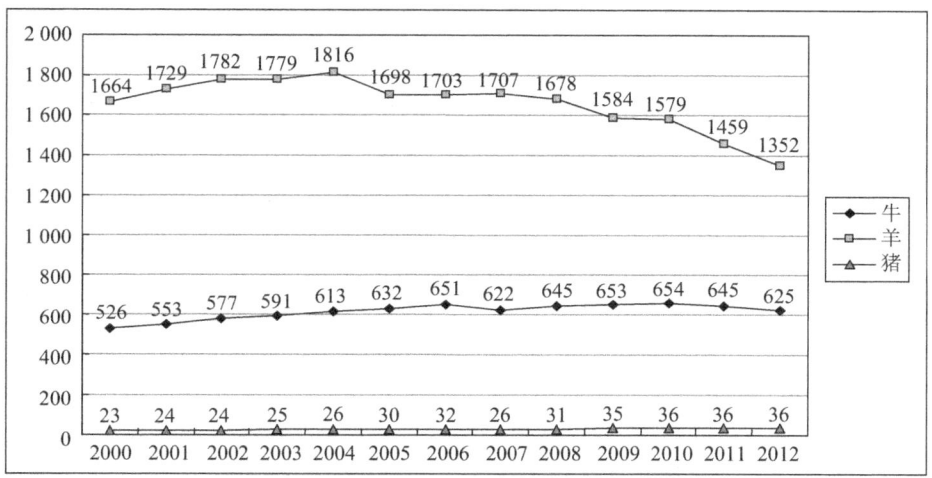

图 14-9 西藏牲畜存栏变化情况(单位:万头)

数据来源:《西藏统计年鉴(2013)》,中国统计出版社 2013 年版。

105

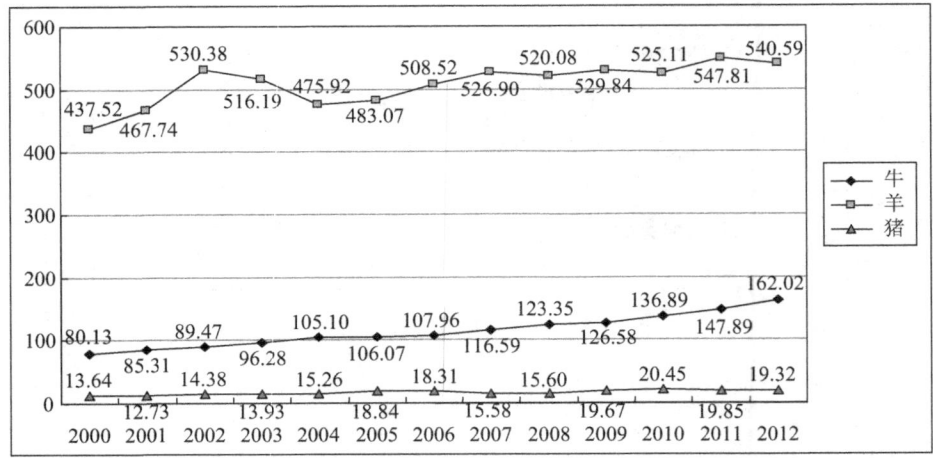

图 14-10　近年西藏牲畜出栏变化情况（单位：万头）

数据来源：《西藏统计年鉴（2013）》，中国统计出版社 2013 年版。

从图 14-9 可看出，近年西藏牲畜存栏情况为：2000—2004 年羊产量处于增长期，2004 年以后呈下降趋势，从 2004 年的 1 816 万头下降为 2012 年的 1 352 万头；牛产量一直变化比较小，时增加时减少，2000—2006 年处于缓慢增长期，从 526 万头增加到 651 万头，随后几年依次为：2007 年 622 万头，2008 年 645 万头，2009 年 653 万头，2010 年 654 万头，2011 年 645 万头，2012 年 625 万头；2000—2004 年猪的产量缓慢增长，从 23 万头增加到 26 万头，此后从 30 万头增加到 2012 年的 36 万头，增长缓慢，其中 2007 年出现负增长，为 26 万头。

近年西藏牲畜出栏情况为：羊产量自 2000 年以来呈现上升下降再上升的趋势，从 2000 年的 437.52 万头上升到 2002 年的 530.38 万头，再从 2002 年的 530.38 万头下降到 2004 年 475.92 万头，从 2005 年的 483.07 万头上升为 2012 年的 540.59 万头；牛的出栏情况总体上处于缓慢增长趋势；猪的出栏数量时涨时降，2000—2005 年从 13.64 万头增加到 2005 年的 18.84 万头，2006 年—2008 年处于降低状态，从 18.31 万头降到 2008 年的 15.60 万头，2009 年—2012 年也是时涨时降，但总体上在 20 万头左右。整体而言，近年来西藏地区牲畜数量中存栏数量除了猪的数量增加外，牛羊的数量都在减少；而出栏数量除了猪的数量不稳定外，牛和羊基本上都在增加。在牛羊猪三种牲畜中，羊的数量最多,其次是牛,最后才是猪,而且牛羊都占了绝大多数产量。所以,西藏地区的牧业发展主要在于羊和牛的产量。

另外,根据2013年西藏统计年鉴可得2012年末牲畜存栏情况(表14-4),具体各地区存栏情况比较见图14-11。

表14-4　2012年末各地区牲畜存栏情况　　　　　　单位:万头

	牛	羊	猪
拉萨市	68	61	5
昌都地区	177	121	5
山南地区	48	120	2
日喀则地区	90	420	1
那曲地区	190	383	
阿里地区	16	240	
林芝地区	37	8	22

数据来源:《西藏统计年鉴(2013)》,中国统计出版社2013年版。

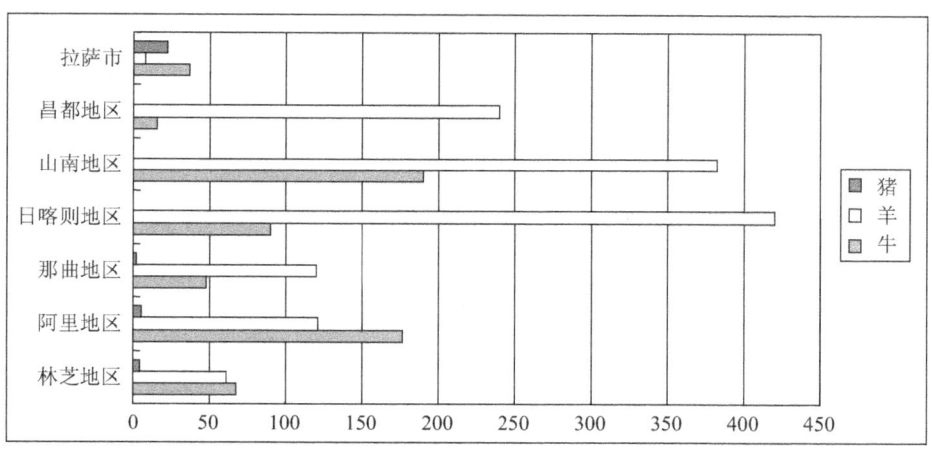

图14-11　2012年末各地区牲畜存栏情况比较(单位:万头)

数据来源:《西藏统计年鉴(2013)》,中国统计出版社2013年版。

从表14-4以及图14-11可知,羊的存栏数量在各地区最多,其次是牛,最后才是猪。而且,羊存栏数最多的地区是日喀则(420万头),后面依次为那曲(383万头),阿里(240万头),昌都(121万头),山南(120万头),最后是拉萨和林芝地区,分别为61万头和8万头;牛的存栏数最多的是那曲地区(190万头),后面依次为:昌都地区(177万头),日喀则地区(90万头),拉萨(68万头),山南(48万头),林芝和阿里地区牛的存栏量较少,分别为37万头和16万头;猪的存栏量最多的地区是林芝地区(22万头),随后依次为拉萨,昌都均为5万头,山南地区为2万头,日喀则为1万头。

表14-5　西藏各地区年末牲畜出栏情况　　　　　　　　　单位:万头

	牛	羊	猪
拉萨市	17.23	24.98	3.09
昌都地区	53.92	54.84	3.54
山南地区	13.92	55.96	2.15
日喀则地区	23.61	158.13	0.85
那曲地区	45.73	163.36	0.12
阿里地区	3.1	81.29	
林芝地区	4.51	2.03	9.57

数据来源:《西藏统计年鉴(2013)》,中国统计出版社2013年版。

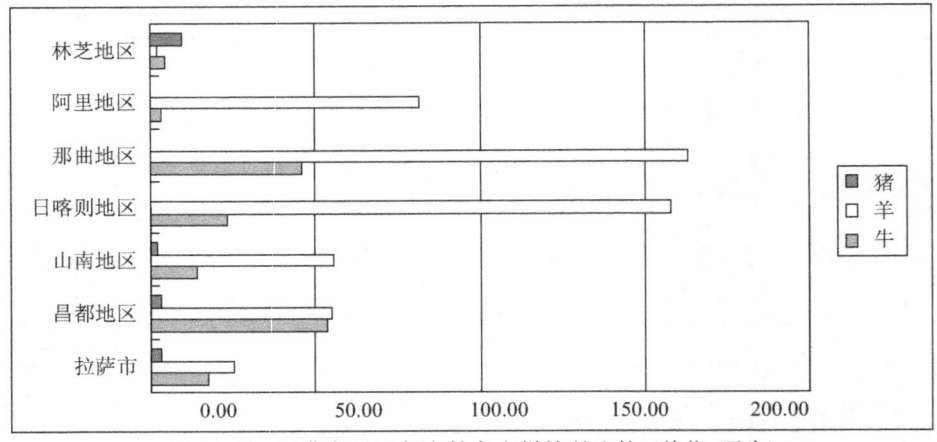

图14-12　西藏各地区年末牲畜出栏情况比较(单位:万头)

数据来源:《西藏统计年鉴(2013)》,中国统计出版社2013年版。

表14-5显示了西藏各地区2012年末牲畜的出栏情况,图14-12对西藏各地区2012年末牲畜的出栏情况进行了比较。

从表14-5和图14-12可看出,羊的出栏数量在各地区最多,其次是牛,最后才是猪。而且,2012年,羊出栏数最多的地区是那曲(163.36万头),后面依次为日喀则(158.13万头),阿里(81.29万头),昌都(54.84万头),山南(55.96万头),最后是拉萨和林芝地区,分别为24.98万头和2.03万头;牛的出栏数最多的是昌都地区(53.92万头),后面依次为:那曲地区(45.73万头),日喀则地区(23.61万头),拉萨(17.23万头),山南(13.92万头),林芝和阿里地区牛的存栏量较少,分别为4.51万头和3.10万头;猪的出栏量最多的地区是林芝地区(9.57万头),随后依次为昌都3.54万头,拉萨3.09万头,山南地区为2.15万头,日喀则地区为0.85万头,那曲地区0.12万头。

从西藏地区牲畜2012年存栏量和出栏量比较可知,基本上存栏量较多的地区出栏量较多,存栏量较少的地区出栏量较少,因此,从存栏量和出栏量的整体情况分析可知:羊的产量是各地区中产量最多的,其次是牛的产量,最后是猪的产量。按地区而言,日喀则、阿里、那曲、山南、昌都和拉萨都适合羊的养殖;而适合牛的养殖地区为那曲、日喀则、昌都、拉萨和山南,最后才是林芝和阿里;适合猪的养殖地区为林芝、拉萨、昌都以及山南地区。

图14-13以及图14-14分别显示了近年西藏畜牧产品产量以及2012年西藏各地区畜牧产品产量变化情况。

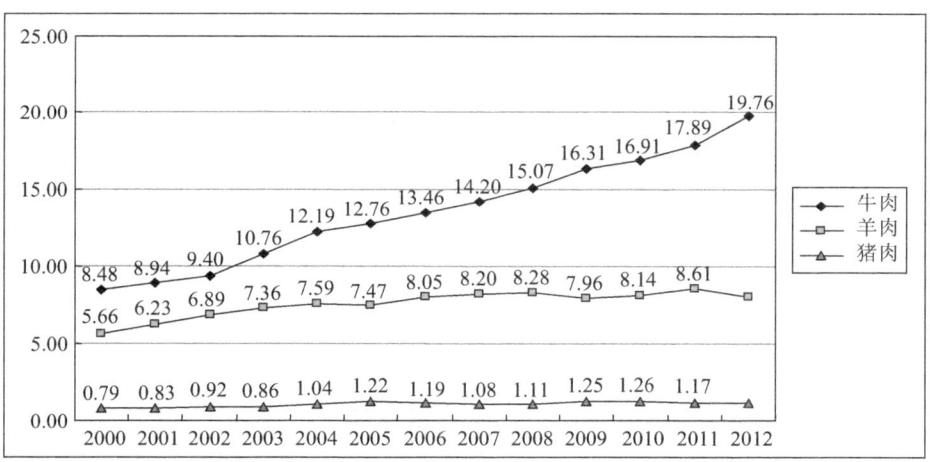

图 **14-13** 近年西藏畜牧产品产量变化情况(单位:万吨)

数据来源:《西藏统计年鉴(2013)》,中国统计出版社2013年版。

从图14-13可看出,从2000年以来牛肉和羊肉基本上处于增长状态,且牛肉的增长幅度远大于羊肉的增长幅度,表现较为显著的是2006—2012年,西藏畜牧产品中奶类产品(从2006年27.61万吨上升为2012年的31.69万吨)以及牛肉类产品呈较快上升趋势,尤其是牛肉类产品,产量上升最快,从2006年的13.42万吨上升为2012年的19.76万吨,而羊肉和猪肉类产品产量时而上升时而下降,但是幅度都不大,羊肉2006年产量为8.05万吨,2012年为8.06万吨,猪肉2006年为1.19万吨,2012年为1.13万吨。

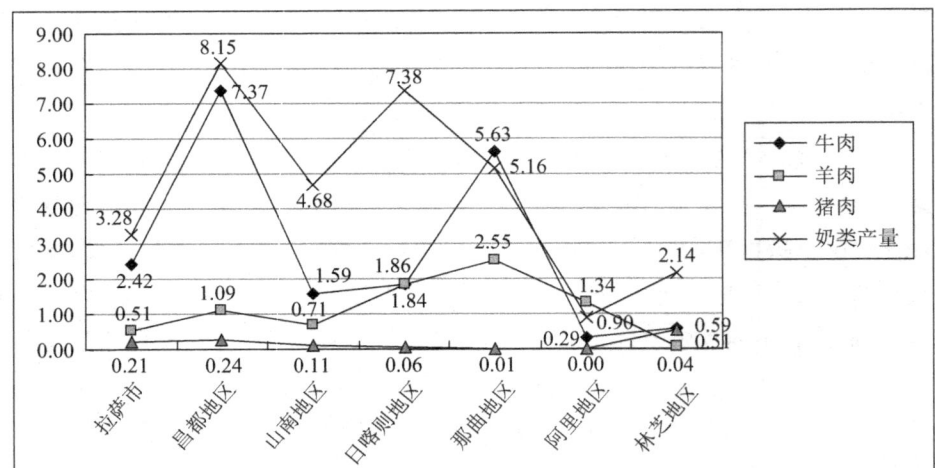

图14-14　2012年西藏各地区畜牧产品产量变化情况　（单位：万吨）

数据来源:《西藏统计年鉴(2013)》,中国统计出版社2013年版。

从图14-14可看出,产量排名第一位的是奶类产品,排名第二位的是牛肉产品,第三位是羊肉产品,最末位的是猪肉产品。其中,奶类产品产量最高的地区在昌都地区,产量为8.15万吨,随后依次为日喀则地区(7.38万吨)、那曲地区(5.16万吨)、山南地区(4.68万吨)、拉萨市(3.28万吨)、林芝地区(2.14万吨),奶类产品产量最低的地区是阿里地区;牛肉产品产量最高的地区是昌都地区,产量为7.37万吨,其次依次为那曲地区(5.63万吨)、拉萨市(2.42万吨)、日喀则地区(1.86万吨)、山南地区(1.59万吨),牛肉产品产量较少的地区为林芝地区(0.59万吨)和阿里地区(0.29万吨);羊肉产量最高的地区是那曲地区(2.55万吨),剩下的依次为日喀则地区(1.86万吨)、阿里地区(1.34万吨)、昌都地区(1.09万吨),羊肉产量较少的地区为山南地区(0.71万吨)、拉萨市(0.51万吨),最少是林芝地区,羊肉产量为0.04万吨。猪肉产量各地区都比较低,相对较高的地区为林芝地区(0.51万吨)、昌都地区(0.24万吨),拉萨市(0.21万吨)和山南地区(0.11万吨)。从中可得出,奶类产品最适合在昌都、日喀则、那曲地区生产,比较适合在山南、拉萨和林芝地区生产,不适合在阿里地区生产;牛肉产品最适合在昌都和那曲地区生产,比较适合在拉萨、日喀则和山南地区生产,不适合在林芝和阿里地区生产;羊肉最适合那曲、日喀则和阿里地区生产,比较适合在昌都、山南和拉萨地区生产,不适合在林芝地区生产;猪肉最适合在林芝地区生产,比较适合在昌都、拉萨和山南地区生产,最不适合在那曲和阿里地区生产。

综合以上对西藏地区农牧业空间布局发展的分析,加快构建"七区七带"农牧业战略格局势在必行。要加快推进西藏地区现代农牧业示范区的建设工作,并且培育能够进行科学种养殖的专业户,尤其是推进发展西藏特色的种养殖业,提高西藏地区农牧业的经济效益。其中,在西藏七大农牧业生产区,加快建设藏中北绵羊、藏中优质粮饲、藏西北绒山羊、藏东南林下资源和藏药材、藏东北牦牛、藏中藏东藏猪和藏鸡、城郊优质蔬菜七个特色农牧业产业带。此外,加大青稞、高原油菜、藏药材、优质绒山羊、牦牛、藏鸡和藏猪等具有高原特色农畜产品的生产。再次,加大西藏林下资源的开发和建设,主要建设以核桃为主的油料基地,大力发展西藏特色经济的林木产业。

除此之外,加快结构调整步伐,在中部高效农牧业经济发展区,要大力发展优质高效农牧业,努力实现种植和养殖方式的根本转变,走以农促牧和农牧结合的道路。在东部、南部生态农牧业经济发展区,主要突出优质青稞、优良畜禽品种,蔬菜及花卉的产业结构调整和升级。在那曲西北部、阿里地区、南部边缘地区和日喀则西部,需要解决好草场建设、牧民定居、畜种改良等问题,大力改造传统的农牧业生产经营方式,以治理草原荒漠化为重点,加强草原生态建设与保护;在北部的草原畜牧业发展区,即昌都部分县和那曲地区中东部,通过控制存栏加大出栏,从而进一步加快草原建设,推动集约化、产业化经营的生产方式,提高畜牧业的现代化生产经营管理水平;在农业比较发达的东部地区,即昌都大部分县和林芝地区,需要大力发展优质小麦、名特优杂粮、林果业、优质牦牛、藏药材等,从而充分发挥该地区的资源优势。通过以上产业结构调整,实现西藏农牧业经济布局优化。

15

科技创新与西藏生态农牧业发展

第一节 西部十二省农业产值分析

  技术是指为了满足消费者和顾客不断变化的要求,通过对产品生产经营过程中进行创新以提高竞争优势,包括构思、开发、推广等环节的一系列创新活动,具体也包括新产品的开发、新工艺的设想等技术开发以及产品的商品化,技术开发在科技创新中起着至关重要的作用。[①] 西藏农牧业在西藏经济发展中的重要作用不言而喻,因此,依靠科技创新,实现生态农牧业的现代化就成为西藏生态农牧业经济发展的必然趋势。

  西藏地区农林牧渔业由于人才、技术、资金等多方面的限制,其现代化水平比较落后。图 15-1 显示了西部十二省农林牧渔总产值情况。

---

① 韩同博.论知识经济时代的管理创新[J].边疆经济与文化,2005(6):5.

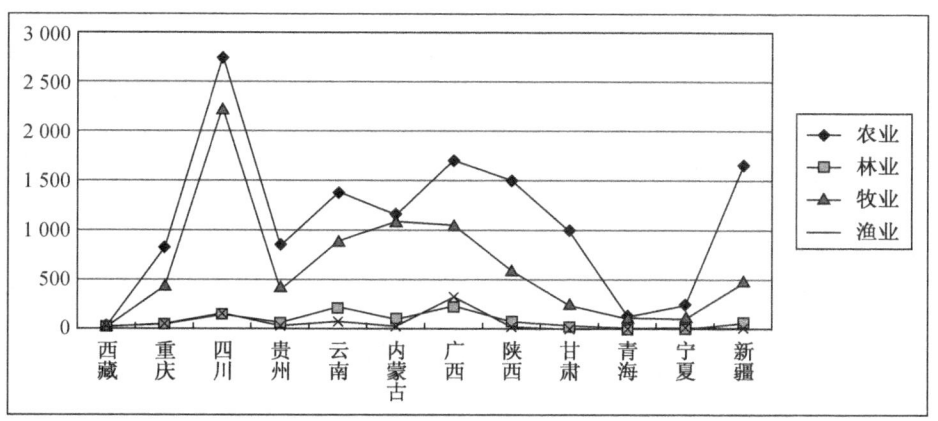

图 15-1　西部十二省农林牧渔总产值情况　（单位：亿元）

数据来源：《西藏统计年鉴(2013)》，中国统计出版社 2013 年版。

西部地区在全国农牧渔总产值中占的比例较低，而从图 15-1 可看出，西藏与西部其他十一省的农林牧渔总产值相比，西藏的总产值最低（118.3 亿元），倒数第二的是青海（263.9 亿元），倒数第三的是宁夏（385.1 亿元）。即使按西藏的人均土地面积来计算，西藏的农牧业发展还是很落后。

第二节　西藏农业现代化水平分析

农业现代化指的是传统农业转向现代农业转变的过程，在这个过程中，用现代科学技术、现代工业和现代经济管理的方法与农业相结合，促进农业生产力由落后的传统农业转化为先进的现代农业的过程，实现这个过程的转化就应该称之为农业现代化。[①] 反映农业现代化的指标如表 15-1 所示。

---

① 基层党建.关于工业化、城镇化、农村农业现代化，三化联动、促进城乡一体化若干问题的解读_湘东区荷尧镇善山村，http://blog.sina.com.

表 15-1　西藏农业现代化的指标

年份	2000	2003	2007	2008	2009	2010	2011	2012
农林牧渔从业人数（万人）	90.12	84.39	87.67	88.28	91.19	91.55	91.88	92.07
农村机械总动力（千千瓦）	1 145 276	1 812 121	3 294 227			4 119 871	4 450 898	4 994 835
化肥施用量（吨）	24 955	31 837	45 837			47 351	47 915	49 876
年末实有耕地面积（千公顷）	230.85	225.34	228.23	225.92	229.57	229.53	231.57	232.57
农作物单位面积产量（公斤/公顷）	4 777	5 195	5 464	5 570	5 343	5 361	5 509	5 554
当年造林面积（公顷）	14 101		22 264			28 793	25 602	36 092
年末存栏情况（万头）	2 360	2 451	2 407	2 405	2 324	2 321	2 185	2 056
畜产品产量（万吨）	14.93	18.98	23.48	24.46	25.52	26.31	27.67	28.95
农林牧渔业总产值（万元）	512 185	586 339	798 309	884 518	933 807	1 007 685	1 093 675	1 183 267

数据来源：《西藏统计年鉴（2013）》，中国统计出版社 2013 年版。

从表 15-1 可看出，西藏农牧渔业从业人员在 2000—2003 年间处于减少状态，2003 年以后，不是逐步减少，而是逐步增加，虽然增加人数较少（从 2003 年的 84.39 万人增加到 2012 年的 92.07 万人），这和农业现代化逐步实现农业人数减少的目标呈相反变化；农业机械总动力从 2000 年的 1 145 276 千千瓦增加到 2012 年的 4 994 835 千千瓦，增长幅度较少，而且在 2010 年时减少到 1 145 276 千千瓦，说明农业现代化的推进速度较慢；化肥使用量从 2000 年 24 955 吨增加到 49 876 吨，增长幅度比较显著；耕地面积从 2000 年的 230.85 千公顷增加到 2012 年的 232.57 公顷，增长幅度较小；主要农作物单位面积产量从 2000 年的每公顷 4 777 公斤增加到 2012 年的每公顷 5 554 公斤，增长幅度较小；年末实有耕地面积自 2000 年以来一直处于不稳定的增减状态；当年造林面积以及畜产品产量自 2000 年以来都有所增加，但增加幅度较小；年末存栏情况持续减少；农林牧渔业总产值从 2000 年的 512 185 万元增加到 2012 年的 1 183 267 万元，年均涨幅较小。从以上数据可以看出，西藏农业现代化的推进速度较慢。

表 15-2　农村电气化情况

	2000	2003	2007	2010	2011	2012
农村小型水电站个数(个)	231	239	283	296	272	280
农村用电量(万千瓦时)	3 392	4 305	5 553	7 623	8 745	10 149
发电量(万千瓦时)	2 127	4 941	11 779	8 576	9 106	10 739

数据来源:《西藏统计年鉴(2013)》,中国统计出版社 2013 年版。

另外,根据 2013 年《西藏统计年鉴》的数据可绘出西藏农林牧业的化肥农药、水利灌溉和电气化变化情况,如表 15-2 和图 15-2 所示。从中可以看出,农村小型水电个数从 2003 年以来一直变化不大,基本处于不变状态,这说明水利实施落后。农村用电量自 2003 年以来一直持续增长,2003—2007 年的发电量处于较大幅度的增长状态,2007—2010 年有较大幅度的减少,2010 年以后处于持续增加状态。这些数据显示了西藏农牧渔业发展的水利设施较为落后。

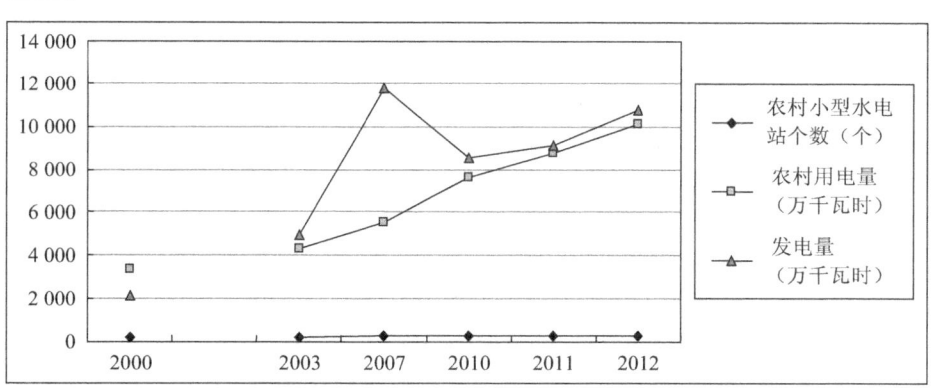

图 15-2　农村电气化变化情况

数据来源:《西藏统计年鉴(2013)》,中国统计出版社 2013 年版。

表 15-3 和图 15-3 显示了西藏农业发展中的化肥农药使用情况。

表 15-3 化肥农药使用情况

	2000	2003	2007	2010	2011	2012
农用化肥施用折纯量（吨）	24 955	31 837	45 837	47 351	47 915	49 876
每公顷耕地平均化肥施用量（公斤）	108	141	200	206	207	214
农用塑料薄膜使用量（吨）	128	579	484	734	852	1153
农药使用量（吨）	651	596	953	1036	963	923
每公顷播种面积用农药（公斤）	3	3	4	9	4	4

数据来源：《西藏统计年鉴(2013)》，中国统计出版社 2013 年版。

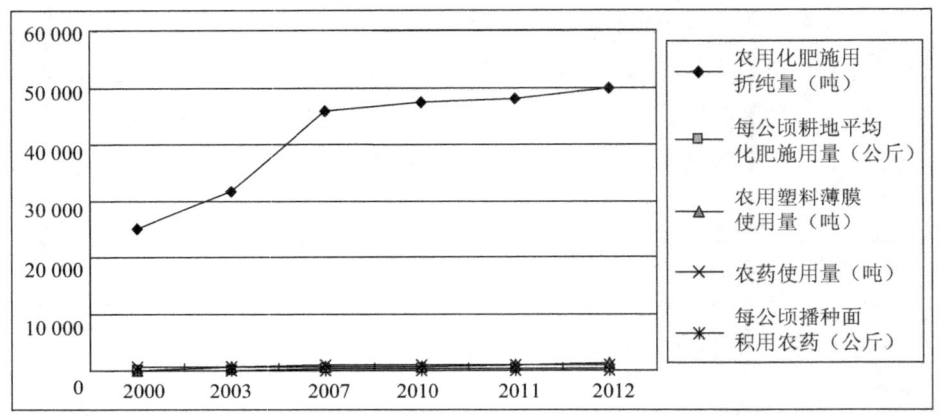

图 15-3 化肥农药的使用情况

数据来源：《西藏统计年鉴(2013)》，中国统计出版社 2013 年版。

从表 15-3 和图 15-3 可以看出，农用化肥使用量从 2000 年的 24 955 吨增加到 2012 年的 49 876 吨，以年均 49.97% 的幅度较快增加；农用塑料膜使用量从 2000 年的 128 吨增加到 2012 年的 1 153 吨，增速(88.90%)最快；每公顷耕地平均化肥使用量从 2000 年的 108 公斤增加到 2012 年的 214 公斤，年均增长幅度为 49.53%；每公顷播种面积农药使用量从 2000 年的 3 公斤增加到 2012 年的 4 公斤，增长幅度为 33.33%。

第三节 西藏农业水利设施建设分析

西藏农业水利灌溉如表15-4和图15-4显示。从中可以看出西藏农业发展的水利灌溉程度。其中,农田的有效灌溉面积自2000年以来一直在增加,但是增长幅度较小;旱涝保收面积从2000年以来时而增加时而减少;草场灌溉面积在2000—2003年间减少,而在2003—2007年间增加较快(从514.54千公顷增加到1 314.44千公顷),2007—2010年突然又减少,从2007年的1 314.44千公顷下降到2010年的550.56千公顷,2010—2012年间又持续增长,但幅度较小(从2010年的550.56千公顷增加到2012年的574.39千公顷)。

表15-4 农业水利灌溉情况

	2000	2003	2007	2010	2011	2012
农田有效灌溉面积(千公顷)	157.03	154.95	156.37	167.04	169.03	178.32
旱涝保收面积(千公顷)	87.58	90.36	82.63	78.83	80.76	82.22
草场灌溉面积(千公顷)	722.1	514.54	1 314.44	550.56	426.92	574.39

数据来源:《西藏统计年鉴(2013)》,中国统计出版社2013年版。

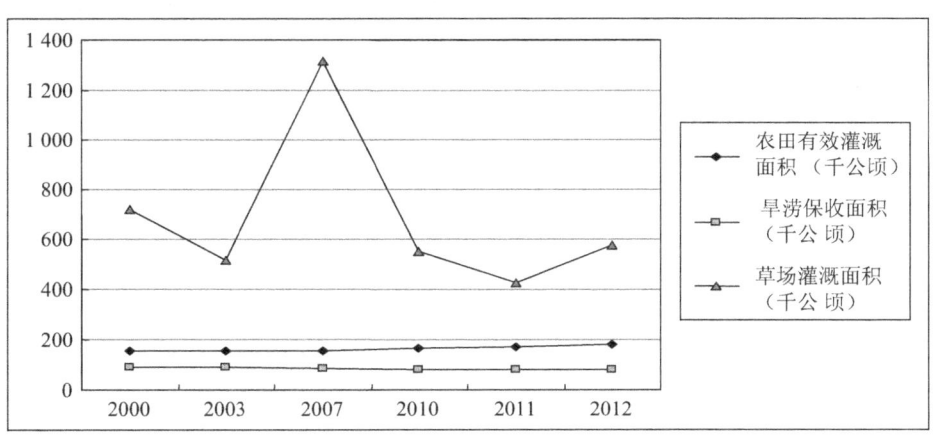

图15-4 农业水利灌溉变化情况

数据来源:《西藏统计年鉴(2013)》,中国统计出版社2013年版。

总之,通过西藏农业的机械化、电气化以及水利灌溉发展等数据可以看出，西藏农牧渔业整体现代化水平较低。而且，由于科技创新对实现农业现代化的重要影响，西藏农、林、牧及渔业要实现现代化必须加强科学技术攻关和自主创新，用高新技术改造西藏生态农牧产业，实现产业的技术升级，增强科技进步对农牧业的引领作用，以提高西藏经济的发展效益。

  根据以上分析，实现西藏农业现代化发展可采取以下措施：首先，加大农业生产基础设施、耕种收割等机械设备方面的投入，引导和鼓励农业的适度规模经营，逐步提高农业生产经营的组织化水平；同时应狠抓农业科技推广和职业教育，推广应用现代农业机械和高技术，重视规模化农场的管理。其次，加强农村的水利水电设施建设，加大对水利水电的资金和基础设施的投入力度，确保水利水电对于西藏农林牧渔业发展中起到积极的作用。再次，提高西藏农牧业的生态化水平，提高西藏农业的产量。农业现代化最重要的在于科技创新，在于先进技术的引进，西藏地区可重点开展农牧业实用科技、标准化的生产技术、沼气技能、农机操作与维修等方面的宣传以及普及和培训工作；通过加强农牧业科技推广应用与服务工作，从而有效地提高农民科学种田水平，促进农牧民的增产增收。另外，农业现代化水平的提高除了科技创新外，还在于资金投入力度和农业人才的培养力度，在对农业、农村和农民的资金投入方面，除了国家财政对西藏地区加大投入力度外，拓宽农业投融体系，畅通农村经济的融资渠道，以扩大农业资金投入；对农业人才的培养，除了学校培养相关人才外，需通过教育培训农民从而加大农业人才支持力度，用科技知识武装广大农民，提升农业专业化水平，确保农业现代化发展有良好的软硬件环境。除此之外，还需加快出台各类农业法规和条例，以法制促西藏农业现代化进程，保证西藏农业生产的合理化，为西藏农业、农村发展和农民增收提供有效的政策支持。通过以上农业现代化措施的实施，借助于科技创新，为有效地实现西藏农牧业的现代化水平奠定基础。

16

管理创新与西藏生态农牧业发展

第一节 管理创新与集约化生产

管理体制是指以怎样的手段和方法来实现管理的目的和任务,主要是采用什么样的组织形式并且通过什么方式和方法将这些组织形式能够结合成一个合理且有机的系统,即管理系统的结构和组成方式。管理体制创新是解决区域发展瓶颈的关键,政府必须在管理理念、管理能力、协调机制以及管理模式上有所创新,才能推动区域产业的进一步发展。[①]

集约化的基本内涵有本义和现代意义两种解释。根据《辞海》对集约化的定义,"集约"指的是农业方面的集约,以提高单位面积产量从而增加产品总量的经营方式,即在同一面积投入较多的劳动和生产资料进行精耕细作。而现代意义上的"集约化经营"来自于1958年苏联经济学家的定义,指的是在同一经济范围内的社会经济活动中,主要通过要素投入的集中、要素含量的增加、要素组合方式的调整以及经营要素质量的提高来增进效益的经营方式。亦

---

① 罗江陵,马永军.重庆交通干部培训应用"四种资本"研究[J].交通企业管理,2009(9).

即,相对粗放而言,集约化经营是指为了实现最小的成本获得最大的投资回报,以经济效益和社会效益为根本对经营诸要素的重组。①

我国学者高丹莉(2011)认为,农业的集约化经营是农业由粗放型生产转变为集约型生产的过程,主要表现为农业机械化的实现、土壤的改良、水利灌溉系统的优化,以及农产品的深加工、生产、销售、专业化和规模化,先进的管理方法和农艺技术的采用等。② 罗富民(2013)认为,农业集约化发展的主要内涵是农业集约化再生产水平的提升,是以农业集约化发展为基础的。新古典经济学关于农业集约化的观点是:农业集约化水平可以通过农业全要素生产率的提升来衡量,是农户通过采用现代化的农业技术及相关物资设备代替土地、劳动力等传统的农业生产要素的一种经营方式。③

第二节 西藏农牧业的集约化发展分析

关于西藏农牧业的集约化发展水平,本书研究思路如下:首先,通过近年来单位面积产量来衡量;其次,通过全要素的投入量与产出之间的关系分析影响和制约西藏农牧业集约化发展的因素,其中投入量包括人力(农村劳动人口数)、物力(年末实有耕地面积、农业水利灌溉、农村机械总动力、化肥使用量、农业技术人员人数(科技投入)),以及财力(农村固定资产投资)等,而西藏农牧业的产出主要通过农业总产值来体现。

根据数据的可获得性,通过近年来西藏主要农产品单位面积产量(粮食作物和油菜籽)衡量西藏农牧业集约化发展水平。图16-1显示了西藏主要农产品的单位面积产量。

从图中可看出,西藏主要农产品单位面积产量中,粮食作物在2000—2004年有所增加(从4 777公斤/公顷增加到5 339公斤/公顷),但是2004—2006年有增有减,从5 339公斤/公顷减少到5 256公斤/公顷再增加到5 381

---

① 张建业,赵金亮.和谐商业的经济学分析[J].商业时代,2008(10).
② 高丹莉.论我国农业集约化经营发展存在的问题及对策[J].徐州工程学院学报(社会科学版),2011(11).
③ 罗富民.四川南部山区农业集约化发展研究[D].成都:西南大学博士论文,2013.

公斤/公顷;2006—2008年单位面积产量有所增加,从5 381公斤/公顷增加到5 570公斤/公顷;2008—2009年单位面积产量有所下降,仅为5 343公斤/公顷,从2009年以后单位面积产量一直处于较稳定的增长阶段,但是涨幅很小;油菜籽单位面积产量从2000年以来时而增加时而减少,2000—2001年增加,从2 456公斤/公顷增加到2 592公斤/公顷,从2001—2004年一直减少状态,从2 596公斤/公顷减少到2 220公斤/公顷,2006年到2009年以来有所增加,2009—2010有所减少,2010年以后持续增加,但增加幅度较小。根据西藏主要农产品单位面积产量的变化情况,可知西藏农产品集约化程度较低。

接着,我们通过全要素的投入量与产出之间的关系分析影响和制约西藏农牧业集约化发展的因素。

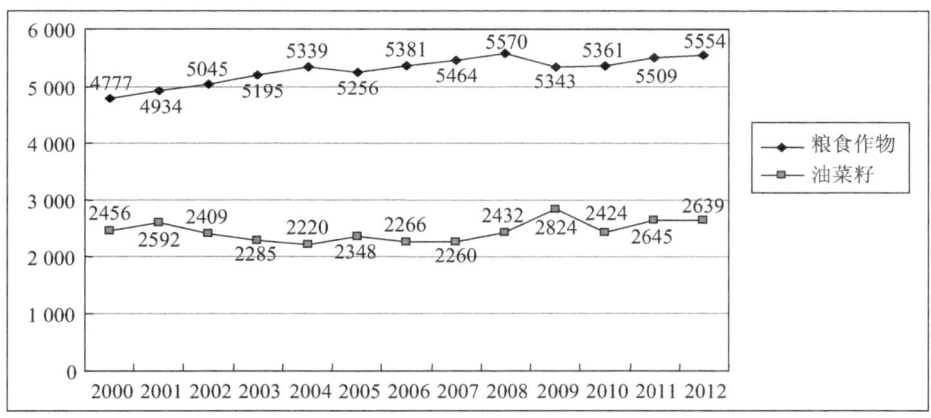

图16-1 西藏主要农产品的单位面积产量 (单位:公斤/公顷)

数据来源:《西藏统计年鉴(2013)》,中国统计出版社2013年版。

第一步,首先判断西藏地区的农林牧渔业总产值与农林牧渔业人力资源投入之间的关系(表16-1)。图16-2显示了农林牧渔业从业人员与农林牧渔业总产值之间的相关关系。

表 16-1　农林牧渔业从业人员与总产值关系

年 份	农林牧渔业从业人员（万人）	农林牧渔总产值（万元）
2000	90.12	512 185
2001	88.84	527 791
2002	88.8	558 874
2003	84.39	586 339
2004	85.19	627 373
2005	85.53	677 408
2006	86.38	704 765
2007	87.67	798 309
2008	88.28	884 518
2009	91.19	933 807
2010	91.55	1 007 685
2011	91.88	1 093 675
2012	92.07	1 183 267

数据来源:《西藏统计年鉴(2013)》,中国统计出版社 2013 年版。

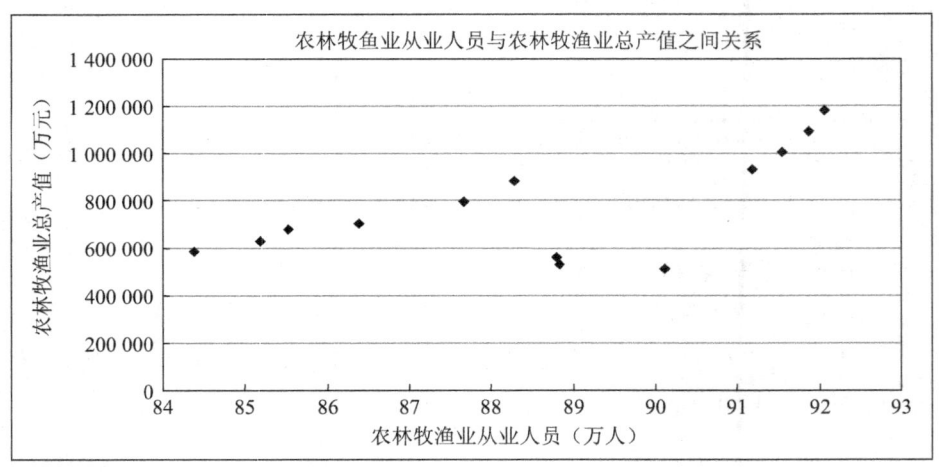

图 16-2　农林牧渔业农林牧渔业总产值与从业人员关系散点图

数据来源:《西藏统计年鉴(2013)》,中国统计出版社 2013 年版。

从图 16-2 可看出,2000—2006 年随着农林牧渔业从业人员数的增加,农林牧渔业总产值也随之增加,从散点图可知,两者存在线性正相关关系。然而,当从业人员数从2006年的86万人增加到2008年的88万人时,农林牧渔业总产值增加较快;当从业人员数从2008年88万人增加到约91万人时,农林牧业总产值有所增加,但增加值较小,说明农业从业人员对农林牧渔业生产总值的贡献呈减缓趋势;当从业人员数达到92万人左右时,虽然人数没增加不多,但是农牧渔生产总值呈现较快的增长。为了消除农林牧渔业生产总值与农林牧渔业从业人员数量的回归曲线中的波动,对其数据进行平滑处理,得到回归方程为:

$$y = 3389.6959 - 741.5595x + 0.4057x^2$$

对上式求极值:$\frac{dy}{dx} = -741.5595 + 0.8104x$,$\frac{d^2y}{d^2x} = 0$,则 $x = 91.5$。

上述结果说明当农林牧渔业从业人数达到91.5万人时,从业人员达到饱和,即西藏农牧渔劳动力就业空间趋于饱和。在临界点左侧,通过散点图可看出农林牧渔业与其生产总值呈正相关关系,这表示随着农牧业从业人员的增加,农牧业生产总值增加,这也解释了之前西藏劳动力供给不足的问题。但随着农牧业的发展,劳动力人数逐渐饱和,此时,需采取其他相关的管理以及体制创新加大农林就业人口对生产总值的刺激作用,比如重视农业人员的培训和人才晋升机制,以及人员合理安排等,以防止农村人员流失,并促进农林牧渔业生产总值增加。

第二步,通过相关数据,判断西藏农业物力要素(年末实有耕地面积、农业水利灌溉(农田有效灌溉面积)、电气化、农村机械总动力、化肥使用量、农业技术人员人数(科技投入))的投入与农业生产总值之间的关系。具体各要素的数值如表16-2所示。

表16-2 农业相关要素投入与农业生产总值的关系

年份	2000	2003	2007	2010	2011	2012
年末实有耕地面积(千公顷)	230.85	225.34	228.23	229.53	231.57	232.57
农田有效灌溉面积(千公顷)	157.03	154.95	156.37	167.04	169.03	178.32
农村机械总动力(1000千瓦)	1 145 276	1 812 121	3 294 227	4 119 871	4 450 898	4 994 835
化肥施用量(吨)	24 955	31 837	45 837	47 351	47 915	49 876

续表

年份	2000	2003	2007	2010	2011	2012
农村用电量（万千瓦时）	3 392	4 305	5 553	7 623	8 745	10 149
农业技术人员人数（人）	1 852			2 750	3 312	4 561
农业总产值（万元）	263 649	252 779	359 382	462 822	496 152	533 863

数据来源：《西藏统计年鉴(2013)》，中国统计出版社 2013 年版。

针对多个自变量与因变量之间关系的显著性检验，一般通过多元回归来检验。然而，多元回归分析中一个重要的假设是自变量彼此是不相关的。由于年末实有耕地面积和农业水利灌溉、农村机械总动力、化肥使用量、农村用电量以及农业技术人员数之间存在较强的相关性，因此就存在共线性问题，而消除共线性的办法就是去除相关性较高的变量中的一个，在本研究中，由于年末实有耕地面积和其他几个要素之间相关性较高，因此本研究中应该去除掉年末实有耕地面积，检验其他变量和农业总产值之间的关系。然而，在农牧业发展的物力要素投入中，土地要素是最为重要的要素，因此，首先把年末实有耕地面积和农业总产值之间进行回归分析，分析两者之间关系。分析结果如下：

SUMMARY OUTPUT

回归统计	
Multiple R	0.921636
R Square	0.849413
Adjusted R	0.8279
标准误差	42937
观测值	9

方差分析

	df	SS	MS	F	significance F
回归分析	1	7.28E+10	7.28E+10	39.48461	0.000411
残差	7	1.29E+10	1.84E+09		
总计	8	8.57E+10			

	Coeffivients	标准误差	t Stat	P-value	Lower 95%	Upper 95%	下限 95.0%	上限 95.0%
Intercept	−5 260 817	896 836.5	−5.86597	0.00062	−7 381 498	−3 140 136	−7 381 498	−3 140 136
X Variable	24 791.34	3 945.355	6.283678	0.00041	15 462.06	34 120.62	15 462.06	34 120.62

由于 $R^2=0.849413$，$F=39.48461$，通过显著性检验，说明自变量可以解释因变量的 84.94%，即年末实有耕地面积对农业总产值的影响为 84.94%，由此可见西藏地区年末实有耕地面积对农业总产值具有重要影响。

再次，去除年末实有耕地面积，检验其他投入要素与农业生产总值之间的关系。通过分析可知，其他要素与农业生产总值之间的多元回归并没有通过显著性检验。分析其原因，可能是由于各要素之间同样具有较强的相关性，同时本研究由于数据的可获得性，其他样本量较小（6 个），也是造成结果不显著的主要原因。但是，通过逐个要素与农业总产值意愿线性回归分析，每个要素对农业总产值都具有一定的影响，例如，图 16-3 显示了农村机械总动力与农业总产值的关系，图 16-4 显示了农村技术人员数与农业总产值的关系。

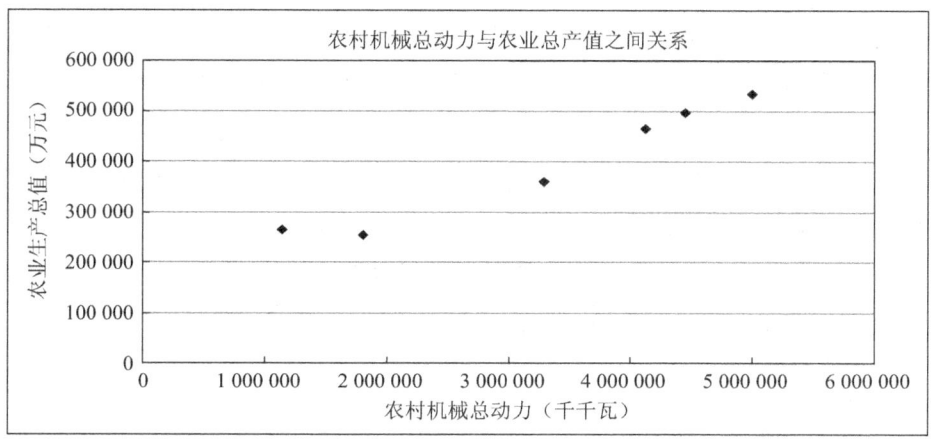

图 16-3 农村机械总动力与农业总产值的关系

数据来源：《西藏统计年鉴（2013）》，中国统计出版社 2013 年版。

通过图 16-3 可以看出，农村机械总动力与农业生产总值之间呈正相关关系，随着农村机械总动力的提高，农业总产值也快速增加。

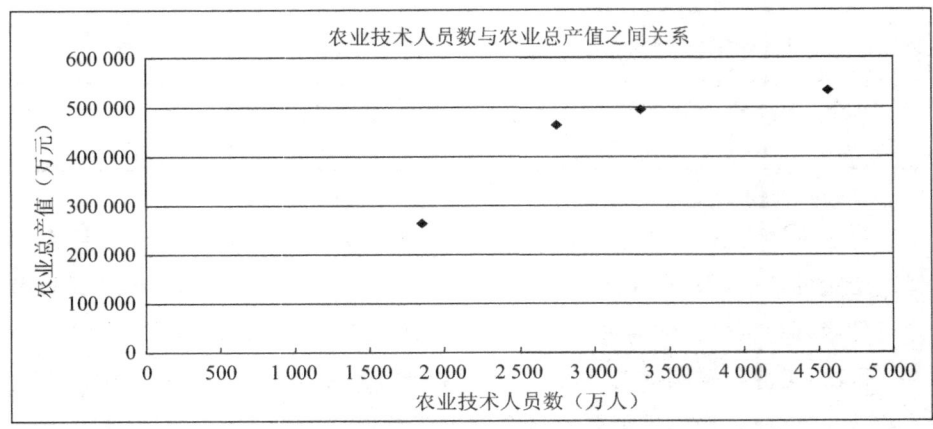

图 16-4 农村技术人员数与农业总产值的关系

数据来源:《西藏统计年鉴(2013)》,中国统计出版社 2013 年版。

图 16-4 显示了农业技术人员数与农业总产值之间的正相关关系。从图中可知,随着农村技术人员个数的增加,农业总产值也呈现增加趋势,但是相比农村机械总动力对农业总产值的推动,农业技术人员个数对农业总产值的促进作用较弱。一方面说明技术对于农业的促进更大些,西藏农牧业更多的属于技术推动型;另一方面也体现了农业技术人员管理体制的问题,使得农村技术人员的价值没有完全体现,没有充分发挥其在农业中的指导作用。同样,可以分析出西藏农牧业水利灌溉、电气化对农牧业的重要作用,即可说明西藏物力要素的投入对西藏生态农牧业的集约化发展具有重要的推动作用。

表 16-3 农林牧渔业固定资产投资与生产总值之间关系

年份	农林牧渔业固定资产投资(万元)	农林牧渔业生产总值(万元)
2000	13 181	512 185
2003		586 339
2007	141 705	798 309
2011	195 811	1 093 675
2012	258 238	1 183 267

数据来源:《西藏统计年鉴(2013)》,中国统计出版社 2013 年版。

第三步,西藏农村固定资产投资与农业生产总值的关系分析。具体数据和散点图如表 16-3 和图 16-5 所示。

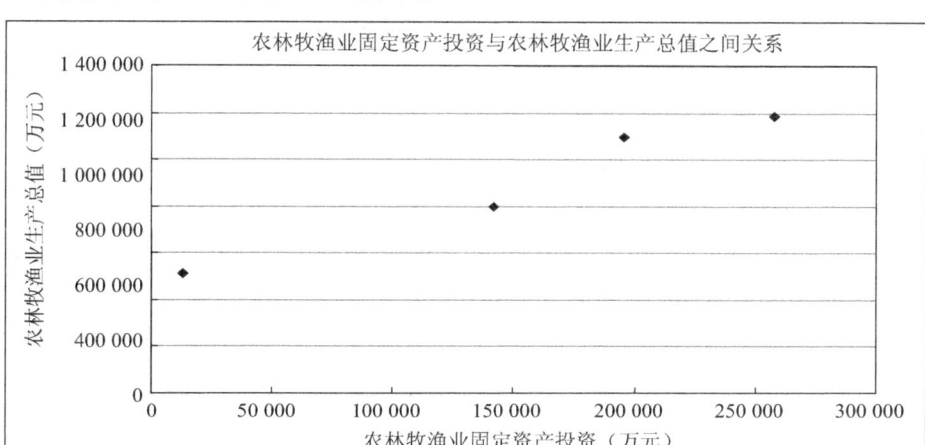

图 16-5 农林牧渔业固定资产投资与生产总值之间关系

数据来源:《西藏统计年鉴(2013)》,中国统计出版社 2013 年版。

通过图 16-5 可以看出,农林牧渔业固定资产投资与农林牧渔业生产总值大致分别落在一直线附近,这说明两个变量之间具有明显的线性相关关系。另外,所绘制的散点图呈现出从左至右的上升趋势,这表明农林牧渔业固定资产投资与农林牧渔业生产总值之间存在着一定的正向的线性相关关系,即随着农林牧渔业固定资产投入的增加,农林牧渔业生产总值也会增加。接着,根据散点图表示出来两者之间的线性相关关系,通过一元线性回归方程进行估计。

设 $y=ax+b$,根据表 16-3 中数据计算得到方程:
$$y=3.3x+330\ 197.19$$

由该式可知,在其他投入要素不变的情况下,固定资产投资每增加一个单位,将带来农牧业生产总值增加 3.3 个单位,所以西藏农牧业固定资产投资同样对农牧业生产总值的贡献比较突出。西藏农牧业生产总值与全国其他省份的比较起来较低,这恰恰说明了西藏农牧业固定生产投资的不足,因此,如果要促进西藏地区的农牧业在集约化方式上的发展,就必须加大对西藏农牧业的固定资金投入,并采用相应的管理以及体制创新对农牧业固定资产投资进行有效利用。

易培强等认为,西藏农牧业实现集约化生态型发展除了需加快品种改良,调整种养结构,转变种养方式,提高质量产量,通过技术创新以提高农牧业生产总值,农牧业的生产率和农牧民的经济收入推动集约化生态型发展外,还应加快适应西藏生态农牧业的管理以及体制创新模式,加大引进我国中东部发达地区以及发达国家的先进管理经验和理论,以促进西藏农牧业集约化发展。[①]

近十年来,西藏出台了关于农牧业发展管理体制与政策,并从种植技术推广、免费培训、种子化肥优惠等方面鼓励农户农牧业生产经营,促进西藏农牧业的集约化发展。对于农牧业人才投入,农牧区一些具有较好知识层次以及有经营头脑又愿意从事特色农业生产的农户,由于没有区别化的激励政策以及管理创新体制,农户的主动性、积极性不易提高,因此,实现农牧业经济集约化发展需进一步完善管理体制创新,及时协调解决农牧业发展中的突出以及重大问题,增加人力资本的投入力度,采取有效的农业人才鼓励机制;提倡制度创新与社会管理创新,创新农业组织形式,不断推进农业改革与农业经营企业的管理创新,释放出本地区人力资源所蕴藏的能量,强化各级农牧部门技术人员到岗,开展技术指导服务,确保服务到位,使得本地区的人力资源得到最大限度的运用。同时,西藏有关部门在积极争取国家支持的同时,需要充分地发挥具体的职能作用,在财力保障、项目投资、对口援助等方面落实方案和制定配套政策,加大对西藏地区有效的扶持力度。除此之外,通过社会管理及体制创新,提高西藏农牧业基础设施建设,尤其是加强农田水利基本设施建设,提高农牧业抗灾能力,不断改善水利条件,提高水资源的利用率和耕地产出率,提高农牧业综合生产能力,最终促进农牧业生产持续向前发展。最后,通过深化改革,创新机制,建立符合西藏农牧业市场实际的经济体制、运行机制和管理模式,促进农牧业产业化经营,保证农畜产品产地批发市场和销售市场在合理优化的市场机制中得到较快发展。

---

① 易培强.论社会生产力跨越式发展[J].中国软科学,2001(4):13-18.

第四篇　参考文献①

[1] 胡开军.民族地区跨越式发展中的协调问题研究[D].乌鲁木齐:新疆大学,2012.

[2] 中央统战部.国家民委关于进一步加强教育对口支援西藏工作的意见.[N]中华人民共和国教育部公报,2007-05-28.

[3] 西部大开发步入新十年规划征途,http://www.oky17.com.

[4] 保罗·萨缪尔森.威廉·诺德豪斯.经济学(第十六版)[M].北京:华夏出版社,2002.

[5] 潘明清.西藏经济跨越式发展中产业结构优化升级的原则及思路[J].消费导刊,2010(8):1-2.

[6] 潘明清.西藏经济跨越式发展中产业结构优化升级的原则及思路[J].消费导刊,2010(4).

[7] 才旺达.西藏农牧业经济跨越式发展的思考[J].西藏发展论坛,2002(1):13-17.

[8] 西藏自治区概况,http://www.china.com.

[9] 西藏自治区自然地理概况,http://www.china.com.

[10] 韩同博.论知识经济时代的管理创新[J].边疆经济与文化,2005(6):5

[11] 基层党建.关于工业化、城镇化、农村农业现代化,三化联动,促进城乡一体化若干问题的解读_湘东区荷尧镇善山村,http://blog.sina.com.

[12] 罗江陵,马永军.重庆交通干部培训应用"四种资本"研究[J].交通企业管理,2009(9).

[13] 张建业,赵金亮.和谐商业的经济学分析[J].商业时代,2008(10).

[14] 高丹莉.论我国农业集约化经营发展存在的问题及对策[J].徐州工程学院学报,2011(11).

[15] 罗富民.四川南部山区农业集约化发展研究[D].成都:西南大学博士论文,2013.

[16] 易培强.论社会生产力跨越式发展[J].中国软科学,2001(4):13-18.

---

① 参考文献按出现的先后顺序排列.

第五篇

发展方式与内外关系

17

对口支援与西藏生态农牧业发展

第一节 中央西藏工作座谈会与对口支援

对于保障国家安全和祖国统一,加强社会稳定和民族团结,大力推动西藏地区的经济发展和社会进步有着极其重要的意义。[1] 由于历史和地理环境以及气候等条件的限制,使得西藏地区自身的发展成本高,如果仅靠自身力量很难实现经济社会的快速发展。中央和各省市的对口支援是西藏逐步缩小与内地的发展差距,实现西藏的民族团结和经济发展的现实要求。[2] 因此,中央政府与地方政府通过对口支援的方式对西藏地区的发展进行大规模投入与强有力的推动,在政策、资金、科技、人才、项目等方面给予特殊的扶持,并要求国内发达地区的对口帮扶,帮助西藏地区加快脱贫致富步伐,这也是西藏经济以及农牧业经济实现可持续发展的首要条件与关键因素。

长期以来,党中央和国家一直非常重视西藏地区经济社会的快速发展,先

---

[1] 中华人民共和国科学技术部.关于进一步加强科技援藏工作的若干意见[J].西藏科技,2005(8).

[2] 中华人民共和国科学技术部.关于进一步加强科技援藏工作的若干意见[J].西藏科技,2005(8).

后召开了六次西藏工作座谈会,并根据西藏的实际发展情况制定了相应的优惠政策,这些政策有力地促进了西藏经济社会的较快发展。① 中央给予西藏在教育、文化、卫生、科技,以及财税体制、金融保险、能源、交通、通信以及综合开发等大中型项目和在社会发展、民生、项目建设等方面的优惠政策,为西藏经济社会的发展提供了特别有利的外部环境。"十二五"期间,中央对口支援西藏政策成为西藏地区发展的坚强后盾。②

自20世纪80年代以来,中央以及全国各省市在农牧业发展方面给予了西藏更多的优惠政策,同时在资金、技术等方面也给予了大力支援。其中,对于土地的经营,中央第一次西藏工作会议指出"免征西藏农牧民的一切税收,农牧民同时拥有土地使用权和自主经营权,并且长期不变";生产方面,西藏农牧民可享受到相应的政府补贴。③ 除此之外,在"十一五"期间,中央要求支持西藏发展高效的牲畜屠宰场、农畜产品加工、人工种草、日光温室、小康示范村等特色项目。④ "十二五"期间,坚持和完善关于"三个长期不变"的基本政策,建立和完善关于奖励补助的"一事一议"机制,积极稳妥推进以承包到户或联产承包,全面落实草场的承包经营责任制,严格耕地、草场和森林保护制度,明晰产权为重点的集体林权的制度改革。

第二节 对口支援与西藏农牧业的发展

在对口支援的政策引导下,西藏各项事业取得了较快的发展。本书主要探讨农业发展中取得的成绩。图17-1显示了近年来西藏农林牧渔业总产值

---

① 欧珠.坚持和落实科学发展观是新时期西藏经济社会跨越式发展的必由之路[J].西藏发展论坛,2009(1):25-28.

② 西藏自治区"十二五"时期国民经济和社会发展规划纲要[N].西藏日报(汉),2011(2).

③ 沈开艳,徐美芳.气候变化条件下的西藏特色农业跨越式发展研究[J].西藏大学学报(社会科学版),2012(2):32-39.

④ 沈开艳,徐美芳.气候变化条件下的西藏特色农业跨越式发展研究[J].西藏大学学报(社会科学版),2012(2):32-39.

的变化情况。

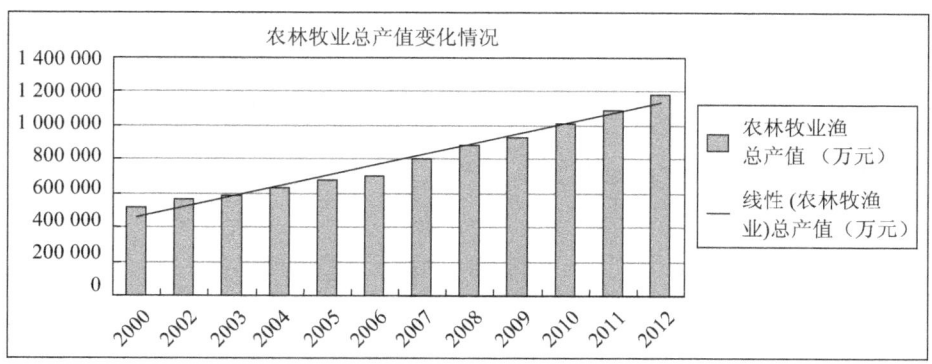

图 17-1 西藏农林牧渔业总产值变化情况

数据来源:《西藏统计年鉴(2013)》,中国统计出版社 2013 年版。

从图 17-1 可看出,自 2000 年以来,除 2006 年与 2007 年总产值量增加较慢外,西藏地区农牧渔业总产值基本呈线性增长趋势,这说明西藏农牧业在国家对口支援的帮助下得到了较为快速的发展。

图 17-2、图 17-3 分别显示了近年来西藏粮食总产量以及猪羊牛肉总产量的变化情况。

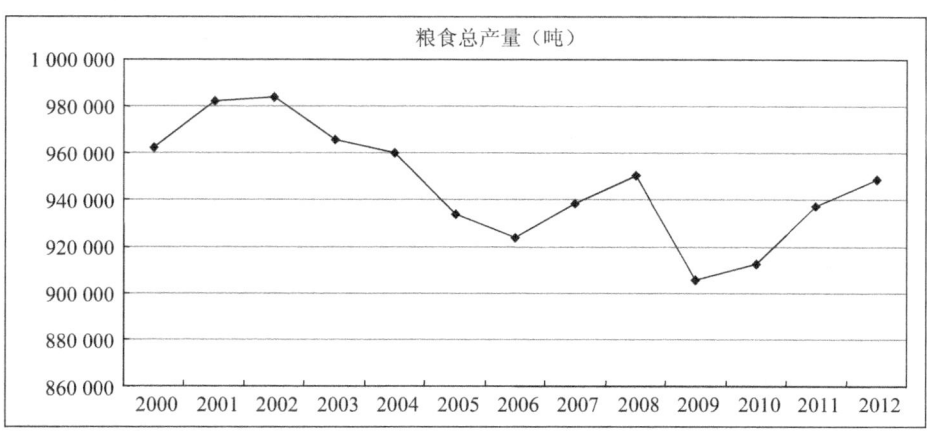

图 17-2 西藏粮食总产量变化情况

数据来源:《西藏统计年鉴(2013)》,中国统计出版社 2013 年版。

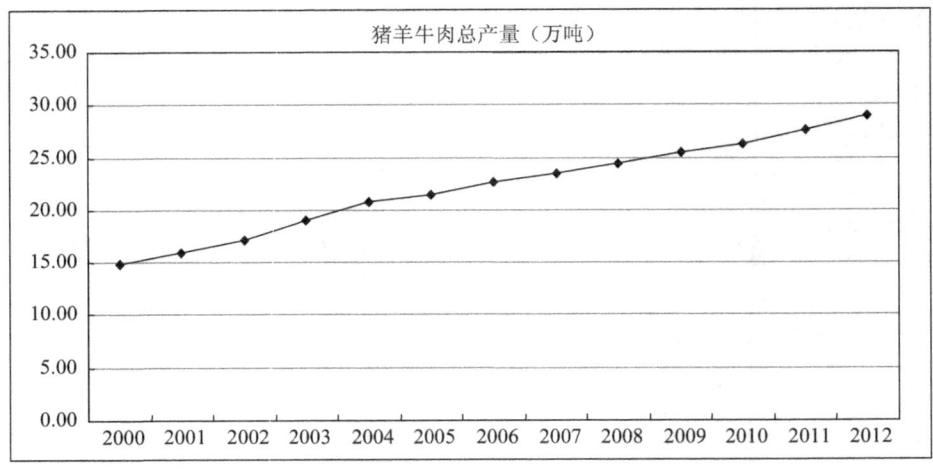

图 17-3　西藏猪羊牛肉总产量变化情况

数据来源：《西藏统计年鉴（2013）》，中国统计出版社 2013 年版。

从图 17-2 可以看出，近年来西藏的粮食总产量变化幅度较大，涨幅不定，2002—2006 年处于下降趋势，2006—2008 年处于上升趋势，而 2008—2009 年间有所下降，2009—2012 年有较快的增长趋势。图 17-3 显示了西藏猪羊牛肉总产量情况，从图 17-3 可以看出，近年西藏地区猪羊牛肉总产量自 2000 年以来一直处于较快的增长状态。

总体而言，从图 17-1、图 17-2 以及图 17-3 可以看出，西藏农牧业发展处于较为快速的发展阶段，一方面在于西藏地区自身发展潜力的提升，另一方面得益于其他省市对西藏农牧业的对口支援。然而，从图 17-1、图 17-2 以及图 17-3 可以看出，近年来西藏农牧业的发展并没有持续快速地增长，比如图 17-2 显示的粮食产量的变化。因此，无论对于西藏自身的发展还是借助于对口支援都需要采取进一步策略推进农牧业发展。

关于西藏的对口支援，习总书记要求各部委和各省市的有关部门认真贯彻落实中央第五次和第六次西藏工作座谈会的精神，认真做好"五个始终"："其一是需要制定和实施科学合理对口支援规划，始终保持对口支援长效机制的有效和健全；二是坚持以人为本，进一步加大对农牧民和农牧区的资金、技术和项目的支持，始终把改善民生作为对口支援的首要工作，积极推进民生工

第17章 对口支援与西藏生态农牧业发展

程的改善,提高农牧民的生产和生活水平;三是坚持对口帮扶与互利合作,始终坚持提高自我发展能力与对口支援的结合,提高合作的水平,努力实现共同发展;四是始终加强培养对口支援干部,为实现西藏的经济社会发展和长治久安注入强大支持力;五是注重总结对口支援的工作经验,把握对口支援的工作规律,不断提高对口支援的工作水平,从而更好地发挥对口支援对于西藏经济社会发展的强大推动作用。"①②

在处理对口支援与西藏农牧业实现可持续发展关系中,首先,应推进受援工作的生态化发展,加强对农牧业经济援藏工作的规划与统筹,加强对口援藏项目的管理和建设的有效模式;其次,科学化对口支援模式,加大造血型项目的支援。③ 由于西藏自然、社会和经济环境的特殊性,农户技术水平、适应气候变化能力等方面存在的问题,现在对西藏经济以及农牧业经济的对口支援主要以输血型为主,需逐步使输血型转化为造血型为主的农牧业发展模式;同时,增强"造血"功能,明确受援的重点,引导项目和资金集中投向提高公共服务能力、发展县域经济、扶持落后地区发展、改善农牧民生产生活条件等重点领域;再次,联合培养农牧业发展的急需人才,引进我国先进地区的关键技术经验和管理经验,加强对西藏地区的农业科技与产业合作,联合攻关,促进西藏地区农牧业发展。④

除此之外,需充分发挥援藏干部和市场机制的作用,立足双方各自优势,加大合作领域,创新合作机制,坚持无偿支援与互利合作相结合,从而有效地推动西藏地区的对口支援工作与西藏生态农牧业发展。⑤

---

① 对口援藏工作座谈会召开,习近平谈"五个始终"国内聚焦,http://www.mzyfz.com.

② 吴楚.中央政府西藏工作方略的丰富和发展——中央第五次西藏工作座谈会精神管窥[J].统一论坛,2011(12).

③ 西藏自治区"十二五"时期国民经济和社会发展规划纲要[N].西藏日报(汉),2011-02.

④ 西藏自治区"十二五"时期国民经济和社会发展规划纲要——百度文库,http://wenku.baidu.com.

⑤ 西藏自治区"十二五"时期国民经济和社会发展规划纲要——百度文库,http://wenku.baidu.com.

18

资金引进与西藏生态农牧业发展

第一节 资本积累与经济增长

马克思认为:"资本积累是企业或社会经济部门扩大再生产的主要力量。"这句话强调了资本在经济发展中的作用。现代经济学理论也强调了资本在经济增长中的重要作用。

李嘉图在1817年发表的《政治经济学及赋税原理》中认为,经济增长的主要因素是资本积累。罗斯托在《经济成长的阶段》中认为,要成功地实现经济起飞,一个地区或国家的资本积累在国民收入中所占的比例需要从5%提高到10%以上;①刘易斯在《经济增长理论》中认为,要理解一个社会从储蓄为5%变为12%的过程是经济增长理论的中心问题,以及随着这种转变的制度、态度和技术等方面的变化;②我国学者陈志远认为,越是贫穷落后的地方,就越需要国家财政的转移支付来加大对这些地区的特色产业的扶持,加大对民

---

① 鄢杰.民族地区经济跨越式发展研究[D].成都:四川大学,2004.
② 伍艳.西部开发的资本形成机制研究[J].西南民族大学学报(人文社科版),2004(6).

生保障、公共设施等方面的投入,以实现经济的可持续发展[①]。发展经济学也认为资本积累对落后地区经济发展具有重要的促进作用,资金、技术与生产资料对于落后地区经济加快发展具有关键作用。我国东部地区有较为丰富的资金和投资能力,这是西藏地区实现经济可持续发展可以利用的资金。西藏地区可以吸收大量外来资金,通过资金引进,改善农牧业基础设施条件和农业生产条件,以推动生态农牧业发展。

目前,西藏地区的发展紧靠国家资金投入远远不够。西藏地区是我国目前经济最为落后的地区,长期以来由于经济增长缓慢,导致该地区资本积累少。而且,西部民族地区尤其是青海、西藏等地由于其地方收入水平太低,自身资本积累能力弱化,农牧业发展所需要的基础设施投资、农牧业机械设备投资、农牧业科技项目投资等需要难以满足,制约了西藏农牧业经济的快速发展。

第二节 国家资金投入与西藏农牧业的发展

目前,由于西藏自身发展条件的限制,国家对西藏地区的投入主要以财政投入为主,但这种单一的财政投入模式难以满足该地区经济增长的需要。根据《西藏自治区2012年财政预算执行情况和2013年财政预算草案的报告》,2012年国家对西藏地区与农牧业发展相关的资金投入如下:

(1)扩大基建投资规模。2012年,全区财政性基建资金累计到位1 990 987万元,比2011年增加321 417万元,增长了19.3%。(2)城乡统筹发展方面,2012年全区农林水事务支出1 440 261万元,比上年增加241 049万元,增长了20.1%。其中,农牧民增收方面包括:农作物及牲畜良种补贴资金,种粮农民化肥补贴,测土配方施肥补贴资金,粮食直接补贴和农资综合补贴资金,产粮大县奖励资金,农牧机具购置补贴资金,农牧民技能培训资金。农牧业发展基础方面:落实资金54 600万元,在29个粮食主产县及牧业县、22个非粮食

---

① 陈志远.我国藏族自治州经济社会发展的战略机遇与路径选择[J].甘肃金融,2010(4).

主产县实施小型农田水利重点县建设和专项水利工程建设。(3)推进城乡社会保障体系建设。全区社会保障和就业支出621 640万元,城镇居民社会养老保险制度全面覆盖,全区所有寺庙在编僧尼医疗和养老保险制度实现全覆盖,企业退休职工基本养老金标准从月人均2 439元提高至2 704元,工伤、生育保险实现自治区级统筹。(4)坚持教育优先发展。全区教育支出917 101万元,比上年增加216 181万元,增长了30.8%。继续实施高等教育师范及农牧林水地矿专业免费教育政策。(5)支持科技事业发展。全区科学技术支出50 797万元,比上年增加18 682万元,增长了58.2%。落实资金19 369万元,支持实施农牧业、特色资源、生态环境保护、藏医药研发、新能源等重大科技研究开发项目,推动科技和经济紧密结合。(6)推进生态文明建设。继续实施草原生态保护奖励机制,落实资金210 981万元,实施草场禁牧以及草畜的平衡面积达8.94亿亩。包括:森林生态效益补偿、天然林保护、重点区域造林等林业生态保护政策,山洪灾害防治工程,湿地保护试点工作,"一池三改一棚"用户沼气配套建设,环境自动监测站点和监测网建设,27个城镇饮用水水源地环境综合整治工作,纳木错生态环境保护建设和城镇污水配套管网建设等。具体各项支出的资金投入如图18-1所示:

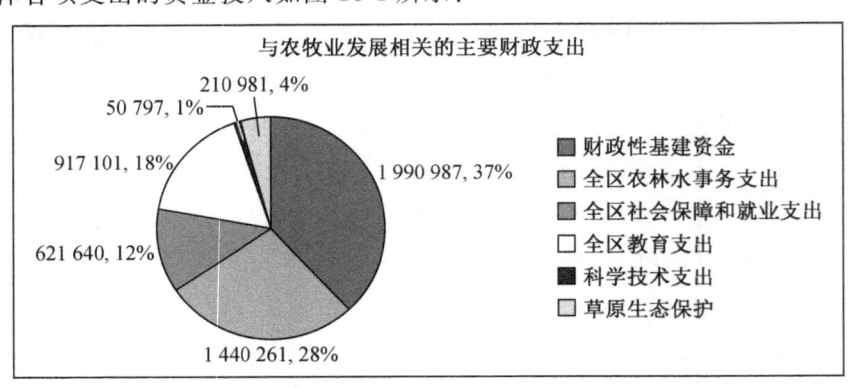

图18-1 与西藏农牧业发展相关的资金投入及比重(单位:万元)

数据来源:《西藏统计年鉴(2013)》,中国统计出版社2013年版。

然而,从以上分析及图18-1可看出,国家对西藏地区与农牧业发展相关投资的大部分主要集中在基础设施建设上(37%),全区农林水事务支出排在第二(28%),其次为教育(18%)、全区社会保障和就业(12%),而在草原生态保护(3%)、科技(1%)等方面的资金投入较小。

目前西藏地区的资金来源主要分为国内贷款、利用国家预算内资金、自筹资金以及其他。整体资金的投入情况如下：

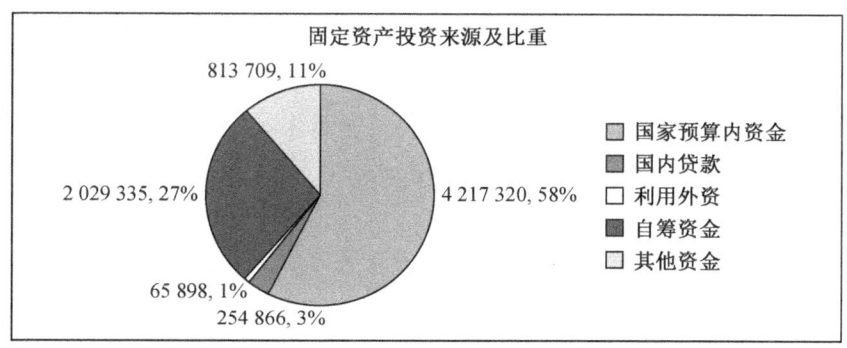

图18-2　西藏固定资产投资来源及比重(单位:万元)

数据来源:《西藏统计年鉴(2013)》,中国统计出版社2013年版。

从图18-2可看出,在西藏固定资产投资中,国家预算内资金占最多(58%),其次是自筹资金(27%)、其他资金(11%)、国内贷款(3%)、利用外资(1%)。

图18-3显示了西藏不同来源的固定资产投资变化情况。

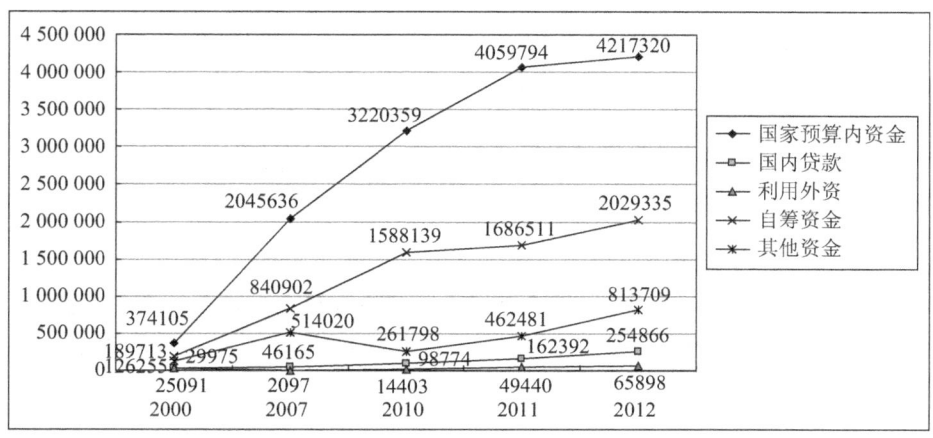

图18-3　西藏不同来源的固定资产投资变化情况(单位:万元)

数据来源:《西藏统计年鉴(2013)》,中国统计出版社2013年版。

从图 18-3 可知，国家预算内资金从 2000 年以来一直处于增加状态，从 2000 年的 374 105 万元增加到 2012 年的 4 217 320 万元，年均增长率为 22.37%；其次，增长较快的为自筹资金，从 2000 年的 189 713 万元增加到 2012 年的 2 029 335 万元，年均增长率为 21.83%；再次，波动幅度较大的为其他资金，2000—2007 年处于持续增加状态，2007—2010 年处于持续减少状态，2007—2012 年处于持续增加状态，年均增长率为 16.80%；国内贷款和利用外资自 2000 年以来一直在增加，但是增加幅度较小，国内贷款年增长率为 19.53%，利用外资年均增长率为 8.38%。另外，2012 年国家预算内资金占所有固定资产投资总额的 57%，其次是自筹资金，占 27%，随后依次为其他资金（12%）、国内贷款（3%）、利用外资（1%）。

从以上数据分析可知，虽然目前西藏的资金来源具有多项，但国家投资占大多数，资金来源单一；且投资主要用在基建项目上，投资结构不甚合理。西藏地区要实现经济可持续发展，在 2020 年实现全面建设小康社会目标，就需要大量的资金投入，如果单靠占较大部分的国家投资，显然很难实现这一目标。因此，改革西藏地区经济发展以及农牧业发展的投融资体制，多渠道筹集和引入资金具有十分重要的现实意义。

西藏经济以及农牧业经济在发展过程中引入资金时，需要坚持诸如计划筹资与市场化筹资相结合、外源性筹资与内源性筹资相结合、筹资渠道的多元化原则、统筹安排、结构优化、风险与收益对称、开放性与公正性相结合等的原则。目前，西藏资金的来源主要是国家的各种财政资金投入，其他类型的资金投入较少，在今后的发展中，除了依靠国家投入外，还要进一步拓展资金来源，多渠道筹集资金。在进行资金引入的来源渠道拓展方面，可以包括国家资金来源（如财政一般转移支付资金来源、专项资金来源、其他财政资金等）、金融机构资金来源（银行信贷资金和其他金融机构的信贷资金来源）、外来投资（各种外商投资港以及西藏地区以外的国内经济单位的投资等）、资本市场融资（各种股权投资和债权投资等）、区域内部的资金积累以及西藏地区区域政府投资等。在进行资金引入的投融资改革方面，可以组建项目投资公司，培育新的投资主体；放开各类投资领域，允许资本进入大部分投资领域；加快金融体制改革和大力推进资本市场建设，建立灵活多样的筹融资机制；规范政府投资范围,积极推动基础设施产业化。在进行资金引入的投融资体制改革政策方面,实行开放的行业投资准入政策,引入竞争机制、鼓励社会投资;严格政府投资项目管理;改进项目管理模式,将行业管理职能和监督职能分开,政企分开;建立健全投资风险约束机制,建立严格的投资决策责任制;培育和发展中介机构,培育以及规范投资主体服务的市场体系。

通过以上资金引入以及投资和融资措施,可以有效加大西藏地区经济尤其是农牧业经济的资金引入力度,促进西藏生态农牧业发展。

19

高原适应型技术引进与西藏生态农牧业发展

第一节 技术引进与经济发展

马克思在《马克思恩格斯全集》中强调:"技术进步是第一生产力,是一种在历史上对经济发展起推动作用的力量。"西方古典经济学以及新增长理论也从不同的角度说明了技术进步在经济增长中的重要作用。内生经济增长的代表学者罗默、卢卡斯等认为,内生经济增长指的是经济发展依赖内部力量的作用来实现持续增长,而不是依赖外力推动;技术进步和管理模式的创新是内生经济增长的动力和源泉。①

在实践中,有很多通过技术进步实现经济可持续发展的例子,比如德国、日本等。德国是现代化的"早期后来者",19世纪中叶,德国工业生产非常落后,产业工人只占全部人口的2.98%。德国充分发挥其后发优势,派出了大批学者去国外留学后从事科学和教育工作,从而进行人才培养和科技开发,后来仅仅用了45年时间,其工业发展速度就超过了英国,而且1910年时,其工业总产值仅次于美国,跃居世界第2位。日本通过"技术立国",大力发展教育和

---

① 刘洋.浅析经济增长中的技术进步与制度创新[J].现代商业,2010(9).

第19章 高原适应型技术引进与西藏生态农牧业发展

科技,在1992—1995年间,通过技术进步超越美国和英国;到1995年,日本人均国民生产总值为美国的1.36倍、英国的2倍,成功地实现了经济的跨越。从以上国家跨发展的例子中可看出,对先进技术的学习、引进、消化和吸收,能够成功地实现经济的跨越发展。

在国家对西藏的农业技术、资金引进以及对口支援等政策的推动下,西藏农牧业取得了快速发展。其中,粮食总产量从1951年的153 200万吨增长为2012年的948 963万吨,年均增长率为10.18%;主要农作物单位面积产量中粮食单产从1959年的1 370公斤/公顷增长为2012年的5 554公斤/公顷,年均增长率为5.76%;农林牧渔业总产值从1959年的14 417万元增长到2012年的1 183 267万元,年均增长速度为152.97%。技术进步带来的单产水平的提高是西藏农牧业经济不断增长的主要原因,技术进步为西藏农牧业发展做出了巨大贡献。但是另一方面,西藏农业发展过程中也面临较多技术问题,如农牧业现代化水平落后、农牧业的科技人才缺乏等,农民牧业的科技意识和接受能力差、推广应用体系不健全的问题等。由此可见,未来西藏农牧业发展只有依靠技术进步,以及采取适应型技术,从而不断提高农牧业产值来实现,西藏农牧业发展。

然而,西藏地区由于自身的自然条件以及历史原因,其生活环境和研究条件差,科研经费少,所以,科技队伍和科研能力一直处于较低的水平,这在很大程度上制约了该地区农牧业的技术进步。总的来说,目前西藏地区技术进步中主要存在以下主要问题:

(1)农业专业人才比较缺乏,职业教育滞后。图19-1显示了西藏地区在校学生人数变化情况。

从图19-1可看出,西藏地区普通高等学校人数较少,虽然从2000年以来人数一直在增加,但增加幅度较小;中等学校(普通中学和职业中学)人数自2000—2007年增加较快,但2007年以后增长较为缓慢;小学人数从2000年以来一直在减少,但减少幅度较小。

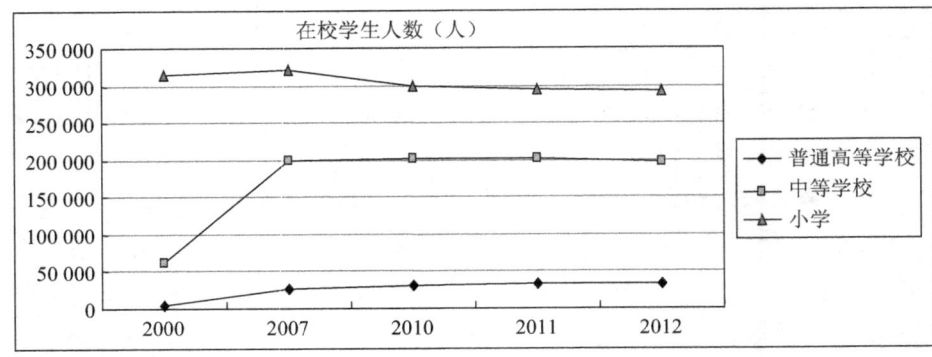

图 19-1　西藏地区在校学生人数

数据来源:《西藏统计年鉴(2013)》,中国统计出版社 2013 年版。

图 19-2 显示了不同教育阶段学生人数所占的比重。

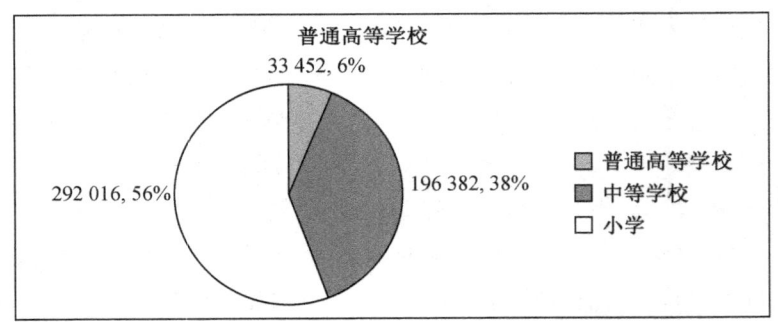

图 19-2　不同教育阶段学生人数所占的比重

数据来源:《西藏统计年鉴(2013)》,中国统计出版社 2013 年版。

从图 19-2 可看出,西藏地区普通高等学校人数所占比例最少(6%),其次为中等学校人数(38%),所占学生总人数最多的是小学人数(56%)。从这些数据可以看出,西藏地区教育较为落后,小学人数较多,缺乏高等教育人才,即高技术人才比较缺乏。

此外,西藏地区农牧区现有专业技术人员较少,不能适应农牧区经济发展,而偏远地区的这些现象更为明显。图 19-3 显示了农牧业技术人才的变化趋势。

通过图19-3可以看出,1985—2000年,西藏地区农业技术人员数从1 838人增长到1 852人,增长比较缓慢,但是在2000—2012年,农业技术人员增长比较迅速,从1 852人增长到4 561人。

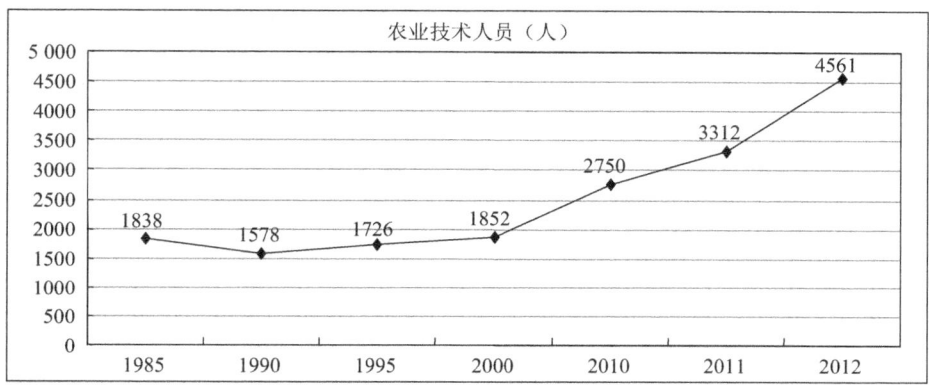

图 **19-3** 农业技术人员数量

数据来源:《西藏统计年鉴(2013)》,中国统计出版社2013年版。

图19-4显示了西藏地区2000年以来参加科普活动的人数。

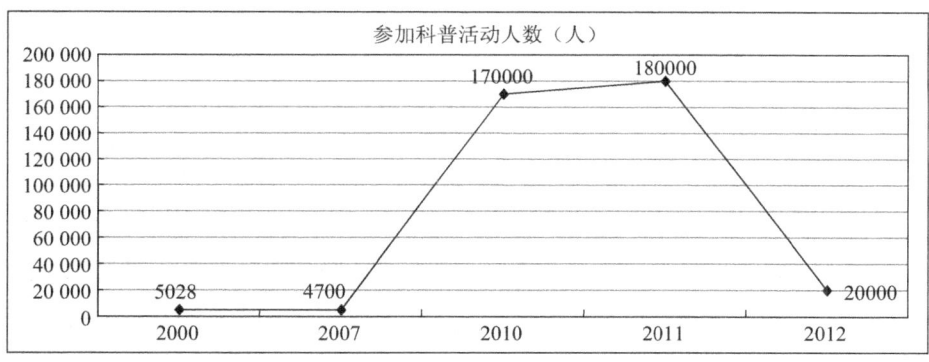

图 **19-4** 参加科普活动人数

数据来源:《西藏统计年鉴(2013)》,中国统计出版社2013年版。

根据图19-4可看出,2007—2010年间,西藏参加科普活动人数从4 700人增长到170 000人,但到2012年,科技活动人数却减少至20 000人。这些数据表明,西藏地区科技队伍发展缓慢,总量不足,且出现滑坡现象。

(2)西藏地区科技人员按学科分布不均匀(如表 19-1 和表 19-2 所示),高等学校专任教师队人数在职称结构以及学科结构等方面也存在不合理现象(表 19-3)。

表 19-1 高等学校本科分科人数(2012 年) 单位:人

项目	毕业生数	招生人数	在校学生数
哲学	20	30	64
经济学	245	208	703
法学	331	231	1 179
教育学	213	420	1 050
文学	1 074	1 010	3 935
历史学	52	195	486
理学	357	608	2 018
工学	697	1 016	3 447
农学	375	459	2 197
医学	466	545	2 252
管理学	843	934	3 245
合计	4 673	5 656	20 576

数据来源:《西藏统计年鉴(2013)》,中国统计出版社 2013 年版。

从表 19-1 可以看出,2012 年高等学校本科学生人数在毕业生人数中,最多的是文学人数(1 074 人),其次依次为管理学人数(843 人)、工学人数(697 人)、医学人数(466 人)以及农学人数(375 人),排在末位的是历史学和哲学人数,分别为 52 人和 20 人。

通过表 19-2 可以看出 2012 年中等专业学校学生人数情况,其中,毕业生人数最多的为医药卫生类(2 442 人),其次为农林牧渔类(1 653 人),最末位的是资源环境和能源与新能源类,毕业生人数分别为 51 人和 38 人。

表 19-2　2012 年中等专业学校学生数　　　　　　　　　　　　单位：人

项目	毕业生数	招生数	在校学生数
农林牧渔类	1 635	1 295	2 424
资源与环境类	51		
能源与新能源类	38	82	2 222
土木水利类	82	255	372
加工制造类	138	99	396
轻纺食品类	122	222	603
交通运输类	627	379	826
信息技术类	971	774	1 588
医药卫生类	2 442	2 021	5 878
财经商贸类	285	112	260
旅游服务类	1 311	733	1 503
文化艺术类	947	847	1 988
体育健身类	146	135	598
师范类	83	311	510
公共管理与服务类	418	347	804
其他	54	289	319
合计	9 350	7 901	18 291

数据来源：《西藏统计年鉴(2013)》，中国统计出版社 2013 年版。

从表 19-1 和 19-2 中可以看出，西藏地区专业技术人员分布极为不均匀。

表 19-3 显示了高等学校分科专任教师数。从表 19-3 可以看出，2012 年西藏高等学校分科专任教师数也存在不合理情况。其中，教师人数排名前三的学科是文学(506 人)，其次是教育学(364 人)，再次为工学(276 人)，而农学教师人数只有 179 人，人数最少的是历史学(74 人)。另外，在这些教师中，中级职称人数最多(993 人)，副高级次之(647 人)，人数最少的是正高级(141 人)。

表19-3 高等学校分科专任教师数(2012年)　　　　　　　　　　单位:人

项目	正高级	副高级	中级	初级	未定职级	合计
哲学	11	30	40	21	10	112
经济学	9	33	48	17	13	120
法学	5	34	72	52	13	176
教育学	13	85	137	77	52	364
文学	24	171	212	77	22	506
历史学	12	22	17	7	16	74
理学	18	97	92	28	8	243
工学	15	45	136	61	19	276
农学	14	57	97	11		179
医学	15	35	64	34	8	156
管理学	5	38	78	39	3	163
合计	141	647	993	424	164	2 369

数据来源:《西藏统计年鉴(2013)》,中国统计出版社2013年版。

第二节　国家资金投入与西藏农牧业的发展

西藏地区科研经费的主要来源还是政府拨款,而科技经费内部支出主要用于人员费用,没有表明科研开发等费用。表19-4显示了科技经费筹集额,表19-5表明了科研经费内部支出情况。

表19-4　科技经费筹集额　　　　　　　　　　单位:万元

	2007	2011	2012
政府资金	13 451	21 019	27 830
企业资金			
事业单位资金	238	84	
国外资金	51	26	
其他			
合计	13 740	21 129	27 830

数据来源:《西藏统计年鉴(2013)》,中国统计出版社2013年版。

从表 19-4 可以看出,西藏科技经费筹集主要来源于政府资金,事业单位资金以及国外资金占的比重较少。

表 19-5　科技经费内部支出　　　　　　　　　　　单位:万元

	2007	2010	2011	2012
人员费用	4 000	6 143	6 700	15 027
资产构建费	2 163	4 050	7 286	3 896
其他日常支出	4 522	5 942	6 349	6 317

数据来源:《西藏统计年鉴(2013)》,中国统计出版社 2013 年版。

从表 19-5 可以看出,从 2007—2012 年,科技经费内部支出主要用于人员费用,其次为其他日常支出,最后是资产购置费,并没有指名科研开发费用所占金额,所以,科研经费内部支出情况较不明朗。

通过以上分析可知,西藏地区的农牧业要实现可持续发展,可以采取以下措施:首先,通过培养西藏农牧业技术人员,扩大西藏农牧业的科技队伍。形成由科技管理人员、技术推广服务人员、基层科技成果转化、科研辅助人员、科研骨干人员,以及学科带头人组成的农牧业科技人才队伍,推动西藏地区的农牧业增产并增效。[①] 由于农牧业高技术人才缺乏,人才学科结构不合理,因此,需要完善学科结构,加快调整科研人员的知识结构。

此外,通过提高教育水平,调整教育结构,增加高等教育、中等职业教育以及高中的学生人数;增加教育投资,完善硬件设施,提高西藏基础教育水平;对于高等教育需通过对口支援以及人才引进增加相应的专业技术人员以及师资力量,从根本上改变技术薄弱的环节,提高办学水平,促进高层次人才的培养,尤其是通过对西藏农牧业技术人员的大力培养,提高西藏农牧业技术人才的科研水平、创新能力。[②] 同时,通过加强对农牧民的经营管理培训,使农牧民群众学会经营管理,在经营中增长才干;通过了解市场,能够积极参与市场的竞争,从而发展经济并增加收入;加大对西藏农牧民职业技能方面的培训,提高农牧民的职业技术水平以及文化应用水平,通过农牧民对科学技术的运

---

① 多项措施协调推进,促农牧区跨越式发展[N].西藏日报(汉),2011-01-13.
② 徐伍达,杨亚波等.从传统迈向现代.西藏农村经济 60 年回顾与展望[J].中国藏学,2013(5).

用,扩大生产,从而提高经济发展,摆脱贫困,实现富裕和小康。[①]

其次,由于科研投入不高,尤其是科研经费投入太少,根本满足不了科研和技术推广的需要,因此,西藏地区各级政府要增加科技研发投入,多渠道争取科研经费,不仅靠政府拨款,还要争取非政府部门的科研经费投入。同时,需建立和完善全社会、多渠道、多层次的科技投入体系以及监督机制,使财政投入集中在短期内无法实现市场化和产业化的项目上,从而使资金使用价值最大化,以满足公共需要为目的基础性、战略性、全局性的技术进步与技术创新活动。另外,需营造科技进步的良好环境,投入资金健全的农牧业科技服务体系,加快并完善对于西藏基层的科技发展体系,改革科技创新的体制机制,积极引导并组织适用技术在西藏农牧区的广泛推广和应用。[②] 除此之外,加大西藏农牧业的适用型技术的研发和成果转化,带动更多的农牧民通过技术致富。[③]

在以上条件完善的基础上,坚持引进我国中东部地区和先进国家的先进适用技术,比如资源节约型技术以及生化技术等构建科技创新平台。加强对西藏地区的农畜产品质量检测和监管能力,加强现代农牧业生产技术的引进和推广。[④] 加强自主创新与技术攻关,在动植物品种的选育改良以及产品的加工升级等关键技术上有所突破,为西藏农牧业发展提供良好的技术支撑。[⑤] 坚持社会共建,加快技术创新,成果转化和信息服务三大科技平台,进一步加快西藏生态农牧业发展的科研能力、创新水平和服务水平的提高。[⑥]

---

① 乔元忠.对西藏经济社会跨越式发展若干问题的思考[J].中国藏学,2003(3):13-18.

② 杜莉.以跨越式发展态势加快转变经济发展方式[N].西藏日报,2012-09.

③ 杜莉,李亚娟.继续着力推进跨越式发展建设新西藏物质基础[N].西藏日报(汉),2012-06.

④ 苏山.转变发展方式,优化产业结构[N].西藏日报(汉),2011-10.

⑤ 沈开艳,徐美芳.气候变化条件下的西藏特色农业跨越式发展研究[J].西藏大学学报(社会科学版),2012(2):32-39.

⑥ 杜莉,李亚娟.继续着力推进跨越式发展建设新西藏物质基础[N].西藏日报(汉),2012-06.

20

生态环境保护与西藏生态农牧业发展

第一节 资源与生态环境

1992年,联合国环境与发展大会中提到:"人类要生存,地球要拯救,必须协调环境与发展。"自然条件直接关系到生产力系统的效益和运行,是影响生产力布局和规模以及结构的一个决定性因素。[①] 同样,人类的经济发展离不开外部自然环境这个载体,当经济发展的规模和速度超过大自然的生态承受能力时,就会破坏生态系统的正常功能和结构,从而会造成对自然环境的严重破坏。[②] 这种以牺牲环境效益为目的方式会阻碍生产力的发展,并最终降低经济效益。因此,需要正确处理好西藏地区的经济发展与保护生态环境的关系,把经济发展与保护自然环境有机地结合起来,在经济发展的同时,注重控制人口,防灾减灾,保护生态环境,走一条经济、人口、资源和环境相互协调的发展道路;同时,在保护西藏地区生态环境的基础上,实现西藏地区经济的可

---

① 徐春.论生产力尺度与生态尺度的统一[J].北京大学学报(哲学社会科学版),1994(5).

② 雷云飞.跨越式发展及启示[J].延安大学学报(哲学社会科学版),2009(4):28-31.

持续发展。

西藏属于青藏高原主体,位于祖国的西南边陲。西藏土地资源丰富,土地总面积120多万平方公里;西藏湖泊面积最大,河流众多、水资源极为丰富;[①] 西藏作为我国第二大林区,全区林地面积达到 10 754.93 万亩,同时拥有较好的生物资源;此外,木材积蓄量极其丰富,多达 17.03 亿立方米。西藏药物资源很丰富,目前已知的药用植物有 1 000 多种;西藏具有丰富的水能、地热、太阳能、风能等的能源资源;除此之外,西藏是全球重要的生物物种基因库和生物多样性保护重点地区,野生动物动物资源丰富。

第二节 生态环境变化与保护

然而,在推动西藏地区经济可持续发展过程中,生态环境发展已成为制约其发展的重要因素,资源环境与社会发展的矛盾日益突出。主要存在的问题如下:

首先,西藏地域辽阔,实有土地面积约为 1.2 亿公顷,但是由于西藏的生态环境比较脆弱,草原沙漠化、荒漠化呈蔓延趋势,土地面积减少,实有耕地面积约占全区土地总面积 0.1938%。[②] 另外,近年来西藏耕地和林地近年变化如图 20-1、图 20-2 及图 20-3 所示。

从图 20-1 可以看出,2000—2010 年,西藏年末实有耕地总面积一直在减少,从 230.85 千公顷减少到 229.53 千公顷,2010—2012 年处于增加状态,从 229.53 千公顷增加到 2012 年的 232.57 千公顷,增加十分缓慢,增速比较慢;当年减少耕地面积 2000—2003 年减少较快,其中,2003 年减少最多,为 6.22 千公顷,2004 年减少耕地面积 4.03 千公顷,2005 年以后耕地减少面积逐渐放缓,每年减少耕地面积在 1 000 公顷左右。从中也可以看出,西藏地区的耕地面积增加速度小于减少速度。

---

① 袁新涛.西藏跨越式发展和长治久安的路径探析[J].太原理工大学学报(社会科学版),2012(4).

② 沈开艳,徐美芳.气候变化条件下的西藏特色农业跨越式发展研究[J].西藏大学学报(社会科学版),2012(2):32-39.

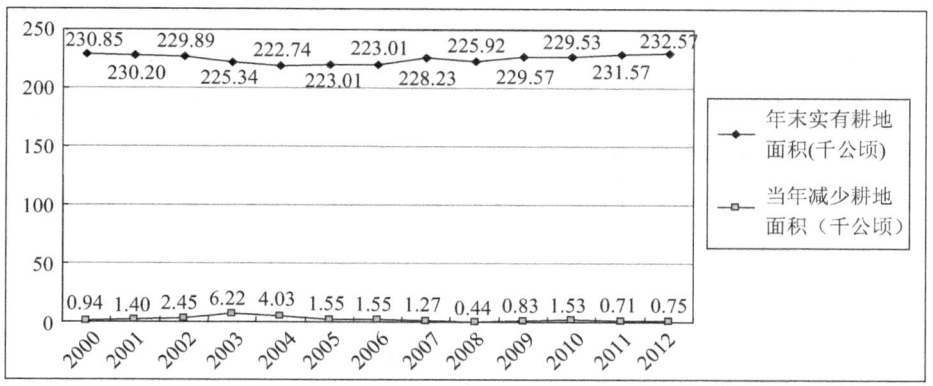

图 20-1　年末实有耕地面积与当年减少耕地面积变化情况

数据来源:《西藏统计年鉴(2013)》,中国统计出版社 2013 年版。

图 20-2 和 20-3 显示了西藏造林情况以及农村竹木采伐变化情况。

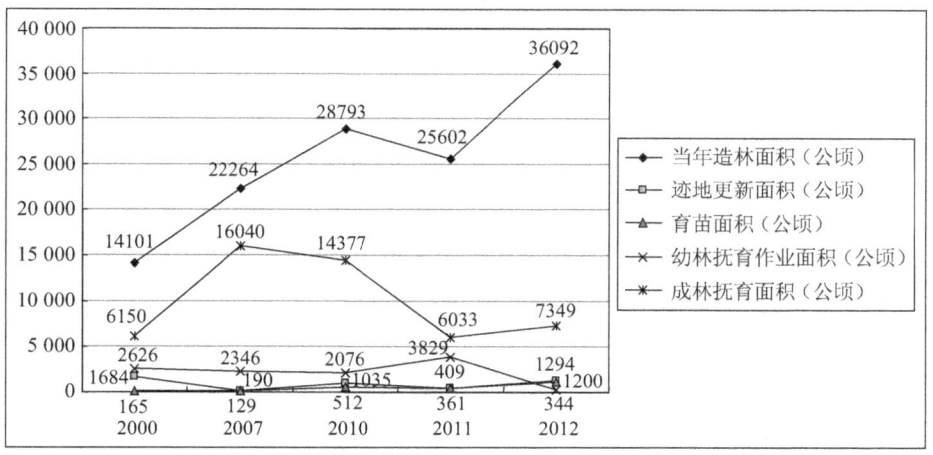

图 20-2　西藏造林变化情况

数据来源:《西藏统计年鉴(2013)》,中国统计出版社 2013 年版。

从图 20-2 可看出西藏造林变化情况。2000—2010 年以来当年造林面积一直处于增加状态,而且增加得比较快;成林抚育面积在 2000—2007 年快速增加,从 6 150 千公顷增加到 16 040 千公顷,2007—2010 年减少,从 16 040 千公顷减少到 14 377 千公顷,2010—2011 年减少最快,从 14 377 千公顷减少到

6 033千公顷,2011—2012年有所增加,从6 033千公顷增加到7 349千公顷;迹地更新面积自2000年以来增加时而减少,而且变化不大,基本保持恒定值;育苗面积自2000年以来也始终处于基本不变状态;幼林抚育作业面积在2000—2011年总体上是增加的,但是在2011—2012年却以相对较大的幅度减少。

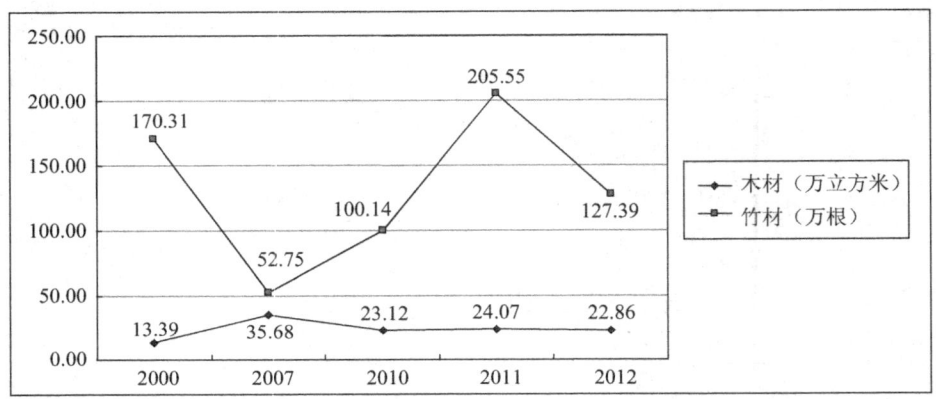

图20-3 西藏农村竹木采伐情况

数据来源:《西藏统计年鉴(2013)》,中国统计出版社2013年版。

图20-3显示了西藏农村竹木采伐情况,其中,木材采伐从2000年以来变动幅度较大,2000—2007年,木材采伐骤然减少;2007—2011年,木材采伐又持续增加,采伐量高于2000年的最高值;2011—2012年,木材采伐量有所下降,但是仍旧处于较高位置。竹林采伐情况从2000—2007年有所增加,2007—2012年竹材采伐量有所下降,但是仍旧高于2000年以前最低值。从西藏造林以及竹木采伐情况中可看出,西藏林地面积相对而言总体在减少,这是西藏土地荒漠化的重要原因。

同时,西藏草原退化、沙漠化比较严重。虽然在西藏的畜牧业生产中草地畜牧业占有重要地位,然而由于牧区高寒地带草场生长环境恶劣,牧场生长期仅为3～5个月,但是对以牧业作为主要产业的地区而言,超载放牧是一种普遍现象,因此,西藏的草场沙化、退化的现象比较严重。

其次,山体滑坡、泥石流、雪崩等自然灾害频繁,大面积植被毁坏。西藏大部分地区全年气温较低,温差较大,干湿分明;地区每年降水量在74.8至

901.5毫米之间,分布极为不均,由东南向西北递减,而且,6月至9月的降水量占据全年总降水量的80%至90%[1]。每到春秋季节风起沙飞,高山和河谷地带的植被被破坏。藏南农区平均每年发生冰雹灾害6～12次,低温霜冻在海拔4 000米以上的农牧区时常发生,除了给农作物带来毁灭性的打击外,也会影响农作物的正常成熟期。除此之外,由于自然条件以及投资不足,拉萨河中下游滩地以及雅鲁藏布江中上游等地治理缓慢,行洪分散,裸露沙地面积扩大。因此,气候等自然条件的恶劣性也是西藏地区荒漠化以及沙漠化的原因。

另外,由于西藏地区地广人稀,人均占地面积较大,很多基础设施建设不完善,公路等级低,而且大部分为砂石路面,有些乡村甚至因此而长期与外界没有联系,交通不便使得部分村落处于完全封闭状态,生产资料供应困难,生活也不方便。而且,大部分地区以畜粪、植物秸秆、树木为燃料,植被因过量采集遭到破坏,没有替代的能源。因此,由于人们生活环境以及条件等各方面带来的荒漠化以及沙漠化现象也逐渐显现。

通过对西藏生态农牧业发展和生态环境的数据分析可知,迫切需要正确处理生态环境保护与西藏生态农牧业发展之间的关系,实现西藏地区自然资源的可持续利用,对西藏地区经济发展以及全国都具有重要的意义。

西藏地区的发展需统筹生态环境保护和经济建设等各方面的协调发展,以实现西藏经济发展和生态系统的良性循环。[2]

综合以上分析可知,为了处理好西藏生态保护与农牧业发展的关系,可采取以下措施:

(1)走可持续发展之路,就必须牢固树立生态环保的理念。西藏农牧业发展的基础设施较为薄弱,自然条件差,加上自身抵御自然灾害的能力差,因此,粮食产出水平低。[3] 为此,西藏需要将经济发展和改善生态环境相结合,提高西藏中部农业主产区的生产率和土地利用率,使支撑农作物生长的自然条件

---

[1] 沈开艳,徐美芳.气候变化条件下的西藏特色农业跨越式发展研究[J].西藏大学学报(社会科学版),2012(2):32-39.

[2] 普布次仁.推进进西藏跨越式发展和长治久安的重大战略决策[J].西藏日报,2010(2).

[3] 格桑卓玛.改革开放30年来西藏经济的发展之路[N].中国民族报,2008(6).

得到有效改善。

（2）加大政府投资力度，改善气候等自然条件限制。在农业发达地区和农牧民聚居区等重点区域，加大环境综合治理力度；通过科学经营，改变传统的牧业经营方式，严禁超载放牧；加快中幼林抚育，建设重点区域生态公益林，支持苗圃基地建设，大力开展公路、铁路、河谷、城镇周边、村庄四旁的植树造林活；鼓励个人和企业承包荒山、荒地、荒滩开发造林；鼓励单位和个人加大植树种草，加大投入，绿化高原；大力实施野生动植物保护区建设、防护林体系建设、实施防沙治沙、水土流失治理等工程。同时，加大资金和人力的投入，有计划的治理地质灾害，改善生态环境。

（3）加快建立西藏地区生态补偿的长效机制。建立草原、森林、湿地等资源开发和生态效益补偿机制；加大中央财政对重点生态功能区均衡性转移支付政策，加大以及提高对自然保护区、重要矿产资源所在地、生态功能区的财政补贴力度和标准；严格建设项目环境影响和开发建设规划的评价，严格林地征占用审批，依法保护林地；开展固定资产投资项目的节能评估和审查；加大对资源开发的执法监管力度，建立健全监测制度、节能减排的考核体系以及组建相应的监察机构；同时，建立和健全对于污染事故和重大环境事件的责任追究制度。①

在生态保护与西藏生态农牧业发展问题上，加快实施西藏生态安全屏障保护与建设规划，借鉴和吸收发达国家在生态环境和经济发展领域的成熟经验和技术，正确处理西藏生态环境保护与农牧业发展的关系，力争生态保护与西藏生态农牧业的可持续发展。

---

① 西藏自治区"十二五"时期国民经济和社会发展规划纲要[N].西藏日报（汉），2011-02.

第五篇　参考文献[①]

[1]中华人民共和国科学技术部.关于进一步加强科技援藏工作的若干意见[J].西藏科技,2005(8).

[2]欧珠.坚持和落实科学发展观是新时期西藏经济社会跨越式发展的必由之路[J].西藏发展论坛,2009(1):25-28.

[3]西藏自治区"十二五"时期国民经济和社会发展规划纲要[N].西藏日报(汉),2011-02.

[4]沈开艳,徐美芳.气候变化条件下的西藏特色农业跨越式发展研究[J].西藏大学学报(社会科学版),2012(2):32-39.

[5]对口援藏工作座谈会召开,习近平谈"五个始终"国内聚焦,http://www.mzyfz.com.

[6]吴楚.中央政府西藏工作方略的丰富和发展——中央第五次西藏工作座谈会精神管窥[J].统一论坛,2011(12).

[7]西藏自治区"十二五"时期国民经济和社会发展规划纲要——百度文库,互联网文档资源,http://wenku.baidu.com.

[8]鄢杰.民族地区经济跨越式发展研究[D].成都:四川大学,2004.

[9]伍艳.西部开发的资本形成机制研究[J].西南民族大学学报(人文社科版),2004(6).

[10]陈志远.我国藏族自治州经济社会发展的战略机遇与路径选择[J].甘肃金融,2010(4).

[11]刘洋.浅析经济增长中的技术进步与制度创新[J].现代商业,2010(9).

[12]乔元忠.对西藏经济社会跨越式发展若干问题的思考[J].中国藏学,2003(3):13-18.

[13]多项措施协调推进,促农牧区跨越式发展[N].西藏日报(汉),2011-01-13.

[14]徐伍达,杨亚波等.从传统迈向现代.西藏农村经济60年回顾与展望[J].中国藏学,2013(5).

[15]杜莉.以跨越式发展态势加快转变经济发展方式[N].西藏日报,2012-09.

[16]杜莉,李亚娟.继续着力推进跨越式发展建设新西藏物质基础[N].西藏日报(汉),2012-06.

---

①　参考文献按论文中章的先后排列。

[17]苏山.转变发展方式,优化产业结构[N].西藏日报(汉),2011-10.

[18]徐春.论生产力尺度与生态尺度的统一[J].北京大学学报(哲学社会科学版),1994(5).

[19]雷云飞.跨越式发展及启示[J].延安大学学报(哲学社会科学版),2009(4):28-31.

[20]袁新涛.西藏跨越式发展和长治久安的路径探析[J].太原理工大学学报(社会科学版),2012(4).

[21]杜恩社,郑有业.藏自然资源产业化开发战略探讨[J].资源科学,2008(7).

[22]孙新章.新时期西藏农牧业跨越式发展的战略思路与重点科技领域[J].中国软科学,2007(12):106-111.

[23]普布次仁.推进进西藏跨越式发展和长治久安的重大战略决策[N].西藏日报,2010-02.

[24]格桑卓玛.改革开放30年来西藏经济的发展之路[N].中国民族报,2008-05.

| 第六篇 |

计量分析

21 西藏农业经济增长影响因素的实证分析[①]

第一节 研究背景

自 1951 年西藏和平解放之后,经过几十年的努力,西藏在农业各方面都取得了较大的发展,如图 21-1 所示,1990 年西藏全区农业生产总值仅为 14.10 亿元,占地区生产总值的 50.9%;到 2012 年西藏全区农业生产总值为 80.38 亿元,占地区生产总值的 11.5%,农业生产总值增加了 4.7 倍。农产品供应多样化,满足了市场多样化的需求。1990 年时西藏农业机械总动力只有 45.40 万千瓦,2012 年达到了 464.95 万千瓦,增加了 9.2 倍。耕地有效灌溉面积和农用化肥施用折纯量也都有了长足的进步。不但初步解决了农业人口的衣食问题,每年还为城镇市场提供大量的粮食、畜产品、蔬菜、瓜果、禽、蛋等,担负起了满足城镇居民生活资料供应的重任。

---

① 本章内容曾在《西藏民族学院学报》2015 年第 2 期公开发表。

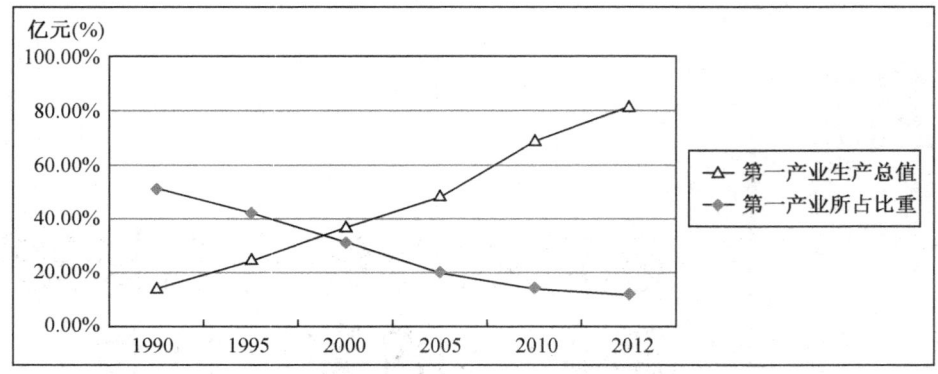

图 21-1　西藏第一产业生产总值及所占比重变化示意图

数据来源:《西藏统计年鉴(1991—2013)》,中国统计出版社 2013 年。

第二节　模型的设定

我们知道在技术水平一定的情况下,影响生产的产出量的因素可以分为资本和劳动两大类,经济学中运用生产函数来表示它们之间的关系。生产函数中最常见的是柯布—道格拉斯生产函数,其一般形式如下:

$$Y(K,L)=AK^{\alpha}L^{\beta} \tag{21-1}$$

式中,A 为代表技术状态的变量;K 为资本;L 为劳动;α 为资本的弹性;β 为劳动力的弹性。种植业在实际生产过程中影响产出 Y 的因素有很多,因此我们重新定义柯布—道格拉斯生产函数如下:

1.存在一组变量 $X_i=X_1,X_2,X_3,\cdots X_n(i=1,2,3\cdots\cdots n)$,分别表示影响生产的各种投入要素,如耕地有效灌溉率、农业劳动力、化肥施肥率等;

2.此时存在一种理想的包含所有影响因素的柯布—道格拉斯生产函数可以表示为:

$$Y(X_1,X_2\cdots X_n)=A\prod_{i=1}^{n}X_i^{\beta_i} \tag{21-2}$$

事实上,我们可以将函数(21-2)看作是多影响因素下柯布—道格拉斯生产函数的一般形式,而函数(21-1)则是在 $i=2$ 时,函数(21-4)的特例。β_i 是个影响因素的弹性,如果$\sum \beta i > 1$在说明存在规模经济,如果$\sum \beta i = 1$则说明规模报酬不变,如果$\sum \beta i < 1$则说明规模报酬递减。由于该函数形式比较复杂,难以通过经济计量方法进行回归建模,因此需要对(21-2)式进行一些技术处理,在(21-2)基础上对方程两边取对数处理,得到如下函数形式:

$$Log(Y) = Log(A) + \sum_{i=1}^{n} \beta_i Log(X_i) + u \qquad (21-3)$$

式中u为残差项,也称随机误差项,是由设定模型之外的因素产生的影响。本书按照(21-3)式模型进行计量回归。

第三节 数据选择及建模

笔者考虑到西藏统计数据收集情况,并结合建模过程中进行各种检验时所需数据样本容量和自由度,选取样本区间为1990—2012年。考虑到西藏统计年鉴中统计项目,笔者选择影响农业生产总值的解释变量有:

loa:农业劳动者密度:统计年鉴中没有直接统计数据,由从业人员数/种植面积计算得出(人/公顷)

tpm:农业机械化程度:以农业机械总动力数表示(万千瓦)

eif:耕地灌溉情况:耕地有效灌溉率,统计年鉴中没有直接统计数据,由有效灌溉面积/种植面积计算得出(%)

cf:化肥施用量:农用化肥施用折纯量(万吨)

agdp:西藏农业生产总值:农业生产总值(亿元)

将西藏农业生产总值作为被解释变量,解释变量有农业劳动力、农业机械化程度、化肥施用量、耕地有效灌溉率,本书所使用数据均来自于《西藏统计年鉴(2013)》。考虑到农作物种植有着季节性和周期性的特点,因此化肥使用量在建模过程中影响滞后一期,按照(21-3)式建立回归模型如下式:

$$\log(agdp)(dp) = \log(c) + \beta_1 \log(loa) + \beta_2 \log(tpm) + \beta_3 \log(cf(-1)) + \beta_4 \log(eif) + u \qquad (21-4)$$

使用Eviews 8.0对数据进行回归建模,结果如下:

表 21-1　种植业经济影响因素建模回归结果

Variable	Coefficient	t-Statistic	Prob.	方程统计指标	值
C	14.66041	10.73349	0.0000	R-squared	0.934048
LOG(loa)	−2.818399	−2.869656	0.0106	Adjusted R-squared	0.918530
LOG(tpm)	0.424166	2.457980	0.0250	F-Statistic	60.19059
LOG(eif)	0.858021	4.613353	0.0002	Prob(F-Statistic)	0.000000
LOG(cf(−1))	0.174226	0.679709	0.5058	Durbin-Watson stat	1.459556

从表 21-1 中可以看出,解释变量农业劳动者密度的 t 检验在 5% 显著性水平下显著,因此其系数不为 0。可以看出农业劳动者密度和农业生产总值之间有很强的负相关关系,在其他条件不变的情况下,农业劳动者密度增加 1%,则农业生产总值减少 2.81%;解释变量农业机械化程度的 t 检验在 5% 显著性水平下显著,并且和农业生产总值之间正相关,在其他条件不变的情况下,农业机械化程度即农用机械总动力提高 1%,则农业生产总值可以提升 0.42%;解释变量耕地灌溉情况的 t 检验在 1% 显著性水平下显著,其和农业生产总值之间正相关,在其他条件不变的情况下,耕地有效灌溉率提高 1%,则农业生产总值提高 0.86%;解释变量化肥施用折纯量没有通过 t 检验,说明其系数有很大的可能性为 0,即化肥施用折纯量对农业生产总值没有显著的影响。

表 21-2　回归方程的一阶 LM 检验

F-Statistic	0.807341	Prob.F(1,10)	0.3822
Obs * R-squared	1.056770	Prob.Chi-Square(1)	0.3040

为进一步检验模型设定是否存在偏误,用一阶 LM 检验模型来检验是否存在序列相关问题,结果如表 21-2 所示。卡方统计量为 1.0567(LM 检验),对应的 P 值为 0.3040,不存在序列相关性。模型运用普通最小二乘法回归,因此需要检验模型是否存在异方差,如果存在异方差则模型的参数估计将是非有效的,解释变量的显著性检验也将失去意义。对模型进行 White 检验结果如表 21-3 所示,White 检验的卡方统计量结果为 17.3086,对应的 P 值为 0.2401,因此模型不存在异方差,各解释变量系数估计及显著性检验有效。

表 21-3　回归方程的 White 检验

F-Statistic	1.844718	Prob.F(14,1)	0.2108
Obs * R-squared	17.30860	Prob.Chi-Square(14)	0.2401
Scaled explained SS	8.327007	Prob.Chi-Square(14)	0.8716

第四节　结果分析

1.农业劳动力

根据国家统计局网站所公布数据计算获知,2012年全国农村人口占总人口的比重为47.43%,同年西藏农牧区人口占全区总人口的77.27%,比全国平均水平高出近30个百分点[①]。2012年全国农作物种植总面积为163 415.67(千公顷),同年西藏的农作物种植总面积仅为243.95(千公顷),占全国农作物种植总面积的1.49‰。经计算2011年全国单位耕地上的劳动力数量为2.47人,同年西藏单位耕地上的劳动力数量为5.40人,尽管西藏农牧区人口中没有纯粹的农民,都是半农半牧或纯牧民,但是西藏单位耕地上的劳动力数量高于全国平均水平却是显不争的事实。由此可知,西藏农业劳动力处于过剩状态。当耕地数量一定时,劳动的边际产量递减,当劳动力数量过多发生拥挤时,增加一单位的劳动力反而会是产出减少,这就解释了为何模型中劳动力密度和农业生产总值有着显著的负相关关系。

2.机械化程度

农业生产很大程度上受到时令、气象等因素的影响。农业机械的推广和使用可以帮助农民提高劳动效率,效率的提高可以使劳动者在农忙时节更快地完成农业劳动,可以在天气变化或其他影响因素发生前抢种抢收等,降低损失。机械化程度的提高也降低劳动强度,使得农民有精力开垦更多的耕地,从而使得农业生产总增加。

---

① 国家统计局网站,http://www.stats.gov.cn/.

3.耕地有效灌溉率

农业生产是一个自然在生产的过程,其生产过程和产品产量同周围的自然环境有着十分密切的关系,光照、水、土壤等自然条件的优劣都会对农业产生影响,西藏特殊的地理环境,高海拔、昼夜温差大、光照强等都会对当地农业生产有所影响。而耕地有效灌溉率的高低可以直接决定农作物的生长状态,较高的灌溉率可以使得农作物得到较高的收成。因此,耕地有效灌溉率的增长对农业生产总值的增长有着很强的促进作用。

4.化肥施用量

化肥的施用本应对农业经济的增长有着较大的促进作用,但是从模型结果看其对经济增长的促进效果并不理想,可能是因为如下原因:(1)氮、磷、钾施用比例、结构不合理,使得化肥施用量虽大,但增收效果不明显;(2)施肥方法不科学,不利于农作物对化肥的吸收;(3)对微量元素重视不足,施肥过程中普遍重视氮、磷、钾这些农作物生长过程中大量需要的元素,而对微量元素的重视不够,农作物只能从土壤中获取,这也在一定程度上起着制约作用。

第五节　对策建议

1.提高农业机械化程度

西藏地处世界第三极,自然环境极其恶劣,经济发展落后,农牧民人均收入低,因此导致了农牧民对农业机械的购买力不足。政府应该结合西藏各地区实际情况加大农业机械化的扶持力度,为农牧民购买农用机械进行补贴。同时,调控农用机械配置结构,使得运输机械、作业机械、动力机械配置结构比例合理化。提升农业机械化作业水平,建立农业机械化示范区,进而实现西藏农业的机械化和规模化经营。

2.建设农业水利设施

首先,西藏东南部地区水资源极其丰富,但是调控能力不足,应当集中力量建设一批跨越式的有针对性的水利工程,为经济社会的发展提供支持和保障作用。其次,由政府牵头组织,农牧民积极参与对灌溉设施进行维护和修复改造,同时在有需要的地区建设新的机井、泵站等灌溉基础设施。最后,积极探索能够提高灌溉水有效利用率的方式和农田水利设施长期维护的途径,进而切实改善农牧民的生产环境。

3.建设农业服务平台

建立一支农业科技服务队伍,培养一批农业科技人才,在西藏各地建立农业科技服务站。给农牧民提供农业技能培训和农业科技服务,指导农牧民科学种植,合理施肥,帮助农牧民解决实际生产过程中遇到的困难和问题。

22 西藏生态农业发展的技术选择[①]

第一节 研究背景

西藏高原地处世界屋脊,拥有世界上最特殊的生态系统,是我国和亚洲其他国家共同的生态安全屏障,在亚洲地区和全球生态环境保护中具有重要的战略地位。同时,受特殊的高原气候影响,西藏生态系统非常脆弱,一旦被破坏,将严重影响西藏人民的生产生活环境,威胁到国家的战略生态安全。

中央第五次西藏工作座谈会指出,坚持把生态环境保护作为西藏经济建设的基础,正确处理生态环境保护和经济发展的关系,促进生态保护和农业生产的协调发展,实现西藏生态环境的良性循环。《西藏自治区"十二五"时期国民经济和社会发展规划纲要》指出,必须按照优质、高产、高效、生态、安全的原则,推进西藏生态农业的发展。

因此,西藏生态农业发展怎样利用本地区独特的资源要素禀赋优势来跨越自然资源消耗大和生态环境破坏严重的发展阶段,怎样在加快现代科学技术推广的同时加强西藏高原特有的传统农业经验技术的传承和利用是很重要的研究课题。

---

① 本章内容曾在《西藏研究》的 2014 年第 5 期公开发表。

第二节 理论分析和研究假设的提出

1、理论分析

在如何推动我国农业从传统农业向现代生态农业转型的研究中:卞有生(2000)[①]认为,中国生态农业应该是在吸收中国传统农业生产经验技术精华的同时,因地制宜地导入现代农业科学技术的优点而形成的一种具有中国特色的农业发展模式。

尚正永(2005)[②]提出,现代生态农业的发展要重视生态系统的整体协调性,要使环境保护和农业生产同步发展,要保证经济效益、社会效益和生态效益的全面提升。因此,在推动西藏农业的生态化发展中,必须按照西藏的生态环境特点来建立稳定长效的生态农业发展机制,必须遵循经济效益和生态效益同步提高的规律。

生态农业发展问题,实质上是一个新型产业的发展问题。在近年的产业发展理论研究中,内生经济增长理论成为主流。其中,罗默(Romer:1986)提出的中间生产要素种类的扩大所带来的技术外溢效应能推动经济持续增长,而卢卡斯(Lucas:1988)认为人力资本的积累能提高劳动生产率。此外,White and Wade(1988)指出政府的扶持和指导对加快新型技术的推广和利用有一定的积极作用。

因此,加强从内生经济增长的角度来分析西藏生态农业发展是很有必要的。但是,这方面的研究、特别是实证研究很少,本文将填补这方面的研究。

2、研究假设的提出

根据以上理论和模型的分析,本文提出以下研究假设:

研究假设1:传统农业经验技术的合理利用能有效地提高现代农业科学技术成果的生产效率。

---

① 卞有生.国内外生态农业对比——理论与实践[M].北京:中国环境科学出版社,2000.

② 尚正永.河西地区生态农业产业化研究[J].呼和浩特:干旱区资源与环境,2005(19):47-50.

研究假设 2：现代化的农业生产工具的使用和推广对提高西藏农牧户的农业生产技术水平起到积极作用。

研究假设 3：现代农业生产方式的推广能有效地提高西藏农业的生产力水平。

第三节 计量分析模型的建立

根据以上理论分析和研究假设，考虑到西藏生态农业发展受多种因素的影响，本文把卢卡斯模型和罗默模型的特点结合起来，在重视中间生产要素的技术外溢效应和人力资本积累效应等因素对保持经济持续增长作用的内生经济增长理论的基础上，同时考虑到现代农业科学技术、传统农业经验技术、现代农业生产方式、生态环境保护和政府的扶持政策等因素对经济增长的作用，建立以下研究西藏生态农业发展的理论模型。

假设西藏生态农业发展的计量分析模型适合柯布—道格拉斯生产函数，则农作物的生产可以表示为：

$$Q_{it}=AL_{it}^{\beta_1}K_{it}^{\beta_2} \quad (22-1)$$

模型（22-1）中，Q_{it} 表示 i 农牧户 t 年的农作物总产量，用青稞、小麦、玉米、高原油菜、马铃薯和其他蔬菜的产量之和表示；L_{it} 表示 i 农牧户 t 年的农业生产的劳动力投入量，用农牧户的农业劳动力人数表示；K_{it} 表示 i 农牧户 t 年的农业生产的资本投入量，用农作物的种植总面积表示。在此，对模型 1 两边取自然对数可以得到以下线型计量分析模型（22-2）：

$$\ln Q_{it}=\ln A+\beta_1\ln L_{it}+\beta_2\ln K_{it}+\varepsilon_{it} \quad (22-2)$$

由于农作物产量增长是许多因素共同作用的结果，在西藏农业生产领域中现代农业科学技术和传统农业经验技术是影响农业生产的重要因素。同时，现代农业科学技术和传统农业经验技术的合理使用对农业生产和生态环境保护的影响更为深远。在此，本书把西藏传统农业生产中使用最多的"粪类肥料"（D_{it}）作为传统农业经验技术的代理变量，把中间生产因素的"化学肥料"（C_{it}）使用量作为现代农业科学技术的代理变量，把传统农业经验技术的合理使用对现代农业科学技术的使用效率提高用 $\ln C_{it}$ 和 D_{it} 的交叉项（$\ln C_{it} \cdot D_{it}$）来表示。在以上的线型计量模型（22-2）中加入 $\ln C_{it}$、D_{it} 和 $\ln C_{it} \cdot D_{it}$

项以建立线型计量分析模型(22-3),模型(22-3)可以表示为:

$$\ln Q_n = \ln A + \beta_1 \ln L_{it} + \beta_2 \ln K_{it} + \beta_3 \ln C_{it} + \beta_4 D_{it} + \beta_5 \ln C_{it} \cdot D_{it} + \varepsilon_{it} \qquad (22\text{-}3)$$

此外,现代农业科学技术的推广能有效地提高农牧户对现代农业科学技术的掌握程度,农业技术掌握程度的提高将推动农业生产的发展。本书把"农业技术掌握程度"(T_{it})作为农牧户的农业生产技术水平的代理变量进行分析,现代农业生产工具的"农用机械"(M_{it})作为现代农业科学技术的代理变量,现代农业生产工具的使用对农业生产技术水平的提高用"农业技术"(T_{it})和"农用机械"(M_{it})的交叉项($T_{it} \cdot M_{it}$)来表示。在以上的分析模型(22-2)中加入这项交叉项($T_{it} \cdot M_{it}$)建立线型计量分析模型(22-4),模型(22-4)可以表示为:

$$\ln Q_n = \ln A + \beta_1 \ln L_{it} + \beta_2 \ln K_{it} + \beta_3 T_{it} + \beta_4 T_{it} \cdot M_{it} + \varepsilon_{it} \qquad (22\text{-}4)$$

另一方面,在西藏农业生产领域中,政府的农业扶持政策对现代农业生产方式的发展起到重要的推动作用,同时考虑到现代农业生产方式的推广对经济社会效益和生态效益的提高,本文把的"大棚种植($\ln H_{it}$)"作为现代农业生产方式的代理变量来进行分析。在以上的分析模型(22-2)中,作者加入($\ln H_{it}$)项建立线型计量分析模型(22-5),模型(22-5)可以表示为:

表 22-1 变量的说明

被解释变量	含义
$\ln Q$	农牧户 1 年的青稞、小麦、玉米、高原油菜、马铃薯和其他蔬菜总产量的自然对数(公斤)
解释变量	
$\ln L$	农牧户的农业劳力人数的自然对数(人)
$\ln K$	农牧户 1 年的农作物种植总面积的自然对数(亩)
T	农牧户的农业技术掌握程度(高为5,中为3,低为1)
$\ln C$	农牧户 1 年的化学肥料使用数量的自然对数(公斤)
M	农牧户拥有的农用机械数量(台)
D	农牧户 1 年的粪类肥料使用量(多为3,少为1,无为0)
$\ln H$	农牧户 1 年的大棚种植面积的自然对数(亩)
$\ln C \cdot D$	$\ln C$ 和 D 的交叉项
$M \cdot T$	M 和 T 的交叉项

$$\ln Q_n = \ln A + \beta_1 \ln L_{it} + \beta_2 \ln K_{it} + \beta_3 \ln H_{it} + \varepsilon_{it} \tag{22-5}$$

在以上计量模型中，ε_{it} 表示随机扰动项，β_1、β_2、β_3、β_4、β_5 为估计参数，被解释变量和解释变量的含义说明如表 22-1 所示。

第四节 问卷调查的实施与数据的说明

为了使用以上模型分析对研究假设进行论证，需要相应的数据；而西藏由于独特的地理条件和自然环境，加之统计工作落后，相关统计数据严重不足。为此，本文采用广范围的问卷调查以获取相关数据。

问卷调查起始于 2012 年 7 月，调查范围分布西藏 5 个地区 21 个县共计 41 个村，被调查的农牧户为 193 户。这 21 个县分别是：拉萨市的 2 个县（尼木县、曲水县），昌都地区的 1 个县（芒康县），林芝地区的 2 个县（林芝县、米林县），山南地区的 4 个县（乃东县、曲松县、洛扎县、琼结县），日喀则地区的 12 个县（日喀则市、江孜县、谢通门县、仁布县、南木林县、昂仁县、康马县、萨迦县、白朗县、拉孜县、亚东县、定日县）。在这些被调查的 193 户农牧民家庭中，藏族农牧民为 189 户，占被调查农牧户总数的 97.93%；珞巴族等其他少数民族农牧民为 4 户，占被调查农牧户总数的 2.07%。在所有被调查农牧民中，没有汉族农牧民。

参与此次问卷调查的调查员均为藏族和珞巴族学生，他们出生于西藏不同区县，精通汉语和藏语，具有大学本科以上学历，熟悉当地的风俗习惯和农业生产情况，与被调查的农牧户有着良好的合作关系，所获得的数据真实可信。而且，在问卷调查实施之前，作者对调查员进行了系统的培训，对问卷内容进行了详细说明和填写指导，使调查员对问卷内容充分理解，调查结果可信高。

此次问卷调查涉及上述地区农牧户的农作物产量、农作物种植面积和农业劳动力人数等 20 项关于农牧户一年中的农业生产情况；具体包括：有反应西藏农牧户的农业劳动力投入量的"农业劳动力人数（人）"，有说明农作物产量的"青稞产量（公斤）"、"小麦产量（公斤）"、"玉米产量（公斤）"、"高原油菜产量（公斤）"、"马铃薯产量（公斤）"和"其他蔬菜产量（公斤）"，有说明农作物种植面积的"青稞种植面积(亩)"、"小麦种植面积(亩)"、"玉米种植面积(亩)"、"高原油菜种植面积(亩)"、"马铃薯种植面积(亩)"和"其他蔬菜种植面积(亩)",有代表农业生产技术水平的"农牧户的农业技术掌握程度(高,中,低)",有表示现代农业生产工具的"农牧户拥有农用拖拉机(台)"、"农牧户拥有播种机(台)"和"农牧户拥有收割机(台)",有说明化学肥料使用情况的"化学肥料使用数量(公斤)",有代表传统农业经验技术的"粪类肥料使用(多,少,无)"。

本书从以上被调查的5个地区共计41个村、193户的抽样调查结果中获得了其中38个村162户的完全对称样本数据,样本数据跨度期为3年(2009—2011年),共计486组。样本数据具有显著的差异性和代表性,能够满足实证研究的要求。

第五节 计量分析结果及解释

为了对以上研究假设进行论证,本书使用计量分析模型22-3、22-4和22-5对本次问卷调查取得的样本数据进行分析。由于样本数据为完全对称的面板数据,本文使用面板数据模型分析法对这些数据进行计量分析,同时使用Hausman检验来验证个体效应是随机的还是固定的。

使用计量模型22-3对以上样本数据进行Hausman检验,检验结果表明(如表22-2所示):卡方统计量CHISQ(5)为10.196,接受原假设的概率为0.067,因此在10%的显著性水平下拒绝原假设,即固定效应模型的检验结果被利用;回归判定系数的修正R^2等于0.943,因此计量模型22-3整体拟合程度处于高水平。

此外,$\ln L_{it}$的系数值具有正的实际意义且在10%的显著性水平下有统计显著性,$\ln K_{it}$的系数值为正且在1%的显著性水平下有统计显著性。

但是,$\ln C_{it}$和D_{it}的系数值都不具有实际意义的统计显著性,交叉项$\ln C_{it} \cdot D_{it}$的系数值也没有实际意义的统计显著性。这表明粪类肥料的使用对提高化学肥料的生产效率影响不强,即传统农业经验技术的利用对现代农业科学技术成果的生产效率的提高影响有限。

表 22-2 模型 22-3 基于 Hausman 检验的计量分析结果

被解释变量:lnQ

解释变量	Coef.	Std. Err.	T-value	P-value
$\ln L$	0.342	0.189	1.814	0.071*
$\ln K$	0.549	0.139	3.961	0.000*
$\ln C$	0.076	0.111	0.679	0.497
D	−0.084	0.128	−0.652	0.515
$\ln C \cdot D$	0.032	0.025	1.241	0.215

CHISQ(5)=10.196,P-value=0.067(Fixed Effects)

Adjusted R-squared=0.943

Number of Sample=486

说明:***、**、* 分别表示1%、5%、10%显著性水平。

如何推动西藏传统农业经验技术因地制宜地使用,以提高现代农业科学技术成果的生产效率是今后应加强研究的课题。因此,在这里研究假设1不成立。

使用计量模型22-4对以上样本数据进行Hausman检验的结果表明(如表22-3所示):卡方统计量CHISQ(5)为6.467,接受原假设的概率为0.167,因此在10%的显著性水平下不能拒绝原假设,即计量模型22-4应当接受原假设,使用随机效应模型的检验结果;回归判定系数的修正R^2等于0.501,因此计量模型4整体拟合程度处于相对合理水平。

表 22-3 模型 4 基于 Hausman 检验的计量分析结果

被解释变量:lnQ

解释变量	Coef.	Std. Err.	T-value	P-value
$\ln L$	0.221	0.112	1.973	0.048**
$\ln K$	0.748	0.061	12.238	0.000***
T	−0.042	0.032	−1.333	0.182
$T \cdot M$	0.029	0.008	3.649	0.000***
CONS	5.52	0.207	26.61	0.000***

CHISQ(5)=6.467,P-value=0.167(Random Effects)

Adjusted R-squared=0.501

Number of Sample=486

说明:***、**、* 分别表示1%、5%、10%显著性水平。

模型22-4的解释变量$\ln L_{it}$和$\ln K_{it}$的系数值分别在5%、1%的显著性水平下具有正的实际意义的统计显著性。另一方面，T_{it} 的系数值没有显现正的实际意义的统计显著性；然而，$T_{it} \cdot M_{it}$ 项的系数值在 1% 的显著性水平下显现了正的实际意义的统计显著性。这表明在西藏农业生产领域中，农用机械的推广对农牧民的农业生产技术水平的提高起到积极作用，研究假设 2 成立。

模型 22-5 的 Hausman 检验结果表明（如表 22-4 所示）：卡方统计量 CHISQ(5) 为 1.981，接受原假设的概率为 0.576，因此在 10% 的显著性水平下不能拒绝接受原假设，即随机效应模型的检验结果被采用。模型 22-5 的解释变量 $\ln L_{it}$ 和 $\ln K_{it}$ 项的系数值均为正，且在 1% 的显著性水平下具有统计显著性。此外，$\ln H_{it}$ 项的系数值具有正的实际意义，且在 10% 的显著性水平下显现了统计显著性，这表明在西藏农业生产领域中政府对大棚种植等现代农业生产方式的推广和指导对提高农业生产力水平有积极的作用。因此，研究假设 3 成立。

表 22-4　模型 5 基于 Hausman 检验的计量分析结果

解释变量	被解释变量：$\ln Q$			
	Coef.	Std. Err.	T-value	P-value
$\ln L$	0.303	0.112	2.709	0.007*
$\ln K$	0.773	0.062	12.522	0.000***
$\ln H$	0.123	0.069	1.785	0.074*
CONS	5.347	0.189	28.241	0.000***
CHISQ(5) = 1.981, P-value = 0.576 (Random Effects)				
Adjusted R-squared = 0.491				
Number of Sample = 486				

说明：***、**、* 分别表示 1%、5%、10% 显著性水平。

总结在以上分析结果，模型 22-3、22-4、22-5 的 $\ln L_{it}$ 和 $\ln K_{it}$ 项的系数符号均具有实际意义的统计显著性；这些结果表明在政府的支持和帮助下，西藏农业生产中的单位劳动力和单位耕地面积对经济成长的贡献率得到了有效地提高。与此同时，模型 22-4 的 $T_{it} \cdot M_{it}$ 项和模型 22-5 的 $\ln H_{it}$ 项的系数值也显现了正的实际意义的统计显著性；这表明在西藏农业生产领域中，政府对现代农业生产工具和现代农业生产方式的推广有效地提高农牧民的农业生产技术水平和生产效率。但是,模型 22-3 的 $\ln C_{it} \cdot D_{it}$ 项的系数值没有显现实际意义的统计显著性,这表明在西藏农业生产领域中传统农业经验技术用没有得到充分利用;因此,进一步挖掘西和传承藏传统农业经验技术是很有必要的。

第六节 政策建议

根据以上分析,本文对西藏生态农业的发展提出以下建议:

(1)注重传统农业经验技术的有效运用,因地制宜地利用传统农业经验技术。西藏地区面积辽阔,各地自然资源、自然环境各异,农业生产条件与社会发展水平差异较大;因此,在西藏的农业生产领域中有着很多地域特点的传统农业经验技术。这样自然环境决定了西藏在发展生态农业时,必须充分吸收本地区特有的传统农业经验技术的精华,以保证生态农业的合理发展。但是,以上的分析结果表明传统农业经验技术的影响不明显,这说明了西藏传统农业经验技术没有得到充分运用;为此,加大挖掘和提高西藏各地不同的传统农业经验技术的利用和传承是很有必要的。

(2)注重现代农业科学技术和现代农业生产方式的利用和推广。以上分析结果表明,现代化的农业生产工具和现代农业生产方式的推广对提高农业的生产力水平起到了积极作用;因此,有必要加大对西藏农业技术的改造力度,健全现代农业科学技术的推广体系和实用型农业生产技术的推广与应用制度。本文建议从结构与总量两个方面加大对西藏农业生产技术的投入,同时加快对适应生态环境的实用型农业技术的推广,提高西藏高原农业资源的产出率和农业综合生产能力。

(3)加大对生态农业发展的政策扶持。自中央第四次西藏工作会议以来,中央把西藏的生态环境保护提高到国家战略地位。因此,加大对生态农业发展的政策扶持很有必要。

23

西藏经济发展的区域差异性与农牧业的布局优化

第一节 农牧业对于西藏经济发展的重要性

西藏特殊的自然环境和传统文化决定了农牧业在西藏国民经济中的地位。首先,农牧业作为西藏经济发展的基础,农牧业总产值从1991年的207 033万元增加到2012年的1 037 275万元。

农牧业总产值在农村社会总产值的比重虽然逐渐下降,但2012年的农牧业总产值仍占农村社会总产值比重的68.1%,远高于其他产业所占的比重。其次,2012年西藏总人口为307.62万人,农牧区人口占西藏总人口的比例高达77.3%。再次,西藏工业化过程中的许多特色产业的原材料依赖于农牧业,西藏农牧业为西藏的藏药业、特色手工业、特色食品饮料等产业的发展提供所需原材料。如果从农牧业与其衍生产业所形成的大农业的视角来分析,西藏农牧业在国民经济中地位将更为重要。此外,农牧区经济的发展不仅能增加农牧民的收入,还与西藏社会的和谐稳定乃至国家安全稳定紧密相连(如表23-1所示)。

表 23-1 农牧业总产值比例

年份	农牧业总产值（万元）	农村社会总产值（万元）	农牧业总产值/农村社会总产值（%）
1991	207 033	221 175	93.61
1992	220 955	236 362	93.48
1993	224 113	242 776	92.31
1994	261 662	282 293	92.69
1995	351 709	389 605	90.27
1996	376 240	416 824	90.26
1997	405 819	455 711	89.05
1998	414 696	470 337	88.17
1999	472 728	536 358	88.14
2000	498 931	570 808	87.41
2001	514 808	577 709	89.11
2002	546 531	618 802	88.32
2003	523 646	675 593	77.51
2004	556 835	757 243	73.53
2005	599 385	823 658	72.77
2006	621 949	877 722	70.86
2007	708 490	1 021 216	69.38
2008	786 591	1 150 468	68.37
2009	833 455	1 236 703	67.39
2010	951 434	1 351 837	70.38
2011	1 037 275	1 469 501	70.59
2012	1 124 056	1 650 604	68.1

数据来源：《西藏统计年鉴(2013)》，中国统计出版社 2013 年。

自古以来，西藏农牧业的发展主要依赖传统的粗放式发展模式。首先，缺乏合理的产业布局，导致产业竞争力低下。其次，对生态环境的破坏日趋扩大，主要表现在土地沙化、森林覆盖率减少、空气污染、水资源污染等方面。第三，投入产出效率较低，尤其是人均劳动力的产出差距更为明显。因此，导致西藏经济发展与其他经济发达地区的经济发展存在很大差距。

第二节　西藏与其他省区的经济发展差距

和平解放后的西藏经济快速发展,并取得了巨大的成就,但与其他省市相比较依然存在显著差距。从城镇人均收入水平来看,2012年西藏城镇居民人均可支配收入为18 028.3元,而全国城镇居民平均可支配收入为24 567.7元,为全国平均水平的73.4%。从农村居民人均纯收入来看,西藏人均纯收入为2 967.6元,全国平均水平为7 916.6元,占全国农村居民平均纯收入的37.6%。从农村居民人均生活消费支出占人均纯收入占比例来看,全国平均水平为74.6%,西藏为51.9%(如表23-2所示)。

表23-2　2012年各省(区、市)人民生活状况　　　　　　　单位:元

地区	城镇居民人均收入情况		城镇居民消费支出		农村居民人均收支情况	
	总收入	可支配收入	总支出	消费性支出	纯收入	生活消费支出
全国	26 959	24 564.7	22 341.4	16 674.3	7 916.6	5 908
北京	41 103.1	36 468.8	30 828.1	24 045.9	16 475.7	11 878.9
内蒙古	24 790.8	23 150.3	22 562.5	17 717.1	7 611.3	6 382
上海	44 754.5	40 188.3	35 432	26 253.5	17 803.7	11 971.5
广东	34 044.4	30 226.7	29 129	22 396.4	10 542.8	7 458.6
广西	23 209.4	21 242.8	18 889.2	14 244	6 007.5	4 933.6
重庆	24 811	229 68.1	20 984.1	16 573.1	7 383.3	5 018.6
四川	22 328.3	20 307	19 496	15 049.5	7 001.4	5 366.7
贵州	20 042.9	18 700.5	17 312.8	12 585.7	4 753	3 901.7
云南	23 000.4	21 074.5	18 447.5	13 883.9	5 416.5	4 561.3
西藏	20 224.2	18 028.3	14 204.9	11 184.5	5 719.4	2 967.6
陕西	22 606	20 733.9	20 003	15 332.8	5 762.5	5 114.7
甘肃	18 498.5	17 156.9	16 766.8	12 847.1	4 506.7	4 146.2
青海	19 746.6	17 566.3	16 633.4	12 346.5	5 364.4	5 338.9
宁夏	21 902.2	19 831.4	19 240.4	14 067.2	6 180.3	5 351.4
新疆	20 194.6	17 920.7	18 447.9	13 891.7	6 393.7	5 301.3

数据来源:《西藏统计年鉴(2013)》,中国统计出版社2013年。

从人均产出情况看,西藏的人均产值 2012 年为 22 584 元,略高于贵州、甘肃、云南;从产业结构来看,虽然西藏的产业结构表现为三、二、一的比例状况,但是从产业结构高度化指标来看依然处于较低的层次,从产业结构合理化程度来看相差则更大(如表 23-3 所示)。

表 23-3 2012 年各省(区、市)人均总值及产业结构发展状况

地区	地区生产总值(亿元)	年末总人口(万人)	人均产值(元)	产业结构高度化
北京	17 801	2 069	86 037	117.48
内蒙古	15 988.3	2 490	64 210	10.05
上海	20 101.3	2 380	84 459	156.29
广东	57 067.9	10 594	53 868	19.03
广西	13 031	4 682	27 832	5
重庆	11 459	2 945	38 910	11.19
四川	23 849.8	8 076	29 532	6.23
贵州	6 802.2	3 484	19 524	6.64
云南	10 309.8	4 659	22 129	5.23
西藏	695.6	308	22 584	7.65
陕西	14 451.2	3 753	38 506	9.55
甘肃	5 650.2	2 578	21 917	6.24
青海	1 884.5	573	32 889	9.66
宁夏	2 326.6	647	35 960	10.62
新疆	7 466.3	2 233	33 436	4.65
全国	576 498.5	135 404	42 576	10.01

数据来源:《西藏统计年鉴(2013)》,中国统计出版社 2013 年。

由于城镇化水平是经济发展的重要标志,又是经济发展的强大动力,本书将导入城镇化水平来进一步分析。2011 年全国城镇化水平为 51.27%,而西藏为 22.71%(如表 23-4 所示),远低于全国平均水平,因此,提高西藏城镇化水平势在必行。

表 23-4 2011 年西藏人口的城乡构成与全国人口城乡构成的比较 单位:万人

地区	总人口	城镇人口		乡村人口	
		人口数	比重(%)	人口数	比重(%)
全国	134 735	69 079	51.27	65 656	48.73
西藏	303	69	22.71	234	77.29

数据来源:《西藏统计年鉴(2013)》,中国统计出版社 2013 年。

第三节　西藏地区间的经济发展差异

西藏高原被世人誉为"世界屋脊",平均海拔在4 000米以上,整个高原被海拔5 000米以上的巨型山脉环绕,是我国自然地理环境极有特殊性的地区,其地形复杂多样,高原山脉众多。西藏高原的地理特点表现为:东部地区为起伏较大的高山峡谷,南部地区由雅鲁藏布江宽谷和开阔的藏南河谷地带构成;东南部地势较低,西北地势较高,为地势较高、起伏平缓的藏北高原地带。

由于西藏各地区的地理环境差异较大,这就导致西藏各地区间的经济发展存在很大的差异。本研究根据2011年第六次人口统计公报中各地区的人口数来计算西藏各地区的人均GDP(如表23-5所示)。2010年各地区人均GDP中拉萨最高,为31 981元,最低的是昌都地区,人均GDP为10 201元,明显可以看出西藏各地区人均生产力存在的巨大差距。

表23-5　西藏各地区生产总值及人均GDP(2010年)

地区	2010年地区生产总值（亿元）	2010年人均GDP（元）
拉萨	178.91	31 981.17
昌都	67.07	10 200.68
山南	53.05	16 125.11
日喀则	86.4	12 285.08
那曲	51.15	11 062.28
阿里	18.48	19 357.88
林芝	53.69	27 517.95

数据来源:《西藏统计年鉴(2013)》及第六次人口统计公报。

此外,自和平解放以来,西藏各地区农牧民人均纯收入均保持持续增长的态势;从变异系数来看,2000—2010年呈逐步加大的趋势,但2011年和2012年有所回落,总体来看各地区之间农牧民的收入呈扩大趋势(如表23-6所示)。

另一方面,从2012年西藏各地区的收入、消费和储蓄投资结构来进行研究(如表23-7所示),拉萨市的人均生活消费支出占人均纯收入的比重为39%,为各地区中最低;而日喀则地区的人均生活消费支出占人均纯收入的比重为61%，为各地区最高。同时，从恩格尔系数方面来分析，其结果是2012年西藏各区的恩格尔系数均高于0.458，阿里地区甚至高达0.65，这其中有消费文化习惯的原因，但也反映出西藏农牧区经济发展的迫切性。

表23-6　西藏各地区农牧民人均纯收入及差异状况　　　　　单位：元

年份	2000年	2005年	2007年	2008年	2009年	2010年	2011年	2012年
拉萨	1 427	2 402	3 250	3 732	4 149	5 003	6 019	7 082
昌都	1 258	1 844	2 490	2 830	3 144	3 662	4 332	4 962
山南	1 298	2 159	2 893	3 305	3 676	4 330	5 183	6 056
日喀则	1 195	1 896	2 534	2 881	3 203	3 750	4 473	5 165
那曲	1 335	2 123	2 843	3 219	3 577	4 081	4 860	5 586
阿里	1 169	1 801	2 390	2 695	2 987	3 451	4 183	5 452
林芝	1 656	2 723	3 596	4 095	4 562	5 411	6 433	7 498
均值	1 334	2 135.43	2 856.57	3 251	3 614	4 241.14	5 069	5 971.57
标准差	153.97	309.63	406.93	473.73	530.91	674.38	802.06	899.09
变异系数	11.54%	14.50%	14.25%	14.57%	14.69%	15.90%	15.82%	15.06%

数据来源：《西藏统计年鉴(2013)》，中国统计出版社2013年。

表23-7　西藏各地区农牧民人均纯收入和生活消费支出(2012年)　　单位：元

指标	拉萨	昌都	山南	日喀则	那曲	阿里	林芝
人均纯收入	7 082	4 962	6 056	5 165	5 586	5 452	7 498
工资+家庭经营收入	6 346	4 301	5 226	4 243	4 931	4 359	5 957
转移性和财产性收入	736	661	830	922	655	1 093	1 541
生活消费支出	2 782	2 446	3 014	3 153	2 834	2 421	3 652
食品	1 370	1 306	1 478	1 743	1 298	1 578	2 057
衣着	377	441	476	330	229	355	463
居住	403	126	200	463	40	11	148
家庭设备用品及服务	199	197	207	164	100	163	188
交通通讯	214	254	322	194	1 035	130	514
储蓄投资	4 300	2 516	3 042	2 012	2 752	3 031	3 846
恩格尔系数	49.25%	53.39%	49.04%	55.28%	45.80%	65.18%	56.33%

数据来源：《西藏统计年鉴(2013)》，中国统计出版社2013年。

第四节 西藏经济发展空间差异的原因探析

经济发展的整体差距与各区域的经济发展水平及区域内产业的竞争力高度相关。西藏各地区之间的自然资源和人力资源差异,以及政府对各地区经济发展的布局调控措施,形成了各地区间比较优势的不同,从而使其产业发展水平和结构呈现出很大的差异。表23-8的结果表明了2012年西藏各地区生产总值和产业结构的发展状况,表23-9的结果说明西藏各地区第一产业的发展水平和内部结构状况。

表23-8 西藏各地区生产总值及产业结构(2012年)　　　　单位:亿元

地区	地区生产总值	第一产业	第一产业比例(%)	第二产业	第二产业比例(%)	第三产业	第三产业比例(%)
拉萨	260.04	10.78	4.15	90.7	34.88	158.56	60.98
昌都	89.75	17.61	19.62	32.37	36.07	39.77	44.31
山南	73.07	4.76	6.51	33.66	46.07	34.65	47.42
日喀则	115.24	24.45	21.22	35.27	30.61	55.52	48.18
那曲	65.16	11.45	17.57	16.45	25.25	37.26	57.18
阿里	25.63	4.31	16.82	7.09	27.66	14.23	55.52
林芝	72.39	7.05	9.74	26.11	36.07	39.23	54.19

数据来源:《西藏统计年鉴(2013)》,中国统计出版社2013年。

表23-9 2012年西藏各地区农林牧渔业总产值及结构状况　　　　单位:万元

地区	农林牧渔业产值	农业比例(%)	林业比例(%)	牧业比例(%)	渔业比例(%)	服务业比例(%)
拉萨	173 481	43.18	2.15	54.19	0.075	0.404
昌都	276 901	39.32	4.48	54.04	0.014	2.14
山南	84 261	47.21	2.01	42.22	1.77	6.79
日喀则	329 834	55.9	1.31	40.43	0.1	2.26
那曲	157 931	48	0.003	49.34	0.003	2.66
阿里	56 693	5.19	0.18	92.9	0.04	1.69
林芝	94 123	48.51	2.92	45.19	0.19	3.19

数据来源:《西藏统计年鉴(2013)》,中国统计出版社2013年。

与此同时,由于西藏各地区的地理位置和资源禀赋的差异导致各地区经济发展不均衡,其中各地区的耕地面积、农田有效灌溉面积、农田有效灌溉面积(如表 23-10 所示)和草地面积的差异导致了各地区主要农作物、牲畜存栏数以及肉、奶、皮和毛等产出的差异(如表 23-11 所示)。

表 23-10　2012 年西藏各地区年末耕地面积　　　　　　　　　　单位:亩

	年末实有耕地面积	旱地面积	农田有效灌溉面积	农田有效灌溉面积
拉萨	35 089	35 089	32 718	38 455
昌都	48 622	48 622	20 469	53 671
山南	31 168	31 168	27 684	31 665
日喀则	90 295	90 295	80 062	85 847
那曲	5 017	5 017	221	4 784
阿里	2 776	2 776	1 554	6 923
林芝	18 700	18 700	15 612	21 695
总计	231 666	231 666	178 320	243 039

数据来源:《西藏统计年鉴(2013)》,中国统计出版社 2013 年。

表 23-11　西藏各地区主要农作物产量、牲畜存栏头数和奶、皮、毛产量

	粮食(吨)	油菜籽(吨)	年末大牲畜(万头)	年末羊(万头)	肉类产量(吨)	奶类(吨)	羊毛(吨)	羊皮(张)	牛皮(张)
拉萨	174 310	13 224	70	61	31 432	32 782	366	261 037	180 308
昌都	174 554	4 244	197	121	87 004	81 493	938	508 128	541 419
山南	147 094	12 811	51	120	25 635	46 798	1 307	519 257	127 987
日喀则	358 132	28 958	97	420	37 589	73 816	2 362	1 558 694	197 454
那曲	11 667	87	192	341	79 016	49 891	3 120	1 621 540	442 346
阿里	5 126	234	17	240	16 299	9 032	1 621	676 176	27 252
林芝	75 210	3 295	41	8	11 411	21 316	76	10 016	28 289
总计	946 093	62 853	665	1 311	288 386	315 127	9 790	5 154 848	1 545 055

数据来源:《西藏统计年鉴(2013)》,中国统计出版社 2013 年。

第五节 解决问题的理论根据与方法

李嘉图的比较优势理论指出,不同地区均可以利用自身相对有利的生产条件,生产出成本相对低、具有价格优势的商品来参与市场竞争。① 资源禀赋学说的代表学者赫克歇尔—俄林提出,如果地区按照其不同的地理气候条件和比较丰富的资源来生产那些拥有地域特色的产品,则能生产出价格相对便宜的产品,这些产品同时具有相应的竞争能力。②

一个地区的经济发展和竞争力水平的提高依赖于具有竞争优势的产业。产业优化是产业的地区性分布与调整,它既影响到一个区域的产业结构的变化,同时又影响不同产业活动和效益。另一方面,影响产业布局的因素包括各地区的资源禀赋、经济社会的发展基础、历史文化背景和政府相关政策等,合理的产业布局对推动区域经济发展具有重要的作用。

区域布局优化的本质是充分发挥不同区域的竞争优势。西藏的地理气候条件极大地影响了西藏农牧业的发展,因此西藏在经济社会发展过程中,须将西藏农牧业具有的优势发挥出来;同时要消除传统农牧业的发展方式对生态环境的严重影响,推动区域布局优化来实现西藏生态农牧业的可持续发展。

针对特殊的地理和草原分布,《西藏自治区"十二五"时期国民经济和社会发展规划纲要》指出西藏农牧业应在"区域布局优化、规模做大、特色突出、质量提升、效益提高、生态安全"的基本原则下发展的思想,提出了"加快建设藏藏东北牦牛、藏中北绵羊、西北绒山羊、城郊优质蔬菜、藏东南林下资源和藏药材、藏中优质粮饲和藏中藏东藏猪藏鸡七个特色农牧业产业带"的发展战略,大力发展特色种养殖业和特色畜牧业,以提高农牧业经济整体效益。③

因此,加强西藏特色农牧业产业带的发展对推动西藏畜牧业区域优化是十分必要的。

---

① 大卫·李嘉图.政治经济学及赋税原理[M].周洁,译.北京:华夏出版社,2005.
② 伯尔蒂尔·俄林.地区间贸易和国际贸易[M].商务印书馆,1986.
③ 西藏自治区发展和改革委员会.西藏自治区"十二五"时期国民经济和社会发展规划纲要[Z].西藏自治区人民政府网站,2012年.

24

区域优化对西藏畜牧业实现跨越式发展的影响[①]

第一节 研究背景与理论分析

被世人誉为"世界屋脊"、"地球第三极"的西藏高原是中国五大牧区之一,有天然草地 8 207 万公顷,约占全国天然草地面积的 21%,占西藏土地总面积的 68.11%。此外,由于西藏高海拔低纬度的特殊地理环境和生态环境的作用,导致西藏草原分布极为不均。因此,加强西藏特色畜牧业产业带的研究,分析区域优化对西藏畜牧业实现跨越式发展的影响是十分必要的。

在产业集聚对区域经济增长的研究中,新区域经济学派指出区域优化是推动区域经济增长的重要力量(Catherine J. Morrison Paul 等,1999),生产的集中是进一步促进经济增长的重要因素(Philippe Martin,2001)。

李嘉图的比较优势理论指出不同地区均可以充分利用自己相对丰富的生产要素资源来生产具有比较优势的产品来获得较好的利益。[②] 赫克歇尔和俄林的资源禀赋理论表明不同地区的资源分布不均,必然引起产品拥有相对差

---

① 本章内容曾在《中国藏学》期刊 2015 年第 3 期公开发表。
② 大卫·李嘉图.政治经济学及赋税原理[M].周洁,译.北京:华夏出版社,2005.

异的价格;因此,各地能生产出具有价格优势的商品。① 此外,经济发展理论学派认为一个地区在政府的指导和协调下,充分发挥自己的资源禀赋优势来提升产业,则能在市场竞争中形成有竞争力的产业,从而促进经济实现跨越式发展(林毅夫等,1994)②。

第二节 模型分析

(一)牲畜生产的区域比较优势的计算方法

本研究采用"存栏规模优势指数"、"产量优势指数"和"综合比较优势指数"来分析牲畜生产的区域比较优势。

(1)"存栏规模优势指数"是反映某一地区某种牲畜的生产规模优势指标。在这里,存栏规模优势指数用以下模型来计算:

$$RAS_{ab} = \frac{S_{ab}/S_{it}}{S_h/S} \quad (24-1)$$

式(24-1)中:RAS_{ab} 表示 a 地区 b 种牲畜生产的存栏规模优势指数,S_{ab} 表示 a 地区 b 种牲畜的存栏头数,S_a 表示 a 地区所有牲畜的存栏头数,S_b 表示全自治区 b 种牲畜的存栏头数,S 表示全西藏所有牲畜的存栏头数。若 $RAS_{ab}>1$,则表明与全西藏平均水平相比,a 地区 b 种牲畜具有存栏规模优势;如果 $RAS_{ab}<1$,则表明 a 地区 b 种牲畜不具有存栏规模优势,处于存栏规模劣势地位。

(2)"产量优势指数"是反映某一地区牲畜产品生产能力的指标。在这里,产量优势指数用以下模型来计算:

$$RAP_{ab} = \frac{P_{ab}/P_{it}}{P_h/S} \quad (24-2)$$

式(24-2)中:RAP_{ab} 表示 a 地区 b 种牲畜产品的产量优势指数,P_{ab} 表示 a

---

① 伯尔蒂尔·俄林.地区间贸易和国际贸易[M].商务印书馆,1986.
② 林毅夫,蔡昉,李周,陈昕.中国的奇迹:发展战略与经济改革[M].上海:人民出版社,1994.

地区 b 种牲畜产品的产量，P_a 表示 a 地区所有牲畜产品的产量，P_b 表示全西藏 b 种牲畜产品的产量，P 表示全西藏所有牲畜产品的产量。若 $RAP_{ab}>1$，则表明与全西藏平均水平相比，a 地区 b 种牲畜具有产量优势；如果 $RAP_{ab}<1$，则表明 a 地区 b 种牲畜不具有产量优势，处于产量劣势地位。

(3)"综合比较优势指数"是指能比较全面地反映西藏某一地区牲畜产品比较优势的一个综合指标。本研究根据以上的存栏规模优势指数和产量优势指数的几何平均值来计算西藏某一地区牲畜产品的综合比较优势指数。其计算公式为：

$$RAA_{ab}=\sqrt{RAS_{ab} \cdot RAP_{ab}} \qquad (24-3)$$

若 $RAA>1$，则表明与全西藏平均水平相比，a 地区 b 种牲畜产品具有综合比较优势；如果 $RAA_{ab}<1$，则表明 a 地区 b 种牲畜产品不具有综合比较优势。

(二)畜牧业增长的理论分析模型

内生经济增长理论认为中间生产要素、劳动力、资本积累和技术进步等因素影响一个产业的发展。畜牧业作为西藏第一产业的重要组成部分，除了受到以上因素的影响外，同时还受到西藏特殊的自然环境和政府的扶持政策等因素的影响。在此，假设畜牧业的生产可以用柯布—道格拉斯生产函数（Cobb－Douglas 生产函数）来表示。

$$Q_{it}=Ae^{\beta_0 S_{it}}L_{it}^{\beta_1}K_{it}^{\beta_2}R_{it}^{\beta_3}N_{it}^{\beta_4}E_{it}^{\beta_5} \qquad (24-4)$$

式(24-4)中，Q_{it} 表示西藏各地区畜牧业的年总产值，S_{it} 表示比较优势指数，L_{it} 表示劳动人数，K_{it} 表示牲畜存栏数等畜牧业资本，R_{it} 表示草场灌溉面积，N_{it} 表示青饲料的使用量，E_{it} 表示农村用电量。此外，β_0 为 S_{it} 的产出弹性，β_1 为 L_{it} 的产出弹性，β_2 为 K_{it} 的产出弹性，β_3 为 R_{it} 的产出弹性，β_4 为 N_{it} 的产出弹性，β_5 为 E_{it} 的产出弹性。式(24-4)取对数可变形为：

$$\ln Q_{it}=\ln A+\beta_{it}S_{it}++\beta_1\ln L_{it}+\beta_2\ln K_{it}+\beta_3\ln R_{it}+\beta_4\ln N_{it}+\beta_5\ln E_{it}$$
$$(24-5)$$

由于各地区的牲畜生产的比较优势不同，本研究把西藏各地区的主要牲

第 24 章 区域优化对西藏畜牧业实现跨越式发展的影响

畜的"存栏规模优势指数(牛:S_{it}^{B}、羊:S_{it}^{S}、猪:S_{it}^{H})"作为比较优势的代理变量来进行分析,在模型(24-5)中加入 S_{it}^{B}、S_{it}^{S}、和 S_{it}^{H} 来建立模型(24-6);其中,S_{it}^{B} 表示 i 地区 t 年牛的存栏规模优势指数,S_{it}^{S} 表示 i 地区 t 年羊的存栏规模优势指数,S_{it}^{H} 表示 i 地区 t 年猪的存栏规模优势指数。计量分析模型(24-6)表示如下:

$$\ln Q_{it} = \ln A + \beta_0 S_{it}^{B} + \beta_0 S_{it}^{S} + \beta_0 S_{it}^{H} + + \beta_1 \ln L_{it} + \beta_2 \ln K_{it} + \beta_3 \ln R_{it} + \beta_4 \ln N_{it} + \beta_5 \ln E_{it} \tag{24-6}$$

与此同时,由于各地区的不同种类牲畜的产量优势不同,本研究把西藏各地区的主要牲畜的"产量优势指数(牛:S_{it}^{B1}、羊:S_{it}^{S1}、猪:S_{it}^{H1})"加入以上的线型计量分析模型(24-5)中,建立计量分析模型(24-7);其中,S_{it}^{B1} 表示 i 地区 t 年牛的产量优势指数,S_{it}^{S1} 表示 i 地区 t 年羊的产量优势指数,S_{it}^{H1} 表示 i 地区 t 年猪的产量优势指数。计量分析模型(24-7)表示如下:

$$\ln Q_{it} = \ln A + \beta_{01} S_{it}^{B1} + \beta_{01} S_{it}^{S1} + \beta_{01} S_{it}^{H1} + + \beta_1 \ln L_{it} + \beta_2 \ln K_{it} + \beta_3 \ln R_{it} + \beta_4 \ln N_{it} + \beta_5 \ln E_{it} \tag{24-7}$$

此外,为了分析各地区的主要牲畜的综合优势对畜牧业发展的影响,在以上的线型计量分析模型(24-5)中加入西藏各地区的主要牲畜的"综合优势指数(牛:S_{it}^{B2}、羊:S_{it}^{S2}、猪:S_{it}^{H2})"变量建立计量分析模型(24-8);其中,S_{it}^{B2} 表示 i 地区 t 年牛的综合优势指数,S_{it}^{S2} 表示 i 地区 t 年羊的综合优势指数,S_{it}^{H2} 表示 i 地区 t 年猪的综合优势指数。计量分析模型(24-8)表示如下:

$$\ln Q_{it} = \ln A + \beta_{02} S_{it}^{B2} + \beta_{02} S_{it}^{S2} + \beta_{02} S_{it}^{H2} + + \beta_1 \ln L_{it} + \beta_2 \ln K_{it} + \beta_3 \ln R_{it} + \beta_4 \ln N_{it} + \beta_5 \ln E_{it} \tag{24-8}$$

在这里,根据以上理论和模型的分析提出以下研究假设:

研究假设 1:在西藏,牛的养殖比较优势的存在对畜牧业的发展有积极作用。

研究假设 2:在西藏,羊的养殖比较优势的存在对畜牧业的发展有积极作用。

研究假设 3:在西藏,猪的养殖比较优势的存在对畜牧业的发展有积极作用。

第三节 数据的说明

本研究为了对西藏的拉萨、林芝、山南、昌都、日喀则、那曲和阿里地区（市）的牛、羊和猪的"存栏规模优势指数"、"产量优势指数"和"综合比较优势指数"进行计算和分析，收集了这七个地区的2003—2012年统计数据。

这些数据包括畜牧业总产值（万元）、农林牧渔业从业人员（万人）、青饲料（万吨）、牲畜总存栏头数（万头/只）、农村用电量（万千瓦时）、草场灌溉面积（千公顷）、牛的年末存栏头数（万头/只）、羊的年末存栏头数（万头/只）、猪的年末存栏头数（万头/只）、猪肉产量（万吨）、牛肉产量（万吨）和羊肉产量（万吨），均出自西藏自治区统计局和国家统计局西藏调查总队所编写的具有统一统计指标的《西藏统计年鉴》，数据可信程度高。

"年末牲畜存栏总头数"根据各地区的牛、羊和猪的年末存栏头数加总而成，"畜产品总产量"由各地区牛、羊和猪肉的产量加总计算，"劳动力人数"用各地区的"农林牧渔业的从业人员（人）"的来替代。

第四节 计量分析结果及解释

（一）牲畜生产的区域比较优势

（1）存栏规模优势指数

本研究根据计算公式（24-1）对西藏七个地区2003—2012年牛、羊和猪的存栏规模优势指数的平均值进行计算，计算结果如表24-1所示。

表24-1 存栏规模优势指数（RAS：2003—2012年平均值）

	牛	羊	猪
拉萨市	1.643	0.739	1.693
林芝地区	1.892	0.227	19.691
昌都地区	1.781	0.648	0.960

第24章 区域优化对西藏畜牧业实现跨越式发展的影响

续表

	牛	羊	猪
山南地区	0.945	1.028	0.943
日喀则地区	0.652	1.162	0.141
那曲地区	0.995	1.033	0.000
阿里地区	0.211	1.349	0.000

数据来源:《西藏统计年鉴(2004—2013)》,中国统计出版社2004—2013年。

表24-1的结果表明:在拉萨、林芝和昌都地区(市),牛的存栏规模优势指数大于1,具有存栏规模优势;羊的养殖方面,山南、日喀则、那曲和阿里地区的存栏规模优势指数均大于1,处于规模优势状态;猪的养殖方面,拉萨和林芝地区(市)的存栏规模优势指数大于1,具有规模优势,其中林芝地区最高,为19.691,处于最强的存栏规模优势地位,其他地区的规模优势指数均小于1,处于明显的规模劣势地位。

(2)产量优势指数

在此,根据产量优势指数计算公式(24-2)对西藏七个地区2003—2012年的牛、羊和猪的产量优势指数的平均值进行计算,计算结果如表24-2所示。

表24-2 产量优势指数(RAP:2003—2012年平均值)

	牛	羊	猪
拉萨市	1.185	0.542	1.837
林芝地区	0.878	0.102	9.131
昌都地区	1.319	0.477	0.566
山南地区	0.987	0.941	1.615
日喀则地区	0.617	1.783	0.422
那曲地区	0.969	1.193	0.000
阿里地区	0.263	2.522	0.000

数据来源:《西藏统计年鉴(2004—2013)》,中国统计出版社。

表24-2的结果表明:在拉萨和昌都地区(市),牛的产量优势指数大于1,具有产量优势;羊的产量优势指数方面,日喀则、那曲和阿里地区均大于1,处于较高的优势状态,其中阿里地区最高,为2.522;在猪的产量优势指数方面,

拉萨、林芝和山南地区(市)大于1,具有产量优势,其中林芝地区为9.131,具有绝对优势。其他地区均小于1,明显处于劣势地位。

(3)综合比较优势指数

与此同时,根据综合比较优势指数计算公式(24-3)对西藏七个地区2003—2012年的牛、羊和猪的综合比较优势指数的平均值进行计算,计算结果如表24-3所示。

表24-3 综合比较优势指数(RAA:2003—2012年平均值)

	牛	羊	猪
拉萨市	1.395	0.633	1.764
林芝地区	1.289	0.152	13.409
昌都地区	1.533	0.556	0.737
山南地区	0.966	0.983	1.234
日喀则地区	0.634	1.439	0.244
那曲地区	0.982	1.110	0.000
阿里地区	0.236	1.845	0.000

数据来源:《西藏统计年鉴(2004—2013)》,中国统计出版社。

表24-3的结果表明:拉萨、林芝和昌都地区(市)的牛养殖综合比较优势指数均大于1,具有综合优势,这说明牛的养殖在这些地区比较适合;在羊养殖方面,日喀则、那曲和阿里地区均大于1,处于综合优势地位,在猪的养殖方面,拉萨、林芝和山南地区(市)的综合比较优势指数大于1,处于综合优势地位,而其他地(市)均小于1,明显不具有综合优势。

(二)规模优势的计量线型模型分析结果

为了对以上假设进行论证,本研究使用计量模型24-7、24-8、24-9对西藏七个地市养殖业的存栏规模优势、产量优势和综合比较优势与畜牧业总产值的关系进行分析。在以上分析中,这七个地市的牲畜产品总产值、农林牧渔业从业人员、青饲料、牲畜总存栏头数、农村用电量、草场灌溉面积、年末牲畜存栏总头数、存栏规模优势指数、产量优势指数和综合比较优势指数的2003—2012年之间的数据被使用。本研究使用线性面板数据模型分析法来分析以上完全对称的面板数据,模型的个体效应是随机的还是固定的使用 Hausman 检验来分析,分析结果如表 24-4 所示。

表 24-4　Hausman 检验的分析结果

被解释变量:lnQ

解释变量	模型 7			模型 8			模型 9		
	Coef.	T-value	P-value	Coef.	T-value	P-value	Coef.	T-value	P-value
$\ln L$	0.268	1.012	0.316	0.543	1.48	0.145	0.459	1.46	0.15
$\ln K$	−2.193	−5.79	0.000***	−1.407	−2.856	0.006***	−1.991	−4.668	0.000***
$\ln R$	−0.006	−0.416	0.679	−0.104	−0.666	0.508	−0.004	−0.212	0.833
$\ln N$	0.176	3.567	0.001***	0.293	4.369	0.000***	0.237	4.042	0.000***
$\ln E$	0.069	3.11	0.003***	0.134	4.028	0.000***	0.101	3.64	0.001***
S^B	−3.145	−7.232	0.000***						
S^S	−2.466	−3.453	0.001***						
S^H	0.048	1.353	0.182						
$S^B 1$				−1.763	−2.679	0.01***			
$S^S 1$				−1.128	−2.778	0.007***			
$S^H 1$				0.042	0.646	0.521			
$S^B 2$							−3.391	−6.305	0.000***
$S^S 2$							−1.975	−3.187	0.002***
$S^H 2$							−0.077	−1.062	0.293
CHISQ(5)	71.375			30.411			46.559		
Adjustded R-squared	0.945			0.893			0.926		
Number of Sample	70			70			70		

说明:***、**、* 分别表示 1%、5%、10%。

在以上的分析结果中,模型 24-7、24-8 和 24-9 的卡方统计量 CHISQ(5) 分别为 71.375、30.411 和 46.559,原假设被接受的概率都为 0.000,因此原假设在 1% 的显著性水平下被拒绝,即模型 24-7、24-8 和 24-9 的固定效应结果被使用;此外,修正 R^2(回归判定系数)分别等于 0.945、0.893 和 0.926,这表明模型 24-7、24-8 和 24-9 的整体拟合程度都处于高水平。

另一方面,lnL 项的系数符号都没有在有意水准下显示具有正的统计显著性，这些结果表明劳动投入的产出弹性对畜牧业总产值没有起到积极作用。在西藏农牧区，劳动力投入以简单的初级劳动力为主，技术水平和劳动的熟练程度较高的劳动力投入较少。因此劳动生产率较低，劳动的产出弹性没有显现正的效果。

而 lnK 项的系数符号同时显示负的实际意义统计显著性，这些结果表明牲畜资本与牲畜产品总产值的增长呈反方向变动。在西藏，受传统文化和自给自足的自然经济规律的长期影响，农牧民把牲畜存栏头数作为拥有财富的象征，因此农牧民的商品经济意识淡薄，轻商观念浓厚；在这种观念支配下，农牧区普遍存在牲畜存栏率过高、出栏率低的问题，从而导致牲畜产品总产值增长过低以及牧区经济发展过慢。

此外，lnR 项的系数符号都没有在有意水准下显示的统计显著性，这些结果表明由于西藏高原特殊地理环境的影响，使草场灌溉率低下，所带来的经济效益偏低。lnN 项的系数符号表现出了正的实际意义统计显著性；这一结果表明，营养完善，消化率高，能较好地被牛、羊、猪等牲畜食用的青饲料使用，降低了生产成本，提高了牲畜生产投入的回报率。lnE 项的估计系数为正的实际意义统计显著性，这表明自 2007 年 7 月西藏自治区政府推行"关于共同推进西藏自治区农村'户户通电'工程"以来，农牧区通电的普及对牲畜产品产量的提高起到了积极作用。

模型 24-7 中，S_{it}^B、S_{it}^S、S_{it}^{B1}、S_{it}^{S1}、S_{it}^{B2} 和 S_{it}^{S2} 项的系数估计值符号均为负，且在 1‰ 的有意水准下为统计显著；此外，S_{it}^H、S_{it}^{H1} 和 S_{it}^{H2} 项的系数符号没有显现实际意义的统计显著性。因此，研究假设 1、2 和 3 都不能成立。

第五节　结论与政策建议

以上分析结果表明：西藏各地区牲畜的存栏规模优势指数、产量优势指数和综合比较优势指数呈现出明显的差异；与此同时，牛和羊的存栏规模优势指数、产量优势指数和综合比较优势指数与畜牧业总产值成负相关，这些结果说明在整个西藏地区牛和羊养殖没有形成规模化，导致养殖成本过高，生产效率低下，没有形成规模经济效益；猪的各项优势指数与畜牧业总产值之间也没有显示正的相关,这表明猪养殖的规模经济效益也相对低下,比较优势对畜牧业总产值增长的贡献度偏小。因此,对整个西藏实现畜牧业发展来说,怎样推动区域布局优化、做大各地区的优势养殖业、提高养殖业的规模经济效益和比较优势是重要的研究课题。

首先,必须立足于西藏各地区的养殖业比较优势,突出本地区养殖业的特色,重点扶持具有综合比较优势的养殖业,回避现有的各地区所有牲畜同时养殖的局面。应重点扶持拉萨、林芝和昌都地区(市)的牛养殖,日喀则、那曲和阿里地区的羊养殖,拉萨、林芝和山南地区(市)的猪养殖,即应加大力度推动各地区养殖业的区域优化,发展不同类型的专业化养殖区域,进而带动全区畜牧业实现跨越式发展。

其次,应加大发展商品经济的宣传力度,努力改变西藏农牧民的轻商观念,提高农牧民的商品经济意识,以改变农牧区普遍存在的牲畜存栏率过高、出栏率低的现象,进一步推动农牧区经济的发展和畜牧业实现跨越式发展。

25

西藏农业产业结构调整与农民收入关系的实证分析[①]

第一节 研究背景

党的十八大报告表明,发展农村经济,促进农民收入水平的增加,加快农业现代化的发展进程,是全面建成小康社会的主要任务之一,这是党中央审时度势,依据我国的基本国情和广大农村实际情况而做出的重大决策。而西藏作为我国一个重要的少数民族地区,其农民收入水平的增加对西藏乃至我国而言意义重大。如何促进西藏农民收入水平的增加,这是一个值得研究的重要课题。但关于这方面的研究,尤其是定量研究却比较少见,比较多见的基本上都是针对我国或一些相对发达地区而言的,如齐晓丽、冯彦妍从家庭经营性收入和非经营性收入等多个方面对我国农民收入的结构进行了细致分析,重点讨论了影响农民收入增长的限制因素,提出了优化升级农业产业结构、提高农村富余劳动力转移力度等多方面综合考虑来促进农民收入增长的政策和建议;张晓珍、陈涛等对天津市农村产业结构的变化与农民收入的关系进行了实证分析,实证结果表明农村产业结构的变化对农民收入的变化有着重要的影

[①] 本章内容曾在《时代金融》2015年第11期公开发表。

第25章 西藏农业产业结构调整与农民收入关系的实证分析

响,由此提出了优化农村产业结构,适当提高养殖业比重,以切实地提高农民收入的政策建议。基于此,笔者采用1985—2012年西藏农业产业结构和西藏农牧民收入的相关实际数据,利用Granger因果关系检验和协整理论的方法,对西藏农村产业结构与西藏农民收入增长之间的因果关系做了深入的实证分析。根据这一实证分析的结果,笔者得到了一些较为重要的结论,最后,依据这些结论实证观点,给出了促进西藏农民收入增长的若干政策意见。

第二节 实证数据的采集

笔者选取了代表西藏农民收入水平的人均纯收入(Y),农、林、牧、渔业在农业总产值中的比重 X_1、X_2、X_3、X_4 的1985—2012年的时间序列数据,具体见表25-1。

表25-1 西藏农村人均纯收入与农业结构变化

年份	农业比重 X_1 (%)	林业比重 X_2 (%)	牧业比重 X_3 (%)	渔业比重 X_4 (%)	农民人均纯收入 Y(元)
1985	46.8	2.1	51	0	535
1986	44.1	1.6	54.2	0	492
1987	44	1.5	54.5	0	519
1988	46.1	1.4	52.5	0	573
1989	46.7	1.2	52.1	0	555
1990	50.3	1.7	48	0	582
1991	45.6	1.4	53	0	617
1992	45	1.6	53.4	0	653
1993	43.7	2.5	53.8	0	706
1994	49	2.4	48.6	0	817
1995	49.6	2	48.4	0	878
1996	49.9	2.3	47.8	0.1	975
1997	52.6	2.1	45.3	0	1 085
1998	52.9	2.1	44.9	0.1	1 158

续表

年份	农业比重 X_1（%）	林业比重 X_2（%）	牧业比重 X_3（%）	渔业比重 X_4（%）	农民人均纯收入 Y(元)
1999	54.1	1.9	44	0	1 258
2000	51.5	2.6	45.9	0	1 331
2001	52.3	2.4	45.2	0	1 404
2002	52	2.2	45.8	0	1 521
2003	43.1	9.1	46.2	0	1 691
2004	42.3	9.1	46.4	0	1 861
2005	44.1	8.4	44.4	0	2 078
2006	43.3	8.5	45	0.3	2 435
2007	45	7.9	43.7	0.1	2 788
2008	44.9	7.7	44	0.3	3 176
2009	41.8	7.6	47.4	0.2	3 532
2010	45.9	2.4	48.5	0.2	4 139
2011	45.4	2.2	49.5	0.2	4 904
2012	45.1	2.2	49.9	0.2	5 719

数据来源：《西藏统计年鉴2013》，中国统计出版社2013年版。

第三节 理论介绍

(一) Granger 因果关系检验

对于两变量 X 和 Y，Granger 因果关系通过进行以下回归进行判断。

$$Y_t = \beta_0 + \sum_{i=1}^{m} \beta_i Y_{T-i} + \sum_{i=1}^{m} \alpha_i X_{t-i} \tag{25-1}$$

$$X_t = \delta_0 + \sum_{i=1}^{m} \delta_i X_{t-i} + \sum_{i=1}^{m} \lambda_i Y_{t-i} \tag{25-2}$$

Granger 检验是根据受约束回归的 F 检验来实现的。例如针对 X 对 Y 的不存在单向 Granger 因果关系这一零假设，即针对模型(25-1)中含 X 项前的回归系数整体为 0 的假设，依次做包含与不包含 X 项的回归，相应的未解

释变差依次记为 RSS_U 和 RSS_R，再计算如下统计量：

$$F=\frac{(RSS_R-RSS_U)/m}{RSS_U/(n-k-1)} \quad (25-3)$$

式中，m 为变量滞后的期数，n 为样本容量，k 为无约束的回归模型的解释变量的个数。

若计算出的统计量 $F>F_\alpha(m,n-k)$（α 为显著性水平），则拒绝零假设，认为 X 对 Y 存在着单向的 $Granger$ 因果关系。

(二) 平稳性检验

非平稳的数据容易产生虚假回归，为排除这一可能性，需对数据进行平稳性检验。这里笔者采用应用广泛的 ADF 检验（Augmented Dickey-Fuller test）方法。

对于待检验的时间序列 X，ADF 检验需要通过以下三个模型来判断：

$$\Delta X_t=\delta X_{t-1}+\sum_{i=1}^{m}\beta_i\Delta X_{t-i}+u_t \quad (25-4)$$

$$\Delta X_t=\alpha+\delta X_{t-1}+\sum_{i=1}^{m}\beta_i\Delta X_{t-i}+u_t \quad (25-5)$$

$$\Delta X_t=\alpha+\beta t+\delta X_{t-1}+\sum_{i=1}^{m}\beta_i\Delta X_{t-i}+u_t \quad (25-6)$$

要指出的是，实际进行 ADF 检验时，一般依次从模型(25-6)、(25-5)、(25-4)顺序进行 ADF 检验，什么时候拒绝零假设 $H_0:\delta=0$，则什么时候停止检验，认为该序列不存在单位根，即为平稳序列。而判断能否拒绝零假设，关键是要看计算出的 ADF 统计量是否低于相应的 ADF 检验的临界值。

(三) 协整检验

协整理论是从数据中寻找经济变量之间长期的均衡关系。其实际意义为：如果经济变量之间具有协整关系，则即使这些变量之间各自呈现某一长期趋势的变化，但它们之间总是保持一个长期稳定的均衡关系。

检验协整关系的方法有两种：一种是根据回归的残差而进行的检验，这一检验方法主要是针对单方程进行协整关系的检验，称为 Engle-Granger 两步法；另一种是根据回归参数的完全信息而进行的协整检验，称为 Johansen 协整检验。这里笔者仅考虑单一方程的协整检验问题,下面以两变量为例进行说明。

第一步,用普通最小二乘法估计 Y_t 关于 X_t 的回归方程,并计算非均衡误,得到

$$\widehat{Y_t}=\widehat{\alpha_0}+\widehat{\alpha_0}X_t, e_t=Y_t-\widehat{Y_t}$$

称为协整回归或静态回归。

第二步,采用 ADF 法检验 e_t 的平稳性。若 e_t 为平稳时间序列,则认为 Y_t, X_t 之间存在协整关系;否则,认为变量 Y_t, X_t 之间没有协整关系。

因为第一步的协整回归中已经包含了常数项,因此在检验 e_t 的单整性时就不需再包含常数项了;若协整回归还包含了时间项,则检验的模型中也不需要再含时间项。

另一个需要特别注意的问题是,协整回归中对残差 e_t 进行 ADF 检验对应的临界值比一般的 ADF 检验临界值小,其具体临界值计算公式为:

$$C_\alpha=\varphi_\infty+\frac{\varphi_1}{T}+\frac{\varphi_2}{T^2} \tag{25-7}$$

其中 α 为显著性水平, T 为样本容量, $\varphi_\infty, \varphi_1, \varphi_2$ 可通过查协整检验临界值表得到。

第四节 实证分析

(一)格兰杰因果关系的检验结果

根据上面的方法,笔者应用 R 软件对农林牧渔各产值比重进行了格兰杰因果关系的检验,检验结果见表 25-2。

第 25 章　西藏农业产业结构调整与农民收入关系的实证分析

表 25-2　西藏农村人均纯收入与农业产业结构之间的格兰杰因果关系检验

零假设	滞后期长度	F 统计量	检验的 P 值	结论
X_1 不是 Y 的格兰杰原因	1	3.2641	0.0834	拒绝
	2	2.7496	0.0870	拒绝
Y 不是 X_1 的格兰杰原因	1	0.5253	0.4756	不拒绝
	2	0.4331	0.6541	不拒绝
X_2 不是 Y 的格兰杰原因	1	1.3060	0.2644	不拒绝
	2	1.5424	0.2371	不拒绝
Y 不是 X_2 的格兰杰原因	1	0.2171	0.6455	不拒绝
	2	0.1250	0.8831	不拒绝
X_3 不是 Y 的格兰杰原因	1	10.4110	0.0036	拒绝
	2	4.8855	0.0181	拒绝
Y 不是 X_3 的格兰杰原因	1	0.2444	0.6255	不拒绝
	2	0.4721	0.6302	不拒绝
X_4 不是 Y 的格兰杰原因	1	0.3549	0.5569	不拒绝
	2	0.4182	0.6636	不拒绝
Y 不是 X_4 的格兰杰原因	1	14.3200	0.0009	拒绝
	2	1.5709	0.2313	不拒绝

从上面的检验结果可以看出,在 10% 的显著性水平下,农、林、牧、渔中农业和牧业比重的变化是农村人均纯收入的格兰杰原因,林业和渔业则不是。反过来,农村人均纯收入不是农、林、牧业比重变化的格兰杰原因,从滞后一阶的格兰杰因果关系来看,农村人均纯收入是西藏渔业比重变化的格兰杰原因,而从滞后二阶的结果看则不是。因此,综合上面的结果,可以认为,农业和牧业比重的变化对西藏农村人均纯收入的变化有着明显的单方向的影响,尤其是牧业,而林业和渔业则对西藏农村人均纯收入的变化影响不明显。

(二) 序列的 ADF 检验结果

由上面的格兰杰因果关系检验知,只有农业和牧业比重的变化影响农村人均纯收入,因此,只分析农业、牧业比重和农村人均纯收入数据的平稳性。

表 25-3 给出了这三组数据按模型(25-4)、(25-5)、(25-6)所做的 ADF 检验结果。

对于时间序列 Y,对应的三个模型的 ADF 统计量分别为 2.4061、4.0297、4.0267,均比各自的 10% 显著性的临界值都还大,因此很明显,西藏人均纯收入的序列 Y 为非平稳序列。从表 25-3 中同样可以看到,农林牧渔业中农业比重和牧业比重的序列 X_1 和 X_3 也都是非平稳的时间序列。

表 25-3　序列 Y、X_1、X_3 的 ADF 检验的结果

序列	模型	ADF 统计量	临界值			结论
			1%	5%	10%	
Y	模型(4)	2.4061	−2.62	−1.95	−1.61	不平稳
	模型(5)	4.0297	−4.15	−3.50	−3.18	
	模型(6)	4.0267	−4.15	−3.50	−3.18	
X_1	模型(4)	−0.073	−2.62	−1.95	−1.61	不平稳
	模型(5)	−1.9006	−3.58	−2.93	−2.60	
	模型(6)	−2.2080	−4.15	−3.50	−3.18	
X_3	模型(4)	−0.5463	−2.62	−1.95	−1.61	不平稳
	模型(5)	−1.8614	−3.58	−2.93	−2.60	
	模型(6)	−1.1347	−4.15	−3.50	−3.18	

(三)协整分析

1.序列的单整性判断

由于只有两个变量是同阶单整的,才有可能具有协整关系,因此要判断西藏人均纯收入 Y 与农牧业比重 X_1 和 X_3 是否具有长期均衡关系,就需要判断这些变量是否具有同阶单整性,为此,表 25-4 给出了这三个序列的一阶差分的 ADF 检验的结果。

第25章 西藏农业产业结构调整与农民收入关系的实证分析

表 25-4 序列 Y、X_1、X_3 的一阶差分的 ADF 检验的结果

序列	模型	ADF 统计量	临界值			结论($\alpha=0.05$)
			1%	5%	10%	
ΔY	模型(6)	-4.5153	-4.15	-3.50	-3.18	平稳
ΔX_1	模型(6)	-3.9772	-4.15	-3.50	-3.18	平稳
ΔX_3	模型(6)	-3.9946	-4.15	-3.50	-3.18	平稳

表 25-4 的结果说明,在显著性水平 $\alpha=0.05$ 下,Y、X_1、X_3 的一阶差分序列 ΔY、ΔX_1、ΔX_3 的 ADF 检验统计量均明显小于相应的检验临界值,所以可判定这三个差分序列均是平稳序列,因此可认定时间序列 Y、X_1、X_3 都具有一阶单整性。

2.序列的协整检验结果

由于时间序列 Y、X_1、X_3 都具有一阶单整性,因此可用 E-G 两步法对 Y 与 X_1 和 X_3 之间的关系作协整检验。按照 E-G 两步法:

第一步,使用普通最小二乘法对变量进行协整回归,估计的结果如下:

$$\hat{Y}=20083.76+189.28X_1+195.85X_3 \tag{25-8}$$

第二步,计算上述模型的残差 e,用 ADF 检验其平稳性。利用 R 软件计算得出残差 e 的 ADF 检验统计量为 -4.204,而利用(25-7)式子计算出的 5% 的显著性水平下的协整检验临界值为 -3.56,因此,可以判定残差序列 e 是平稳的,从而可以认为 Y 与 X_1 和 X_3 之间是(1,1)协整关系。

(四)误差修正模型的实证结果

因为西藏农村人均纯收入和农牧业在农业总产值中的比重 X_1 和 X_3 之间是(1,1)协整关系,因此可以设定如下误差修正模型:

$$\Delta Y_t=\gamma_0+\varphi_0\Delta X_{1t}+\varphi_1\Delta X_{1,t-1}+\psi_0\Delta X_{3t}+\psi_1\Delta X_{3,t-1}+\eta\Delta Y_{t-1}-\lambda e_{t-1}+\varepsilon_t \tag{25-9}$$

其中 e 为(25-8)式的残差,ε 为该误差修正模型的随机干扰项。

利用 R 软件,估计模型(25-9),结果如下:

$$\Delta Y_t=17.7315+6.57\Delta X_{1t}+7.48\Delta X_{1,t-1}+5.47\Delta X_{3t}+18.91\Delta X_{3,t-1}+1.10\Delta Y_{t-1}-0.67e_{t-1} \tag{25-10}$$

从这个结果中可以看出，影响西藏农村人均纯收入增长的不仅仅是农牧业当年比重的增加，其前一年的农牧业的比重对其影响更大，这说明西藏农牧业比重的调整对西藏农村人均纯收入的影响存在一定的滞后性。与此同时，西藏农村人均纯收入除了依赖于农牧业当年和前一年比重的调整外，还取决于上一年农村人均纯收入对均衡水平的偏离，随机误差项 e_{t-1} 的估计系数 -0.67 反映了对这种偏离的修正水平，即若上一年偏离越远，本年相应的修正量就越大，也就是模型(25-10)显示出来的系统之间具有明显的误差修正机制。

第五节 结论和政策建议

笔者借助西藏统计年鉴的数据进行了实证分析，运用 Granger 因果关系检验的方法说明了西藏农业产业结构的调整，特别是农牧业在西藏农业总产值中的比重的变化是西藏农牧民收入水平发生变化的 Granger 原因，这说明西藏农业产业结构的调整、优化和升级将会推动西藏农牧民收入的提高。进一步，笔者在 Granger 检验的基础上对有关数据进行协整分析，分析的结果表明西藏农民收入水平的增长与西藏农业产业结构的变化之间长期保持着一种均衡比例关系，这说明西藏农村产业结构中农牧业在农业总产值中的比重的提高将能长期促进农牧民收入水平的增长。其中在农业总产值中，农业比重每增加 1 个百分点，西藏农村人均纯收入平均增加 189 元；而牧业比重每增加 1 个百分点，西藏农村人均纯收入平均增加 196 元，可见，农业产业结构中，牧业比重的增加对农村人均纯收入带动作用更大。为了说明西藏农村人均纯收入与农业产业结构之间的这种长期均衡是否有效，本书在实证的最后建立了农村人均纯收入和农业产业结构之间的误差修正模型，该模型显示，西藏农村人均纯收入除了受农业产业结构变动的当年影响外，还受到上一年农业产业结构变化的影响，并且相应的误差修正系数是 -0.0067，与一般的反向修正机制相符合，这表明当西藏农村人均纯收入实际值与农业产业结构决定的人均纯收入的长期均衡值发生偏离时，将以 67% 的调整力度将非均衡的状态拉回均衡状态，这种短期的调整作用保证了西藏农牧民人均纯收入与西藏农业产

第25章 西藏农业产业结构调整与农民收入关系的实证分析

业结构之间的一种长期均衡关系。

根据上述得出的结论,加快西藏农村产业结构的调整,解决好西藏高原农业跨越式发展,尤其是促进农牧民增收,应从下面几个方向入手:一是要转变西藏农牧民现有的生产经营观念,实现个体化生产和粗放型经营逐渐向规模化生产和集约型经营的转化。西藏各地区要根据各自的区情,不同程度地鼓励农牧民集体投资,建设有一定规模的种植和养殖基地,并成立相应的专业合作社,以实现农牧产品的集约化经营;对于农业生产资料,要适当地实现股份制的经营方式,要以市场为导向,正确地调配各种生产资源,提升西藏农牧业生产资料的利用效率。二是要优化农业产业结构,增加农牧业,特别是畜牧业在农业总产值中的比重。畜牧业是西藏农业中的特色产业和优势产业,其产业关联度要明显高于其他农业产业,所以必须要花大力气促进西藏畜牧业的发展,以促进西藏农业产业结构的调整和优化升级。三是要加大对西藏农业各行业的专门技术人才的培养力度,增加西藏农牧业剩余劳动力的就业渠道。农业高素质的专门技术人才在西藏一直都是最为缺乏的人才,因此要实现西藏农业产业化的发展,促进农牧民收入的增长,就必须加大对农业技术人才的培养力度;另外,还要重点促进相关产业(如以农牧业产品为原料的深加工业)的发展,延长西藏农业产业发展链,实现西藏农业与其他产业发展之间的互动,在推动农业发展的同时,带动其他产业的发展,这样反过来也会加快西藏农业发展的进程,促进西藏农牧民收入的持续增长。

26

西藏财政支农与农牧民增收关系的实证分析①

第一节 研究背景

目前,西藏正处于跨越式发展及全面建设小康社会的重要历史时期,在这一关键时期,是否可以实现农牧民收入的持续增长作为"三农"问题的核心,必将影响西藏和谐社会的建设与可持续发展。因此,如何促进农牧民收入的增长是近年来学术界关心的重点问题。鉴于农民收入的增长越来越多地来源于财政支农各项目的支出,如何制定科学的财政支农政策、合理地分配各财政支农项目的份额就成为研究的热点。如刘振彪对我国财政支农支出如何促进农民收入的增长进行了实证研究,结果表明在财政支农各项目中,支援农业生产和农业事业费对农民收入的增长的影响最为明显,其次是农村基本建设费用的支出,影响率最小的是农村救济费;邢文妍对我国财政支农支出对农民增收的绩效进行了分析,结果表明农村科技费用对促进农民收入的增长的效应最强;连飞、李晓晨用格兰杰因果关系检验和协整方法对财政支农支出与农民收入的关系进行了研究,结果表明财政支农支出与农民收入之间存在着长期的

---

① 本章内容曾在《西藏民族大学学报》2015年第5期公开发表。

正向均衡关系。然而有关西藏财政支农支出与农牧民收入之间关系的研究则比较少见,尤其是定量的实证研究十分稀少。为此,本研究在已有研究的基础上,借助于《西藏统计年鉴》,利用1990—2012年的数据,对西藏财政支农各项支出与农牧民收入增长的关系、财政支农规模及其结构、支农绩效进行了实证分析,为进一步完善西藏财政农业政策体系和实现西藏农牧民收入持续增长提供一定的政策建议和理论参考。

第二节 西藏财政支农规模和绩效的描述性分析

为描述西藏财政支农规模和绩效的变化趋势,本文收集了西藏1990—2012年的财政支出总量、财政支农支出总量及农牧民人均纯收入的数据,见表26-1。

表26-1 西藏财政支农与农牧民人均纯收入的数据

年份	财政总支出(亿元)	财政支农支出			农牧民人均纯收入	
		绝对数(亿元)	比重(%)	增长率(%)	绝对数(元)	增长率(%)
1990	12.92	1.93	14.93	42.2	582	4.9
1991	15	2.6	17.33	34.7	617	6
1992	16.61	2.98	17.94	14.6	653	5.8
1993	21.6	3.12	14.44	4.7	706	8.1
1994	30.3	4.04	13.33	29.5	817	15.7
1995	34.87	2.57	7.37	−36.4	878	7.5
1996	38.12	4.17	10.94	62.3	975	11
1997	39.1	3.25	8.31	−22.1	1085	11.3
1998	46.2	4.3	9.31	32.3	1158	6.7
1999	54.42	7.33	13.47	70.5	1258	8.6
2000	61.61	8.01	13	9.3	1331	5.8
2001	106.21	14.11	13.29	76.2	1404	5.5
2002	139.89	22.94	16.4	62.6	1521	8.3
2003	148.2	19.57	13.21	−14.7	1691	11.2
2004	136.07	20.93	15.38	6.9	1861	10.1
2005	189.16	25.05	13.24	19.7	2078	11.7

续表

年份	财政总支出（亿元）	财政支农支出			农牧民人均纯收入	
		绝对数（亿元）	比重（%）	增长率（%）	绝对数（元）	增长率（%）
2006	202.3	24.95	12.33	−0.4	2435	17.2
2007	279.36	40.31	14.43	61.6	2788	14.5
2008	384.02	62.87	16.37	56	3176	13.9
2009	471.13	84.71	17.98	34.7	3532	11.2
2010	562.58	89.11	15.84	5.2	4139	17.2
2011	775.68	126.53	16.31	42	4904	18.5
2012	933.97	142.62	15.27	12.7	5719	16.6

数据来源：《西藏统计年鉴（2013）》，中国统计出版社2013年版。

（一）西藏财政支农的规模分析

从图26-1可以看到，西藏1990—2012年财政支农支出总量除个别年份外，多数年份不断增加。结合表26-1的数字进一步可以看到，西藏财政支农支出总量从1990年的1.93亿元增加到2012年的142.62亿元，增加了近73倍。尤其是2006年以来，西藏财政支农规模递增的速度明显加快，而2006年虽然相比2005年略有降低，但接着2007年又较2006年几乎成倍增长。

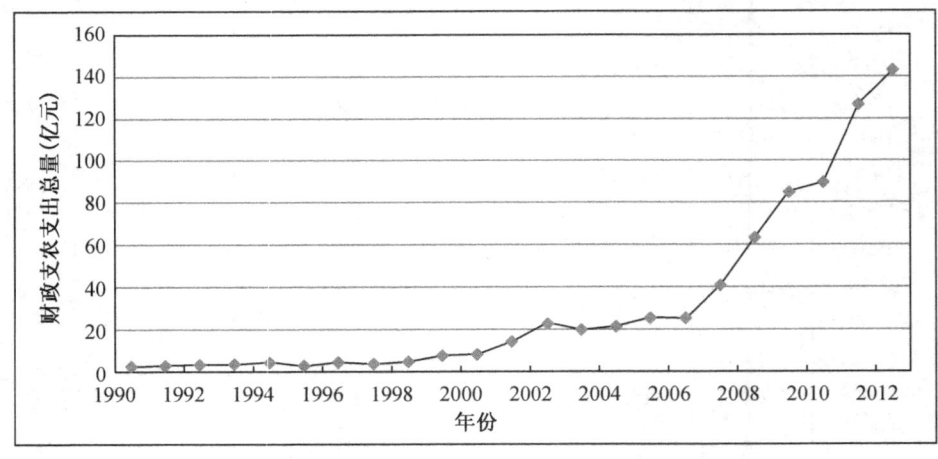

图 26-1　财政支农支出总量的趋势图

(二)西藏财政支农占财政总支出的比重偏低

从图 26-2 可以看到,西藏财政支农支出在西藏财政总支出中的比重在 20 世纪 90 年代基本处于递减的状态。而 2000 年以来,这一比重上升与下降起伏不定,总体而言,变化趋势不明显。结合表 26-1 可知,2000 年以来,财政支农支出所占的比重最高的是 2009 年,但也仅仅只有 17.98%,比重偏低。西藏财政支农支出在西藏财政总支出中的比重偏低与西藏的经济发展战略有关,由于西藏过去一直处于资本稀缺的状况,导致资源不断向城市发展倾斜,形成了一定的路径依赖,这使得西藏财政资金按照这一路径主要投向于城市,导致西藏财政在农业方面的支出所占的比重过低。但随着近年来西藏农牧区建设的深入和相关农业发展政策的施行,这一比重必将逐年上升。

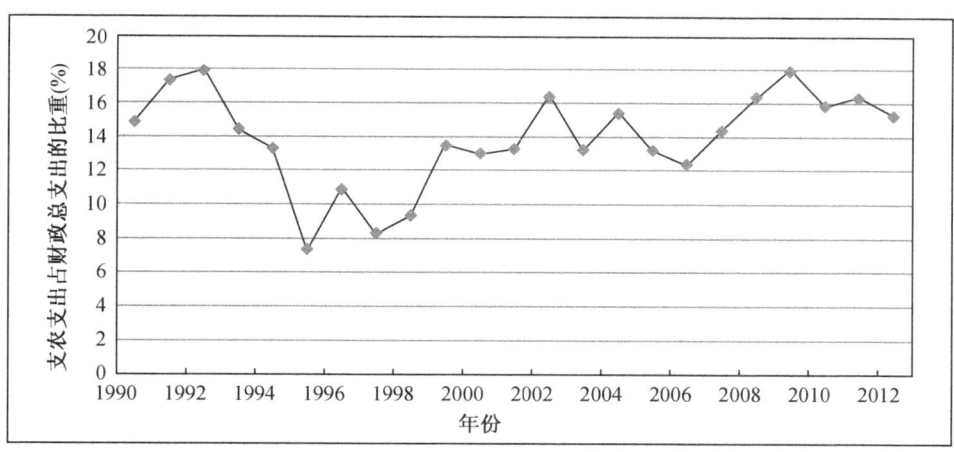

图 26-2 西藏财政支农支出在西藏财政总支出中的比重

(二)西藏财政支农绩效分析

西藏财政支农支出对西藏农牧民收入的促进作用可以通过比较用西藏农牧民收入增长率和西藏财政支农支出增长率的变化趋势来反映(见图 26-3)。从图 26-3 可以看到,多数年份财政支农的增长率高于农民人均纯收入的增长率,这表明财政支农对农民收入的增长的效率呈下降趋势。

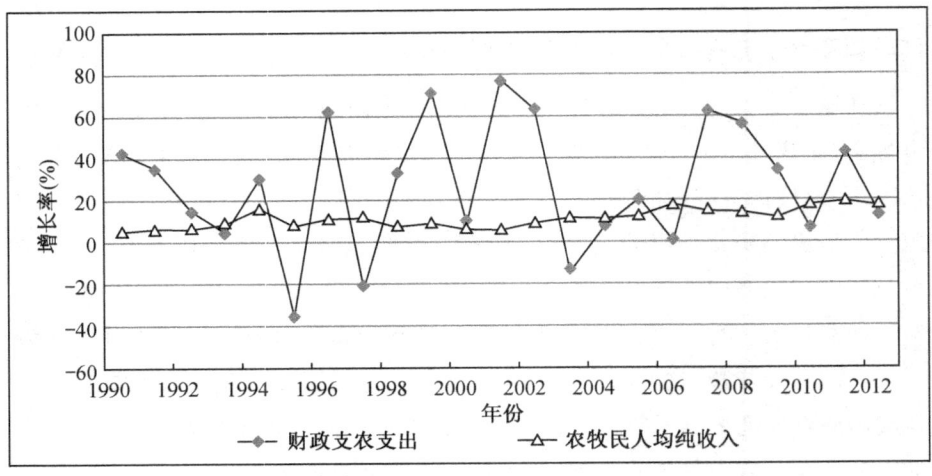

图 26-3 西藏财政支农支出增长率与农牧民人均纯收入增长率对比图

第三节 西藏财政支农与农牧民增收的格兰杰因果关系检验

从上面的分析可以看到,西藏财政支农支出对农牧民人均纯收入的促进作用的效率虽然在下降,但这并不一定意味着两者之间没有因果关系。下面通过格兰杰因果关系检验来判断这一点。

(一)平稳性检验和协整检验

由于非平稳时间序列容易造成的"伪回归",为避免这一现象,在进行回归分析之前需对西藏财政支农支出和西藏农牧民人均纯收入的时间序列做平稳性检验。下面采用 ADF 单位根检验法来检验时间序列的平稳性。对于具体的时间序列 X,ADF 检验一般通过以下三个模型来完成:

$$\Delta X_t = \delta X_{t-1} + \sum_{i=1}^{m} \beta_i \Delta X_{t-i} + u_t \qquad (26\text{-}1)$$

$$\Delta X_t = \alpha + \delta X_{t-1} + \sum_{i=1}^{m} \beta_i \Delta X_{t-i} + u_t \qquad (26\text{-}2)$$

$$\Delta X_t = \alpha + \beta t + \delta X_{t-1} + \sum_{i=1}^{m} \beta_i \Delta X_{t-i} + u_t \qquad (26\text{-}3)$$

第 26 章 西藏财政支农与农牧民增收关系的实证分析

其中 u 为模型的随机误差项，下同。

实际进行 ADF 检验时，一般依次从模型(26-6)、(26-5)、(26-4)顺序进行 ADF 检验，什么时候拒绝零假设 $H_0:\delta=0$，则什么时候停止检验，认为该序列不存在单位根，即为平稳序列。而判断能否拒绝零假设，关键是要看计算出的 ADF 统计量是否低于相应的 ADF 检验的临界值。

这里借助于 R 统计软件，得出了西藏财政支农支出(X)、农牧民人均纯收入(Y)及相应的差分序列的 ADF 检验的结果，见表 26-2。

表 26-2 西藏财政支农支出和农牧民人均纯收入的 ADF 检验检验结果

序列	模型	ADF 统计量	临界值			结论
			1%	5%	10%	
X	模型(1)	5.1703	-3.66	-1.95	-1.60	不平稳
	模型(2)	4.7823	-3.75	-3.00	-2.63	
	模型(3)	3.4259	-4.38	-3.60	-3.24	
Y	模型(1)	1.9240	-3.66	-1.95	-1.60	不平稳
	模型(2)	3.1256	-3.75	-3.00	-2.63	
	模型(3)	3.0859	-4.38	-3.60	-3.24	
ΔX	模型(1)	1.5944	-3.66	-1.95	-1.60	不平稳
	模型(2)	0.8462	-3.75	-3.00	-2.63	
	模型(3)	-0.7565	-4.38	-3.60	-3.24	
ΔY	模型(1)	2.7247	-3.66	-1.95	-1.60	不平稳
	模型(2)	1.7924	-3.75	-3.00	-2.63	
	模型(3)	0.0886	-4.38	-3.60	-3.24	
$\Delta^2 X$	模型(3)	-5.5142	-4.38	-3.60	-3.24	平稳
$\Delta^2 Y$	模型(3)	-3.8859	-4.38	-3.60	-3.24	平稳

注：ΔX、ΔY 分别表示 X 和 Y 的一阶差分序列；$\Delta^2 X$、$\Delta^2 Y$ 分别表示 X 和 Y 的二阶差分序列。

从表 26-2 中可以看到，对于 X 和 Y 及它们的一阶差分序列，即使在 10% 的显著性水平下，按模型(26-1)至模型(26-3)计算得到的 ADF 统计量的值均大于对应的检验临界值，由此可以判断 X 和 Y 及它们的一阶差分序列均为非平稳时间序列。但由于 X 和 Y 的二阶差分序列按模型(26-3)计算得到的 ADF 统计量均小于 5％的显著性水平下的检验临界值,故可以认为 $\Delta^2 X$ 和 $\Delta^2 Y$ 的二阶差分序列都是平稳性的时间序列,即可以认为西藏财政支农支出(X)和农牧民人均纯收入(Y)都是二阶单整序列,即 $X,Y\sim I(2)$。

由于西藏财政支农支出和农牧民人均纯收入是同阶单整序列,因此可以对其进行协整检验。因为数据的自然对数变换一般不改变原变量之间的数量关系,且能使其趋势更加线性化,可在一定程度上削弱时间序列中存在的异方差,因此这里分别对西藏财政支农支出总量(X)和西藏农牧民人均纯收入(Y)取自然对数,然后再进行协整检验。这里选择 Engle-Granger 两步法来实行这一检验,其步骤和相应结果如下:

第一步,使用普通最小二乘法对变量进行协整回归,估计的结果如下:

$$\ln \hat{Y} = 4.9882 + 0.5187 \ln X \qquad (26\text{-}4)$$

$$t = (73.05) \quad (36.01)$$

$$R^2 = 0.9841, F = 1297$$

第二步,计算上述模型的残差 e,用 ADF 检验其平稳性。利用 R 软件,按照模型(26-1)计算出的残差 e 的 ADF 检验统计量为 -2.5866,而在 5％的显著性水平下的协整检验临界值为 -2.07,因此在 5％的显著性水平下,可以认为西藏农民人均纯收入 Y 与西藏财政支农支出 X 之间是(2,2)协整关系。另外,由协整回归方程(26-4)知,西藏财政支农支出每提高 1％,西藏农牧民人均纯收入提高 0.5187％,这也说明西藏农牧民人均纯收入的增长与财政在农牧业上的支出长期呈显著的正相关性。

(二)格兰杰因果关系检验

由于西藏财政对农牧业的支出与西藏农牧民人均纯收入是(2,2)协整关系,因此可对两者的关系进一步做格兰杰因果关系检验,检验结果见表 26-3。

由表 26-3 显示的检验的 P 值可知,即使给定的显著性水平高至 10％,也不拒绝"X 不是 Y 的格兰杰原因",但对于"Y 不是 X 的格兰杰原因"的原假设,在显著性水平取 0.05 时,即可拒绝。因此,可以认为西藏财政对农牧业的支出是影响西藏农牧民收入增长的因素,且其对农牧民收入增长的影响,一般而言存在着两年左右的滞后期。

表 26-3　西藏财政支农支出与农牧民人均纯收入的格兰杰因果关系检验

原假设	滞后阶数	F 统计量	检验的 P 值	结论（α＝0.1）
X 不是 Y 的格兰杰原因	1	2.9868	0.1002	不拒绝
	2	3.5702	0.1861	不拒绝
Y 不是 X 的格兰杰原因	1	3.4655	0.0782	拒绝
	2	1.8098	0.0456	拒绝

第四节　西藏财政支农对农牧民增收的影响分析

由上面的格兰杰因果关系检验可以看到，西藏财政支农支出能够明显地促进西藏农牧民收入的增长，为了准确地测算西藏财政支农的各个项目对农牧民收入增长的综合影响程度，下面分别从西藏财政支农对农牧民收入的直接影响和间接影响两个方面进行分析。

（一）直接影响分析

为了反映财政支农对西藏农牧民人均纯收入的直接影响情况，这里依据于《西藏统计年鉴（2013）》的数据，选取西藏 1990—2012 年的农业事业费支出（X_1，单位：亿元）、支援农业生产支出（X_2，单位：亿元）及农村救济费（X_3，单位：亿元）等为自变量，西藏农牧民人均纯收入（Y，单位：元）为因变量，建立如下的双对数线性模型：

$$\ln Y = \beta_0 + \beta_1 \ln X_1 + \beta_2 \ln X_2 + \beta_3 \ln X_3 + u \qquad (26\text{-}5)$$

通过表 26-4 可知，变量 X_1、X_2、X_3 之间高度线性相关，故模型（26-5）具有严重的多重共线性问题，因此这里不能直接采用普通最小二乘法估计该模型。为了克服这一问题，我们采用岭回归法（选取的岭参数为 0.05）来估计该模型，估计的结果如下：

$$\widehat{\ln Y} = 6.7563 + 0.4109 \ln X_1 + 0.2467 \ln X_2 + 0.0586 \ln X_3 \qquad (26\text{-}6)$$

表 26-4 X_1、X_2、X_3 之间的相关系数

	X_1	X_2	X_3
X_1	1.0000000	0.8677838	0.7608444
X_2	0.8677838	1.0000000	0.9429784
X_3	0.7608444	0.9429784	1.0000000

根据模型(26-6),我们可以看到,西藏农业事业费支出(X_1)、支援农业生产支出(X_2)和农村救济费(X_3)对西藏农牧民收入(Y)的增长弹性分别为 0.4109、0.2467、0.0586,这说明这三项支出对西藏农牧民收入的增长均具有明显的推动作用。这其中西藏农业事业费对西藏农牧民收入增长的促进作用最强,因此西藏农业各项事业费用的合理开支,对于促进农牧民收入的持续增长,带领其尽快脱贫致富就具有十分重要的现实意义。其次,西藏财政支农中支援农业生产方面的支出对农牧民收入的增长也具有较为明显的推动作用,因此,加大支援农业生产方面的支出以改善西藏现有的农业生产环境和基础设施就显得十分必要。此外,西藏农村救济费对农牧民收入的增长虽有促进作用,但并不强,其只能在短期内对农牧民收入的增长发挥一定的推动效应。

(二)间接影响分析

农业事业费支出、支援农业生产支出和农村救济费这些支农项目对农牧民收入的影响作用一般在当年就能体现出来,但财政支农项目中,有一些项目,其对收入的增长的促进作用在当年无法立即表现出来,需要滞后几年,如农业基本建设支出(X_4)、农业科技支出(X_5)和农业生态建设支出(X_6)等。因此,为了更全面准确地反映西藏财政支农项目对西藏农牧民收入的影响效应,还需要分析西藏农业基本建设支出、西藏农业科技支出(X_5)和西藏农业生态建设支出(X_6)等对西藏农牧民收入的间接影响效应。为此,需要考虑建立西藏农牧民人均纯收入与这些间接影响项目之间的分布滞后变量模型。

为了确定模型中解释变量滞后期的长度,需要计算 $\ln Y$ 与 $\ln X_4$、$\ln X_5$ 和 $\ln X_6$ 之间的各期滞后交叉相关系数。这里使用 R 软件计算得出的结果如表 26-5 所示。

表 26-5 $\ln Y$ 与 $\ln X_4$、$\ln X_5$、$\ln X_6$ 之间的各期滞后相关系数

滞后期	$\ln Y$ 与 $\ln X_4$ 的滞后相关系数	$\ln Y$ 与 $\ln X_5$ 的滞后相关系数	$\ln Y$ 与 $\ln X_6$ 的滞后相关系数
0	0.901844	0.736665	0.965279
1	0.805154	0.540581	0.849373
2	0.702282	0.338834	0.731724
3	0.592922	0.137579	0.614784
4	0.467422	0.009402	0.518735
5	0.351196	−0.06078	0.424534
6	0.251654	−0.07362	0.325195
7	0.185916	−0.09116	0.227364
8	0.097698	−0.08557	0.128566
9	0.0038	−0.0093	0.038351
10	−0.09495	−0.09008	−0.05746
11	−0.22353	−0.14785	−0.16793
12	−0.32973	−0.073	−0.29114

根据表 26-5 的结果可知，西藏农业基本建设支出、西藏农业科技支出及西藏农业生态建设支出对西藏农民人均纯收入的影响的滞后期依次为 3、2、4，故可依次建立如下的分布滞后变量模型：

$$\ln Y_t = \alpha_0 + \alpha_1 \ln X_{4t} + \alpha_2 \ln X_{4,t-1} + \alpha_3 \ln X_{4,t-2} + \alpha_4 \ln X_{4,t-3} + u_t \quad (26\text{-}7)$$

$$\ln Y_t = \beta_0 + \beta_1 \ln X_{5t} + \beta_2 \ln X_{5,t-1} + \beta_3 \ln X_{5,t-2} + u_t \quad (26\text{-}8)$$

$$\ln Y_t = \gamma_0 + \gamma_1 \ln X_{6t} + \gamma_2 \ln X_{6,t-1} + \gamma_3 \ln X_{6,t-2} + \gamma_4 \ln X_{6,t-3} + \gamma_5 \ln X_{6,t-4} + u_t \quad (26\text{-}9)$$

对于模型 (26-7)、(26-8)、(26-9)，分别采用 2 阶、1 阶和 2 阶 Almon 多项式变换法进行估计，得到的结果如下：

$$\ln \widehat{Y}_t = 7.011 + 0.117 \ln X_{4t} + 0.047 \ln X_{4,t-1} + 0.051 \ln X_{4,t-2} + 0.133 \ln X_{4,t-3} \quad (26\text{-}10)$$

$$\ln \widehat{Y}_t = 8.652 + 0.233 \ln X_{5t} + 0.186 \ln X_{5,t-1} + 0.139 \ln X_{5,t-2} \quad (26\text{-}11)$$

$$\ln Y_t = 7.797 + 0.136 \ln X_{6t} + 0.023 \ln X_{6,t-1} + 0.005 \ln X_{6,t-2} + 0.052$$

$\ln X_{6,t-3}+0.194\ln X_{6,t-4}$ (26-12)

从模型(26-10)、(26-11)、(26-12)可以看到,西藏财政支农中在农业基本建设、科技和生态环境方面的支出对西藏农牧民收入的持续增长存在一定的滞后,间接影响效应明显。其中农业科技方面的支出对西藏农牧民收入增长的促进效应最大,其在当年及连续滞后两年内均对西藏农牧民收入的增长起着重要的推动作用,其对应的弹性值依次为 0.233、0.186 和 0.139;其次是农业生态环境方面的支出,其对西藏农牧民收入增长的促进效应有一部分在当年发挥出来,弹性值为 0.136,其余的效应则主要在滞后第 4 年上发挥出来,弹性值为 0.194;西藏财政支农中在农业科技费方面的支出对农民收入的影响效应相比另外两项支出要稍弱一些,但对促进农牧民增收仍有重要影响,其作用主要在当年及滞后的第三年体现出来,弹性值分别为 0.117 和 0.133。

第五节 结论

本章通过对西藏 1990—2012 年的财政支农的相关数据进行描述性的统计分析,发现西藏财政支农支出总量虽然在不但增加,但它在西藏财政支出中的比重不大,其对西藏农牧民收入增长的促进作用没能很好地发挥出来。而格兰杰因果关系检验则表明西藏财政支农支出是西藏农牧民收入增长的重要影响因素,并且影响的滞后期一般为 2,这也就是说,西藏财政支农各项目的投入一般在两年内能够对农牧民收入的增长起到促进作用。

进一步,本章通过回归分析得出了西藏财政支农项目的投入对农牧民收入的具体影响程度,这其中包括对农牧民收入有直接影响的支农项目的分析和有间接影响的支农项目的分析两个方面。这两个方面中,直接影响效应相比较而言更为显著,间接影响效应虽稍弱一些,但其对西藏农牧民收入的增长的促进作用也是很明显的。有直接影响效应的支农项目主要有西藏农业事业费支出、支援农业生产性支出和农村救济费等,这些项目中尤其是西藏农业事业费对西藏农牧民的直接促进作用最强,因此西藏政府需要研究农业事业各项费用的合理开支办法,这对于科学地引导西藏农牧民持续增收和脱贫致富起着十分重要的积极意义;间接影响效应方面,主要是西藏财政支农项目中农业基本建设支出、农业科技投入和农业生态环境建设等,这些项目的支出对农牧民收入增长的推动效应持久,其一般在实施两到四年后便能发挥很好的促进作用,这些项目中,西藏农业科技费用对实现农牧民持续增收的作用最为显著,其次显著的是农业生态环境方面各项目的支出,再次是农业基本建设方面的支出。

因此,依据本书分析的结论,西藏自治区政府应加大财政支农资金的投入力度,加强其对农牧民的收入增长的推动作用。这就需要一方面不断增加对西藏农牧民收入有直接影响效应的财政支农项目的投入,同时也要不断加大具有间接影响效应的财政支农项目的投入力度,逐步形成具有西藏特色的长、短期财政支农政策优势互补的综合政策体系,以保障西藏农牧民的收入快速、稳定、持续地增长,为西藏早日全面建成小康社会提供强有力的财政政策支持。

27

中央财政政策对提高西藏农牧民生活水平的影响[①]

半个多世纪以来,中央为推动西藏的稳定、和平和繁荣做了大量努力,并加大了对西藏的财政支持力度。中央财政的扶持政策在西藏是否实现了社会效益最大化,是否使农牧民生活水平得到了有效的改善,如何分析中央财政对西藏的财政扶持政策的效果,今后中央财政对西藏的财政扶持政策应做哪些调整等等问题,都值得认真研究。

第一节 数据说明

(一)农牧民的生活条件问卷调查的说明

鉴于西藏地区独特的文化传统和自然条件,在分析财政政策对改善西藏农牧民生活状况的影响时,必须实事求是,必须深入西藏各地进行实地调研。同时,由于统计数据的严重不足,本研究不得不借助广范围的问卷调查。

此次问卷调查于 2012 年 7—9 月,对西藏 5 个地区的 20 个县共计 41 个村、193 户农牧民家庭展开调研,这些区县包括:林芝地区的 2 个县(林芝县、

---

① 本章内容曾在《财政研究》2014 年第 3 期公开发表。

第27章 中央财政政策对提高西藏农牧民生活水平的影响

米林县)、拉萨市的2个县(尼木县、曲水县)、昌都地区的1个县(芒康县)、山南地区的4个县(乃东县、曲松县、洛扎县、琼结县)和日喀则地区的11个县(江孜县、谢通门县、仁布县、南木林县、昂仁县、康马县、萨迦县、白朗县、拉孜县、亚东县、定日县)。

在这些被调查的41个村193户中,其中,藏族农牧民家庭有189户,占比97.93%,珞巴族等其他少数民族的农牧民家庭4户,占比2.07%。农牧户家庭平均人口为6.67人,主要从事农牧业。

这些被调查村里(行政村)的通公路率达到72.71%,农牧户固定电话拥有率为69.1%,手机拥有率为74.05%,这些能反映西藏农牧区的公共交通和通信设施是比较发达的,农牧户与外界的联系是相对方便的。另外,被调查村里通自来水率达到83.9%,通电率达到90.9%。这些数据表明,自第四次中央西藏工作座谈会以来,西藏自治区政府为了实现会议提出的加快西藏地区的公路、电力和水利等基础设施建设,以解决基础设施薄弱对西藏经济发展的制约等问题,近年来加大了农牧区基础设施建设的力度,重点实施农牧区的通路、通电和通水工程,同时取得了相应的成效。

此次问卷调查实施的调查员均为以上地区出身的藏族大学本科以上学历(含大学在读本科生)的本村人,他们精通汉语和藏语。本课题组在问卷调查之前认真地培训调查员,详细地说明和指导了问卷内容的填写,使他们充分理解问卷的内容。

本次问卷调查题名为"农牧民生活条件调查",问卷涉及粮食产量、牲畜存栏头数、主要耐用消费品、教育设施、医疗设施、交通设施、通信设施等26项,具体包括:有反映西藏农牧民生活水平的"农牧民物质生活满足程度"(非常高,高,一般,低),有体现政府补贴政策的"政府对农牧民新建住房补贴"(元/户·年)和"政府补贴总额"(元/户·年),有说明农产品生产总量情况的"小麦产量"(公斤/户·年)、"玉米产量"(公斤/户·年)、"青稞产量"(公斤/户·年)、"高原油菜产量"(公斤/户·年)、"蔬菜产量"(公斤/户·年),有体现农牧户的山羊、藏系绵羊、牦牛、黄牛、奶牛、藏猪等家畜饲养情况的"家畜饲养总头数"(头/户·年),有反映耐久性消费品的"农牧民是否有小汽车"(有为1,无为0)、"农牧民是否有电视机"(有为1,无为0)、"农牧民是否有电冰箱"

(有为1,无为0)、"农牧民是否有空调"(有为1,无为0)、"农牧民是否有电脑"(有为1,无为0),有介绍村里教育设施的"村里是否有幼儿园"(有为1,无为0)、"村里是否有小学"(有为1,无为0)、"村里是否有初中"(有为1,无为0)、"村里是否有高中"(有为1,无为0),有反映村里医疗设施的"村里是否拥有医院"(有为1,无为0),有反映村里公共设施"村里是否通自来水"(有为1,无为0)、"村里是否通电"(有为1,无为0),有体现村里基本商业环境的"村里是否有集市"(有为1,无为0)、"村里是否有商店"(有为1,无为0),有说明村里的交通设施和通信设施的"村里是否通公路"(通为1,不通为0)、"农牧民是否有固定电话"(有为1,无为0)、"农牧民是否有手机"(有为1,无为0)等。

此次问卷调查对以上地区农牧民家庭的2009—2011年的3年之间的粮食产量、牲畜存栏头数、主要耐用消费品等方面的情况进行调查;调查进展顺利,覆盖的地域广;我们从以上被调查的20个县共计193户农牧民家庭的抽样调查结果中获得了其中19个县共计149户的3年的样本数据。

(二)农牧民物质生活条件的描述性分析

本研究获得的完整观测样本总数为447个。为了分析西藏农牧民现有生活水平的高低,从农牧民对物质生活满足程度的反应来进行调查,"农牧民的物质生活满足程度"指标分别为"非常高"、"高"、"一般"和"低"四个层次。物质生活满足程度反应为"低"的样本数为9,占样本总数的2.01%;"一般"的样本数为191,占样本总数的42.73%;"高"的样本数为241,占样本总数的53.92%;"非常高"的样本数为6,占样本总数的1.34%(如表27-1所示)。"高"和"非常高"的样本数占样本总数的55.26%是"低"2.01%的27.6倍,占有很高的比例;这种比例反映了大多数西藏农牧民的物质生活满足程度是高的。

表27-1 农牧户的物质生活满足程度

	观测样本数	观测样本数/样本总数(%)
低	9	2.01
一般	191	42.73
高	241	53.92
非常高	6	1.34
总数	447	100

数据来源:本项目于2012年7—9月实施的问卷调查。

在政府财政补贴方面,政府每年对每户农牧民的新建住房补贴的平均值为 3 469 元,政府补贴总额的平均值为 3 815 元;含有政府新建住房补贴的观测样本占样本总数的 38.48%,得到过政府补贴的观测样本占样本总数的 56.15%。

根据以上的分析,这些政府补贴的平均值相对较高,同时在样本总数中所占的比例也很高;这些数据反映了中央对西藏特殊优惠财政政策的连续执行,其社会效益在西藏农牧区得到了有效体现。

第二节 模型建立及研究假设

根据以上分析,虽然西藏农牧民人均纯收入要低于国内其他地区,但是大多数西藏农牧民的物质生活满足程度还是高的,但西藏农牧民人均纯收入的高低并不能准确反映他们的生活状况。

在研究西藏农牧民的生活水平变化中,以政府对西藏农牧民的财政补贴所带来的社会效益的有效反应,即农牧民对物质生活的满足程度来说明农牧民生活水平的高低应该更为合理。本研究将以"农牧民的物质生活满足程度"作为被解释变量来建立计量经济学模型来分析这方面问题。

物质生活满足程度是人的心理状态的一种描述,在计量经济学模型里可以把它作为一种的隐性变量(latent variable),在这里可用可观测的有序反应数据来建立模型以研究这种不可观测隐性变量的变化规律,这种计量经济学模型是一种排序选择模型(ordered probit model)。

在排序选择模型中,被解释变量表示隐性变量的排序结果,其值以整数表示;解释变量是可能影响被解释变量的各种主要因素。排序选择模型的一般形式是:

$$Y_i = \beta_i X_i + \varepsilon_i$$

式中,被解释变量的 Y_i 是隐性变量,Xi 是解释变量的集合,β_i 是估计参数,ε_i 是随机变量。

表 27-2 变量的说明

被解释变量	含义
住房新旧(HON)	农牧户新住房的比例(%)
解释变量	
住房建设补贴(GSH)	政府对农牧户新建住房补贴的平均值(元/户·年)
政府补贴总额(TGS)	政府对农牧户的新建住房的补贴和生活救济费的平均值(元/户·年)
粮食总产量(TGO)	农牧户一家的年粮食总产量的平均值(公斤/户·年)
蔬菜总产量(TVO)	农牧户一家的年蔬菜总产量的平均值(公斤/户·年)
高原油菜产量(PRO)	农牧户一家的年高原油菜产量的平均值(公斤/户·年)
家畜数量(TLO)	农牧户一家的年家畜饲养头数的平均值(头/户·年)
小汽车(CAR)	农牧户小汽车的拥有率(%)
电器产品(ELP)	农牧户四种电器产品拥有率的平均值(%)
教育设施(EDF)	农牧户四种教育设施拥有率的平均值(%)
医疗设施(HOS)	村里医院拥有率(%)
公共设施(PUF)	村里通自来水和电率的平均值(%)
基本商业环境(BUE)	村里集市和商店拥有率的平均值(%)
交通设施(HIW)	村里通公路率(%)
通信设施(COF)	农牧户同时拥有固定电话和手机拥有率的平均值(%)

数据来源:本项目于 2012 年 7—9 月实施的问卷调查。

为了分析西藏农牧民对现有物质生活条件和生活环境的满足程度的高低,研究小组将影响农牧民物质生活的满足程度分类为非常高、高、一般、低四个档次。在影响农牧民的"物质生活满足程度"(低,一般,高,非常高)的排序选择模型中,被解释变量 Y_i 表示农牧民的物质生活满足程度(SML:非常高为 4,高为 3,一般为 2,低为 1),解释变量的集合 X_i 是可能影响农牧民的物质生活满足程度的各种主要因素,这些因素主要表现为政府住房建设补贴(GSH)、政府补贴总额(TGS)、粮食总产量(TGO)、蔬菜总产量(TVO)、高原油菜产量(PRO)、牲畜总数量(TLO)、小汽车(CAR)、电器产品(ELP)、教育设施(EDF)、医疗设施(HOS)、公共设施(PUF)、基本商业环境(BUE)、交通设施(HIW)、通信设施(COF)等方面。

各变量的名称及其含义参照表 27-2 所示,使用以上解释变量和被解释变量建立影响农牧民的物质生活满足程度(SML)的排序选择模型为：

模型(27-1)：
$$SML_1 = \beta_1\ GSH_{1i} + \beta_2\ TGO_{2i} + \beta_3\ TVO_{3i} + \beta_4\ PRO_{4i} + \beta_5\ TLO_{5i} + \beta_6\ CAR_{6i} + \beta_7\ ELP_{7i} + \beta_4\ EDF_{4i} + \beta_9\ HOS_{9i} + \beta_{10}\ PUF_{10i} + \beta_{11}\ BUE_{11i} + \beta_{12}\ HIW_{12i} + \beta_{13}\ COF_{13i} + \varepsilon_i$$

模型(27-2)：
$$SML_1 = \beta_1\ TGS_{1i} + \beta_2\ TGO_{2i} + \beta_3\ TVO_{3i} + \beta_4\ PRO_{4i} + \beta_5\ TLO_{5i} + \beta_6\ CAR_{6i} + \beta_7\ ELP_{7i} + \beta_4\ EDF_{4i} + \beta_9\ HOS_{9i} + \beta_{10}\ PUF_{10i} + \beta_{11}\ BUE_{11i} + \beta_{12}\ HIW_{12i} + \beta_{13}\ COF_{13i} + \varepsilon_i$$

根据以上理论和模型的分析,提出以下研究假设加以论证：

研究假设 1：长期以来中央对西藏实施特殊财政优惠,财政补贴政策在影响西藏农牧民的生活水平的诸多因素中应该是最主要的,因而本研究假定政府对农牧民新建住房的补贴和政府补贴总额对农牧民的物质生活满足程度具有显著性影响。

研究假设 2：自古以来粮食和牲畜作为西藏农牧民生活的主要支撑,粮食产量和牲畜饲养头数的增加能提高和稳定西藏农牧民的生活水平,因而本研究假定粮食总产量(TGO)和牲畜总数量(TLO)对农牧民的物质生活满足程度具有显著性影响。

研究假设 3：近年来,国家为了增加西藏农牧民的现金收入,支持蔬菜、高原油菜等经济作物的生产,本研究假定蔬菜总产量(TVO)和高原油菜产量(PRO)对农牧民的物质生活满足程度具有显著性影响。

研究假设 4：长期以来,中央政府和西藏自治区政府不断加大对本地区的医疗设施、通信设施和商业环境的改善,这些措施应该在很大程度上改善农牧民的生活环境,本研究假定医疗设施(HOS)、通信设施(COF)和基本商业环境(BUE)对农牧民的物质生活满足程度具有显著性影响。

研究假设 5：近年来,国家大力推行家电下乡政策,电视机、电冰箱、空调、电脑等电器产品的普及能为广大农牧民的生活带来很大的方便,本研究假定ELP(电器产品)对农牧民的物质生活满足程度具有显著性影响。

研究假设 6：长期以来,中央政府和西藏自治区政府非常重视对西藏农牧区教育设施的投资,教育设施的改善为农牧民日常生活提供了方便,本研究中假定教育设施(EDF)对农牧民的物质生活满足程度具有显著性影响。

研究假设7:几十年以来,西藏农牧区的公共设施和交通设施得到了很大改善,这些措施应该在很大程度上改善农牧民的生活环境,本研究中公共设施(PUF)和交通设施(HIW)对农牧民的物质生活满足程度具有显著性影响。

第三节 计量结果及解释

本研究使用排序选择模型(27-1)和模型(27-2)对以上研究假设进行论证,同时对本次问卷调查取得的西藏19个县共计149户的完整观测样本数据(447个)进行回归分析,从而对模型(27-1)和模型(27-2)的估计参数进行估计,计量分析结果如表27-3(a)和表27-3(b)所示。

通过对表27-3(a)和表27-3(b)的结果进行分析,得出如下结论:GSH(住房建设补贴)项的系数符号在5%的显著性水平下为统计显著性且具有实际意义,这表明政府的新建住房补贴与西藏农牧民住房条件的改善密切相关的;TGS(政府补贴总额)项的系数符号在1%的显著性水平下具有实际意义的统计显著性,这表明政府的补贴对农牧民物质生活的改善起到了很大的作用。因此,**研究假设1**成立。

关于种养结构的变量,TGO(粮食总产量)项的系数符号在10%的显著性水平下具有实际意义的统计显著性,TLO(牲畜总数量)项的系数符号具有实际意义且在1%的显著性水平下为统计显著性;TVO(蔬菜总产量)和PRO(高原油菜产量)项的系数符号没有显示出实际意义的统计显著性。这些结果表明,由于西藏农牧民把牲畜存栏头数作为拥有财富的标准和"重农牧轻商"的传统思想的影响,牲畜存栏头数和粮食产量对农牧民的日常生活有很大的影响;相对而言,蔬菜和高原油菜等经济作物的生产对农牧民的物质生活的影响比较小。因此,**研究假设2**成立,**研究假设3**不成立。

第 27 章 中央财政政策对提高西藏农牧民生活水平的影响

表 27-3(a)　基于 OrderedProbit 模型对影响西藏农牧民的
物质生活满足程度的计量分析结果

模型 1	被解释变量(SML):农牧民的物质生活满足程度(非常高为 4,高为 3,一般为 2,低为 1)			
解释变量	Coef	Std.Err	z	P-value
GSH	0.358	0.0143	2.51	0.012
TGO	0.00004	0.00002	1.69	0.09
TVO	0.00002	0.00004	0.4	0.667
PRO	0.00006	0.00009	0.65	0.513
TLO	0.0023	0.0008	2.89	0.004
CAR	0.3535	0.2188	1.62	0.106
ELP	−0.0621	0.1039	−0.6	0.55
EDF	0.0495	0.0837	0.59	0.555
HOS	0.5831	0.1581	3.69	0.0001
PUF	−0.686	0.132	−0.52	0.603
BUF	0.3841	0.148	2.59	0.009
HIW	0.1577	0.1588	0.99	0.321
COF	0.3297	0.1141	2.89	0.004
样本数	447	447	447	447

数据来源:本项目于 2012 年 7—9 月实施的问卷调查.

HOS(医疗设施)和 COF(通信设施)项的系数符号具有实际意义且在 1%的显著性水平下为统计显著性、BUE(基本商业环境)项的系数符号具有实际意义且在 5%的显著性水平下为统计显著性,这些计量分析结果表明西藏农牧区的医疗设施、通信设施和基本商业环境的改善对农牧民的物质生活满足程度的提高有很大的影响。因此,**研究假设 4** 成立。

表 27-3(b) 基于 OrderedProbit 模型对影响西藏农牧民的物质生活满足程度的计量分析结果

模型 2	被解释变量(SML):农牧民的物质生活满足程度(非常高为 4,高为 3,一般为 2,低为 1)			
解释变量	Coef	Std.Err	z	P-value
GSH	0.0442	0.0149	2.98	0.003
TGO	0.00005	0.00002	1.95	0.051
TVO	0.00001	0.00004	0.22	0.828
PRO	0.00006	0.00009	0.66	0.51
TLO	0.0024	0.0008	3.01	0.003
CAR	0.3877	0.2192	1.77	0.077
ELP	−0.0424	0.1039	−0.41	0.683
EDF	0.0463	0.0838	0.55	0.581
HOS	0.6047	0.1593	3.8	0.0001
PUF	−0.0434	0.1323	−0.33	0.743
BUF	0.3707	0.1481	2.5	0.012
HIW	0.1386	0.1593	0.87	0.384
COF	0.2988	0.1143	2.62	0.009
样本数	447	447	447	447

数据来源:本项目于 2012 年 7—9 月实施的问卷调查。

ELP(电器产品)项的系数符号没有显示出的统计显著性。这些分析结果表明电视机、电冰箱、空调、电脑等电器产品在西藏的推广,因受到西藏特殊的地理条件和传统生活习惯的影响,其效果没有得到充分的反映。因此,**研究假设 5** 不成立。

EDF(教育设施)项的系数符号没有显示出实际意义的统计显著性。这些结果表明由于西藏农牧区地域偏僻和人口稀少等因素的影响,村里幼儿园、小学、初中、高中平均拥有率(19.07%)低下,农牧民子弟的基础教育受到了一定程度的不利影响。因此,**研究假设 6** 不成立。

PUF(公共设施)和 HIW(交通设施)项的系数符号没有显示出实际意义的统计显著性。这些结果表明受传统生活习惯和复杂地理条件的影响,通自

第27章 中央财政政策对提高西藏农牧民生活水平的影响

来水、通电和通公路等公共条件的改善对农牧民生活的影响没有得到充分地反映。因此,**研究假设7**不成立。

以上分析结果表明,在影响农牧民生活水平的因素中,中央政府对西藏农牧民的财政补贴起到了积极的作用;同时自古以来粮食和牲畜作为农牧民生活的主要支撑,对他们的物质生活有很大的影响,因此政府对粮食生产和牲畜饲养的重视稳定了农牧民的生活基础,提高了他们的生活水平;但是,蔬菜和高原油菜等经济作物的生产对农牧民物质生活满足程度的影响相对较低。

在影响西藏农牧民生活的其他因素中,医疗设施、通信设施和基本商业环境的改善对农牧民的物质生活满足程度的提高有很大的影响;但是,电器产品的推广,以及教育设施、公共设施和交通设施等条件的改善,因受到西藏特殊的地理条件、气候条件以及传统生活习惯的影响,其效果没有得到充分的反映。

第四节 结论与政策建议

本章实证分析结果表明,中央对西藏特殊财政政策有效地改善了西藏农牧民生活水平,同时也推动了西藏农牧业生产的发展。但是,受重视牲畜存栏头数和"重农牧轻商"传统思想的影响,牲畜出栏率和粮食出售率很低,牲畜和粮食生产的增产对农牧民纯收入的增加影响相对较小,导致农牧民纯收入增长缓慢,农牧民家庭的现金收入在家庭财富中占的比重偏低。

在西藏农牧民生活水平的研究中,仅从农牧民人均纯收入的变化来分析是不准确的,必须考虑粮食生产和牲畜饲养对农牧民的生活的影响;具有生活资料和生产资料双重作用的西藏农牧区牲畜,存栏头数的多少很大程度上稳定和提高了他们对基本物质生活资料的需要。

此外,也必须考虑到中央财政转移支付的作用,中央财政的转移支付增加了贫困地区居民的财政补贴,减轻了因牲畜出栏率和粮食出售率低下而导致的西藏农牧民家庭现金收入过少的制约,有效地改善了农牧民的生活水平。

根据以上分析的结论,在制定推动西藏农牧区经济社会发展政策时,必须保证牲畜的饲养数量和青稞、小麦、玉米等粮食作物的产量,以保障农牧民的生活在西藏特殊的地理条件、气候条件下有主要物质支撑。

为了保证粮食作物的生产，政府的财政补贴政策和农牧产业扶持政策必须以促进种植业结构调整，建立区域规划合理的优质青稞、小麦、玉米、高原油菜、马铃薯、蔬菜、藏药材等高原特色鲜明的农产品生产基地，发展高原特色的优质粮食作物为重点；同时应更多地支持农牧区的水利设施建设、耕地改良、大棚种植等现代农业生产技术的推广，大力推广种植大户为龙头的规模化经营的生产方式，培育有竞争力的高原特色现代农业为主线。

在扶持畜牧产业发展方面，政府的财政补贴政策应以支持畜牧产业的结构调整，加速牦牛、肉牛羊、奶牛、细毛羊、绒山羊等牲畜的优质品种的引进与改良，促进养殖结构的优化和升级为中心；同时应推进牦牛、奶牛、细毛羊、绒山羊、藏猪、藏鸡等牲畜养殖区域规划的合理化，建立特色鲜明的牲畜养殖基地，以促进畜牧业和农牧区经济结构的战略性调整和升级。

此外，政府的财政补贴政策应更多地支持扩大人工种草面积、退耕还草、草场围栏设立、水土流失防治、荒漠化草原治理等草场保护与建设项目，扶持草种改良、草场轮牧、草场休牧等生态工程，以提高草场的承载能力。

通过提高草场的承载能力、引进培育适应高原地区的优质品种、建立特色鲜明的牲畜养殖基地等措施，从而有效地促进适应高原地区的牲畜品种质量、数量和养殖结构，培育有竞争力的第一产业，从而有效地保证西藏高原农牧民生活的主要物质支撑。

同时，政府的财政转移支付制度应保持对西藏的医疗设施、通信设施和基本商业环境进行改善的力度，以加大这些措施的改善对提高农牧民的物质生活满足程度的影响。

此外，西藏地区地广人稀，受海拔高、地形复杂、氧气不足、气候寒冷、天气复杂多变等特殊的地理条件、气候条件的影响，政府财政扶持的家电下乡、教育、水、电、交通等设施改善的社会效应没有得到充分体现，蔬菜和高原油菜等作物生产的经济效应没有得到充分反应。为了减轻西藏特殊的地理气候条件以及传统生活习惯对农牧民物质生活的影响，建立适合西藏特殊的地理气候条件的家用电器普及、教育、水、电、交通等设施的改善政策，提高蔬菜和高原油菜等经济作物的生产是应进一步研究的课题。

第 27 章　中央财政政策对提高西藏农牧民生活水平的影响

第六篇　参考文献①

[1]杨明洪,沈颖.西藏农业经济增长的实证分析:1980—2003年[J].四川大学学报(哲学社会科学版),2006(2):11-17.

[2]侯亚红,达娃卓玛,陈国海.西藏化肥使用现状及施用政策[J].西藏农林科技,2010(4):43-46.

[3]宋连久.投入要素对西藏农业经济增长的贡献研究[D].陕西:西北农林科技大学,2009.

[5]宋连久,孙养学.西藏农业劳动生产率的现状及因素分析[J].西北农林科技大学学报(社会科学版),2009(1):19-24.

[6]西藏自治区统计局,国家统计局西藏调查队编.西藏统计调查课题调研报告(2012)[R].135-147.

[7]西藏自治区统计局.西藏统计年鉴2013[G].中国统计出版社,2013.

[8]陈锡文.当前农业和农村经济形势与"三农"面临的挑战[J].中国农村经济,2010(1):4-9.

[8]马林.从内生增长角度谈西藏投资[J].西藏发展论坛,2011(2):32-37.

[10]王敏,潘勇辉.财政农业投入与农民纯收入关系研究[J].农业经济问题,2007(5):99-105.

[11]陆文聪,吴连翠.国家财政支农与农民增收的实证研究[J].华南农业大学学报(社会科学版),2008(1):19-24.

[12]李树培,魏下海.改革开放以来我国财政支农政策的演变与效率研究[J].经济评论,2009(4):13-17.

[13]朱春奎,梁耀盛,耿育.财政农业投入、农业增产与农民增收——基于VAR模型对中国的经验分析[J].地方财政研究,2010(12):23-28.

[14]陈诗一,张军.中国地方政府财政支出效率研究:1978—2005[J].中国社会科学,2008(4):65-78.

[15]何振国.中国财政支农支出的最优规模及其实现[J].中国农村经济,2006(8):4-16.

[16]沈坤荣,张璟.中国农村公共支出及其绩效分析——基于农民收入增长和城乡收

---

①　参考文献按出现的章节先后顺序排列。

入差距的经验研究[J].管理世界,2007(1):30-40.

[17]周景波,周叮波.人力资本禀赋与西藏跨越式发展[J].西藏民族学院学报(哲学社会科学版),2007(5).Vol.28 No.3.

[18]贾文,杨晓容.中央财政支持对西藏农牧民收入水平影响的实证研究——基于协整和向量自回归模型[J].西南民族大学学报,2009(7).

[19]罗莉.改革开放后西藏农牧业政策的实施及影响[J].西南民族大学学报,2009(2):23-26.

[20]朱帆,于成群等.基于数据包络分析(DEA)的西藏农业生产效率分析[J].农业系统科学与综合研究,2011(5).Vol.27,No.2.

[21]李力锋.西藏农牧区现代金融业发展研究[D].西南财经大学博士学位论文,2011:7-8.

[22]李子奈.计量经济学[M].北京:高等教育出版社,2011:220-224.

[23]尚正永.河西地区生态农业产业化研究[J].呼和浩特:干旱区资源与环境,20(19):47-50.

[24]卞有生.国内外生态农业对比——理论与实践[M].北京:中国环境科学出版社,2000.

[25]魏宏安,邵世禄,黄彦彪.甘肃省农业机械化对农业生产贡献率的研究[J].农业机械学报,2002(1):135-138.

[26]李兴国,王凤娟,张晋国,赵丽.河北省农业机械化对农业生产贡献率的研究[J].农机化研究,2006(3):37-43.

[27]程智强,贾栓祥,洪仁彪.农业机械化对农业和农村经济贡献率理论分析[J].农业工程学报,2001,17(2):65-67.

[28]高鸿业.西方经济学[M].北京:中国人民大学出版社,2010,174-178.

[29]张劲松,王雅鹏.机械化对粮食产出效能贡献测算与分析[J].开发与研究,2008(1):31-34.

[30]王军,杨宝玲.农业机械化对农业经济贡献率实证分析[J].中国农机化,2011(3):6-9.

[31]陈瑞燕,郭翔宇,李颖.农业机械化与黑龙江省农业发展实证分析[J].农机化研究,2009(1):11-13.

[32]钮杭,郑文钟.农业机械化对杭州市农业产出贡献率的研究[J].现代化农业,2012(7):43-46.

[33]王福林,孙福田,王丽娟.测算农业机械化贡献的C2GS2模型方法[J].农业机械学

报,2004,35(3):186-188.

[34]朱传军.谈提高农业机械生产效率及作业质量的措施[J].价值工程,2010(12):28-30.

[35]官鹏.论农业机械生产效率的提高办法[J].科技致富导向,2011(18):34-36.

[36]王伟立.提高农业机械生产效率的具体措施[J].农民致富之友,2014(21):13-16.

[37]梁利军.提高农业机械化水平的主要措施[J].农业机械使用与维修,2014(4):1-2.

[38]白仲林.面板数据的计量经济分析[M].天津:南开大学出版社,2008.

[39]高铁梅.计量经济分析方法与建模[M].北京:清华大学出版社,2006.

[40]张晓峒.计量经济分析[M].北京:经济科学出版社,2000.

[41]大卫·李嘉图.政治经济学及赋税原理[M].周洁,译.北京:华夏出版社,2005.

[42]西藏自治区发展和改革委员会.2012年西藏自治区"十二五"时期国民经济和社会发展规划纲要[Z].西藏自治区人民政府网站.

[43]西藏自治区人民政府.2013年西藏自治区人民政府工作报告[Z].西藏自治区人民政府网站.

[44]伯尔蒂尔·俄林(王继祖等译校).地区间贸易和国际贸易[M].商务印书馆,1986.

[45]林毅夫,蔡昉,李周,陈昕.中国的奇迹:发展战略与经济改革[M].上海:人民出版社,1994.

[46]国务院新闻办公室.西藏的生态建设与环境保护[R].2012.

[47]西藏自治区人民政府.西藏自治区"十二五"时期国民经济和社会发展规划纲要[R].2011.

[58]张晓珍,陈涛.天津市农村产业结构变化与农民收入关系的实证分析[J].现代农业科技,2010(1):10-20.

[59]谭燕芝.农村金融发展与农民收入增长之关系的实证分析[J].上海经济研究,2009(4):50-57.

[60]张秀生,马晓鸣.农村社会保障与农民收入增长的互动作用分析[J].商业时代,2009(8):10-11.

[61]齐晓丽,冯彦妍.农民收入增长的制约因素及对策研究[J].河北农业科学,2009,13(2):122-124,129.

[62]张玮.农村剩余劳动力转化途径与农民收入增加的关系分析[J].科技信息(学术研究),2007(36):72,74.

[63]潘明清.西藏经济跨越式发展中产业结构优化升级的原则及思路[J].消费导刊,2010(4):25-27.

[64]李子奈,潘文卿.计量经济学(第三版)[M].北京:高等教育出版社,2009:268-305.

[65]张元红.财政政策与中国农业的周期性波动[J].中国农村观察,2000(4):102-108.

[66]刘振彪.我国财政支农支出促进农民收入增长的实证分析[J].财经理论与实践,2011(3):63-67.

[67]邢文妍.我国财政农业支出对农民增收的效应探析[J].安徽农业科学,2010(28):88-90.

[68]安广实.我国财政对农业投入的问题及对策思考[J].中国农村经济,1999(9):52-59.

[69]连飞,李晓晨.我国财政支农与农民增收关系实证分析[J].财政与税收,2008(4):65-72.

[70]沈宏益.西藏农牧民持续增收与财政政策研究[D].北京:北京林业大学,2013:63-107.

[71]贾文,杨小容.中央财政支持对西藏农牧民收入水平影响的实证研究[J].西南民族大学学报(人文社科版),2009(7):6-11.

[72]中华人民共和国国务院新闻办公室.西藏和平解放60年[M].中国统计出版社,2011(1).

[73]Lucas, Jr., Robert, E. On the Mechanics of Economic Development [J]. Journal of Monetary Economics, 1988(22):3-42.

[74] Romer, Paul M. Increasing Returns and Long Run Growth [J]. Journal of Political Economy, 1986(94):1002-37.

[75]White, Gordon and Robert Wade. Development States and Markets in East Asia: An Introduction [M]. In "development States in East Asia", edited by Gordon White. MacMillan Press, 1988.

[76]Lucas Jr, Robert E., 1988, On the Mechanics of Economic Development[J], Journal of Monetary Economics, 22:3-42.

[77]Morrison Paul and Donald S. Siegel., 1999, Scale Economies and Industry Agglomeration Externalities: A Dynamic Cost Function Approach Catherine [J], The American Economic Review, 1989:272-290.

[78] Philippe Martin, Gianmarco . P. Ottaviano., 2001, Growth and Agglomoration [J], International Economic Review, 1942(4):947-968.

[79]Romer, Paul M., 1986, Increasing Returns and Long Run Growth [J], Journal of Political Economy, 1994:1002-37.

第 27 章　中央财政政策对提高西藏农牧民生活水平的影响

［80］Morrison Paul and Donald S. Siegel. Scale Economies and Industry Agglomeration Externalities: A Dynamic Cost Function Approach Catherine［J］. The American Economic Review, 1999 (89): 272-290.

［81］Philippe Martin, Gianmarco . P. Ottaviano. Growth and Agglomoration［J］. International Economic Review, 2001 (42): 947-968.

第七篇

政策建议

28

促进西藏生态农牧业发展的政策建议

(一)加强农牧业生产技术培训,提高农牧民的综合文化素质

在农牧业中,农牧民的生产技术水平在很大程度上影响着农牧业的发展,同时也影响着西藏生态农牧业的发展。因此,要不断提高西藏农牧民的文化素质,加强新的生产技术培训。新的生产技术培训是一种以培养农牧民自身能力为出发点,以提高农牧民的操作能力为目标而设置的技能培训;同时,要有创造性地开展多种形式的科技文化培训,加强对现有科技人员的继续教育。西藏交通的不便和市场信息的滞后会导致技术不能及时根据市场变化而更新,影响了技术水平的提高。因此,要加强在职科技人员的继续教育,不断更新其技术能力。同时,还要加强科普宣传,积极倡导生态农牧业的相关知识,通过报纸、杂志、电视、广播等媒介,让更多的农牧民了解生态农牧业知识。

农牧民生产技术水平的提高是一项长期而系统的工程,也是一项循序渐进和不断发展的事业。因此,要充分发挥政府职能,为农牧业的发展提供充足的教育培训资金,以确保这项工程的顺利开展。

(二)加强基础设施建设,为农牧业的发展创造良好的硬环境

西藏位于我国西南边陲,长期受自然灾害影响。近些年来,全球气候变暖和生态环境恶化使自然灾害的发生更为频繁。西藏农牧区的基础设施滞后,

不能防止和减少日益严重的自然灾害带来的损失。因此,加强农牧业基础设施的改善是发展西藏生态农牧业、实现西藏跨越式发展的基础条件。本书认为加强基础设施建设应该从以下两个方面入手:

一方面,要积极引导和鼓励农牧民改善农业生产设施。政府部门要深入基层,大力宣传现代化的农牧业生产设施,积极推广大棚、节水灌溉等节能增效设备和先进技术的应用,让更多农牧民认识到基础设施建设是西藏经济社会发展的"先行资本",了解现代化技术,改变传统的生产方式。在此基础上,不断引入国内外先进的技术,提高西藏农牧业的生产效率,促进西藏生态农牧业的可持续发展。

另一方面,要加大资金投入,完善投资结构。基础设施的建设是一项工程技术,需要大量的资金保障。因此,要创新投资机制,完善投资结构,落实财政政策,确保农牧业的基础设施建设拥有稳定的资金来源。资金来源主要有以下几种途径:一是要努力争取更多的财政补贴,以支持基础设施的建设。二是要积极吸引外来投资。三是要引导当地农牧民增加投入。只有具备充足的资金,农牧业的基础设施建设才有保障。

(三)调整产业结构,实现产业优化升级

西藏当前农牧业的发展面临着生产经营规模小、产业化水平低、产品结构不合理等问题。提升农牧业的产业化水平能够更好地适应消费需求的变化,降低经营风险和交易成本,解决农产品信息不对称等问题。因此,西藏农牧业的发展要向规模化、现代化和集约化的方向发展。

首先,要培育、发展和壮大各类生态农牧业的龙头企业,带动相关产业链的发展。龙头企业具有促进特色农牧业产业发展、提高农畜产品加工水平和市场竞争力、吸纳剩余劳动力、创立特色农畜产业品牌、增加农牧民收入、带动经济社会发展的作用。因此,西藏要积极支持生态农牧业龙头企业的发展壮大,借助龙头企业的带动作用,能够促进相关产业的发展。

其次,构建新型的农牧业经营体系,促进农牧业的现代化发展。新型农牧业经营体系顺应了西藏当前农牧业的发展趋势,在推进农牧业现代化建设过程中发挥着核心和基础性作用。因此,西藏要加快构建新型农牧业生产经营体系的步伐,着力培育新型农牧业经营主体,发展适度规模经营,不断优化农牧业资源配置方式,提高农牧业资源配置效率,进一步提高西藏农牧业的现代化程度。

最后,要扩展营销渠道,为特色农牧业发展提供保障。政府部门要积极与其他地区联系,及时了解市场信息,通过交流、合作等手段扩大营销渠道,加大无公害蔬菜、优质青稞、白绒山羊、藏药等特色农牧业产品的宣传力度,不断提高农畜产品的知名度,努力打造具有西藏特色的产业品牌,并积极完善农牧业的物流配套设施,逐渐形成"产供销"一体化的服务体系。

(四)引导资金投入,支持生态农牧业的发展

随着西藏农牧业现代化进程的加快,农牧业中资本要素所占比重不断增加。生态农牧业的发展需要对技术、劳动力、设备等生产要素加以综合利用,需要以充足的资金为保障。通过资金的投入,可以实现资本对劳动力的替代、产品质量的提升以及产业的可持续发展。因此,政府部门要制定相关的政策意见,加大对农牧业的财政支持力度,实现生态农牧业的可持续发展。

1.加大对农牧业发展的财政支持力度

当地政府部门要把农牧业的发展作为重中之重,建立多元化、多层次、多渠道的现代生态农牧业资金投入机制。一方面,要争取国家对农牧业的投入。全面、及时、准确地掌握国家的投资信息,抢抓国家的各项发展机遇,基于当地的实际情况,争取取得一些重大项目的建设投资,发展优势资源和特色产业,改善生态农牧业发展的条件。

(1)政府应继续加大对西藏农牧区环境方面的投入。生态环境的改善为农牧业提供了环境保障和生产上的便利。长期以来,西藏生态环境脆弱,草场退化、荒漠化比较严重,使得农牧民不愿意也不能够扩大生产,从而造成西藏农牧业的产值增速长期以来比较缓慢。因此,推动西藏农牧业快速增长的一个重要突破口就是改善西藏农牧区的生态环境和基础设施建设。

(2)政府应把重点放在农牧业科技研发投入方面。从回归分析结果来看,西藏农牧业科技研发投入对西藏农牧业的拉动系数仅为0.018,相对于其他省份的第一产业科技拉动来说仍比较小,而且就科技研发投入占财政支农资金投入比例来说也是相当低的,有些年份甚至还不到1%,这是导致西藏农牧业不能快速发展的一个重要原因。西藏有着丰富独特的农牧业资源和特产,然

而由于农牧业科技水平低,导致农牧业产量和销量都很低。因此,政府应加大对农牧业科技研发投入,培育出具有比较优势的特色农牧业产业。

(3)着力提高财政支农资金使用的效率。从总量财政支农支出与农牧业回归结果来看,财政支农资金的使用效率很低。一方面的原因是财政支农资金结构不合理,另一方面则是对财政支农资金的使用监管不到位或缺失。因此,为提高财政支农资金的使用效率,一方面要优化财政支农资金的结构,增加农业基本建设、农业科研、农业技术推广、农业综合开发在财政支出中的比重;另一方面要加强对财政支农资金的监管,健全、完善财政支农资金的监管体制。

(4)着力提高财政支农资金使用的效率。一方面要进一步增加财政支出对改善自然环境作用。另一方面,要优化财政支农资金的结构,增加农业基本建设、农业科研、农业技术推广、农业综合开发在财政支农支出中的比重;要加强对财政支农资金的监管,健全、完善财政支农资金的监管体制。同时,要进一步完善和落实各项农牧业优惠补贴政策,提高农牧民的生产积极性。[①]

2. 大力宣传,积极吸引外来资金投入

广泛宣传西藏的特色产业与优势资源,引导更多的企业参与投资生态农牧业的发展。由于农牧业是弱势产业、投资回报的周期长,风险大,因此,西藏更加需要完善农牧业基础设施,广泛宣传其特色产业,以此吸引更多投资者的目光,让更多的投资者了解西藏的优势。

3. 积极倡导当地的农牧民、企业的资金投入

西藏农牧民长期以来受到自然灾害的影响,农牧业的生产投入减少,许多农牧民不愿意在农牧业方面投入太多资金。因此,首先要从思想上引导当地农牧民增强对农牧业的投入意识,使其了解农牧业项目尽管投资周期较长,但农牧业的发展关系到整个西藏地区的发展,加大对农牧业的投入是非常必要的。其次,建立农牧民自身的投入机制,吸引农牧民将更多资金投入到农牧业中。例如,实行农牧业投资联合担保制度,降低农牧民的投资风险,保证农牧民的投资收益。要不断完善各种惠农政策,为农牧民投资提供良好的环境。

---

① 乔元忠.对西藏经济社会跨越式发展若干问题的思考[J].中国藏学,2003(3):13-18.

(五)处理好可持续发展与西藏农牧业跨越式发展的关系

(1)走可持续发展之路。西藏农牧业发展的基础设施较为薄弱,自然条件差,加上自身抵御自然灾害的能力差,因此,产出水平低。[①] 为此,西藏需将经济发展和改善生态环境相结合,提高西藏中部农业主产区的生产率以及土地利用率,使支撑农作物生长的自然条件得到改善。

(2)加快建立生态补偿长效机制。建立草原、湿地、森林、水资源保护等资源开发和生态效益补偿机制;通过加大对重要生态保护区、重要矿产资源、自然保护区的财政补贴标准,加大财政对重点生态功能区均衡性转移支付政策。[②]

在生态保护与西藏生态农牧业跨越式发展问题上,总体按照保护优先、综合治理、因地制宜、突出重点的原则,加快实施西藏生态安全屏障保护与建设规划,借鉴和吸收发达国家在生态环境和经济发展领域成熟的经验和技术,正确处理西藏农牧业经济发展与生态环境保护的关系,力争生态保护与西藏生态农牧业的协调推进、持续和跨越式发展。

(六)加大西藏农牧业技术人才的培养

当前西藏农村专业技术人才极其匮乏,因而加大农业技术人才的培养是促进西藏农业产业化发展的重要途径;另外在大力促进西藏农牧业发展的同时,还要促进农牧业产品的深加工业发展,要尽可能地延长西藏农业产业的深度开发。这不仅可以促进西藏农业自身的发展,同时还可以实现西藏产业之间的互动,从而带动相关行业的大力发展,提升农业自身对西藏富余劳动力的消化吸收能力。

(七)加大先进适用农业机械的推广与利用

通过对西藏七个地区的农牧业数据进行面板分析,本书认为,目前西藏农

[①] 格桑卓玛.改革开放 30 年来西藏经济的发展之路[N].中国民族报,2008-06.
[②] 西藏自治区"十二五"时期国民经济和社会发展规划纲要[N].西藏日报(汉),2011-02.

牧业的机械化水平还很低,不仅相对于全国其他地区和省份,而且就西藏地区自身来说,机械化的水平也不高,且效率低,这很大程度地制约了西藏农牧业的发展。西藏农牧业发展首要的一步就是用先进的农机具来装备农牧业,在此基础上使农牧业产业化。为此,本书提出以下建议:

第一,政府财政支出应加大对农业机械补贴的力度。受客观条件的影响,长期以来政府对农业的投入主要侧重于直接生产性补贴如种子的购买以及农业基础性生产设施上,而对农业机械的投入却很少。农牧民现有的农业机械陈旧落后,导致农业机械的效率低,而新的农业机械价格高,大多数农牧业家庭无力购买或不愿购买,这就需要政府加大对农牧民购置农业机械的补贴力度,提高整个农牧业的机械化水平。

第二,提高农业机械生产效率和作业质量。目前西藏农业机械效率低的原因除了机械陈旧本身原因外,还有一个原因就是农牧民对农业机械的操作技术掌握的少,从而使得农牧民对农业机械的依赖低,本书实证分析得出的农牧业劳动人数相对于农业机械对农牧业产出的拉动系数大的结论很大程度上归于这一原因。因此,当前西藏农牧业发展的一个重要措施就是提高农业机械效率和农民操作机械的熟练程度;因此,政府应组织专业技术人员,加强对农牧民使用农业机械的培训,让他们掌握先进的农牧业生产技术和技能。

第三,推广先进适用的农业机械。由于西藏地域辽阔,各地区农业具体生产状况不同,而市场上的农业机械型号和种类繁多,各地所需的适用的农业机械也存在差别,因此农技工作人员和农业机械主管部门要深入农牧区进行调查研究,了解农牧民的需求和意愿,根据各地的不同特点和土地、土壤及种植状况,推广先进适用的农业机械,这样可以使得农牧民在选用农业机械时获得满意,进而激发农牧民使用农业机械的积极性。

第四,引导鼓励农牧业产业化经营。长期以来,西藏的农牧业产业化水平低,农产品、畜产品的市场附加值低,这就导致农产品产量增加的同时并没带来农牧民收入的增加,严重影响农牧民扩大生产的积极性,这也是长期以来西藏农业机械化水平低的一个主要原因。西藏提高机械化水平,不能仅仅局限于农牧业生产的层面,而应放到西藏整个产业发展的层面上来,这就需要在重视产量的同时更加重视增加农牧民收入以提高农牧民扩大生产的积极性。因此政府要制定适合西藏农牧业产业化经营的政策,鼓励支持农牧产品的龙头企业发展,进而激发农牧民的积极性,以提高农业机械化水平,最终实现西藏农牧业的可持续发展。

(八)推动区域布局优化、做大做强各地区的优势农牧业

第一,要突出地区特色和优势,优化西藏各地区的农畜产品生产结构。农业作为西藏的支柱产业之一,必要遵循生态农业的发展规律,循序渐进,加大力度推动各地区农畜产品生产结构的优化,形成具有区域特色的农畜产品生产经济区和产业带。各地政府应积极引导农牧民利用本地区的比较优势,加大具有比较优势农畜产品的生产,生产能够满足本地区居民消费需要的优质产品,以应对不断提高和变化的西藏居民的消费需要。

第二,必须立足于西藏各地区的农牧业比较优势,突出本地区农牧业的特色,重点扶持具有综合比较优势的农畜产品生产,回避现有的各地区所有农畜产品同时生产的局面。应重点扶持昌都、日喀则、那曲和阿里地区的青稞种植,林芝、拉萨和山南地区(市)的小麦种植,山南、日喀则和阿里地区的豆类种植,拉萨、山南和日喀则地区(市)的油菜籽种植,拉萨和日喀则地区(市)的蔬菜种植,山南地区、日喀则地区、那曲和阿里地区的青饲料种植;同时应重点发展拉萨、林芝和昌都地区(市)的牛养殖,日喀则、那曲和阿里地区的羊养殖,拉萨、林芝和山南地区(市)的猪养殖。即应加大力度推动各地区农畜产品生产的区域优化,发展不同类型的专业化农畜产品生产区域,进而带动全区农牧业实现可持续发展。

第三,要调整农畜产品生产内部结构。西藏地区居民的消费水平不断提高,广大消费者对农畜产品质量和种类的要求不断变化;因此,推动农牧业内部结构的调整,压缩质量差、市场前景不好的农产品,增加优质、市场前景好的农产品是很有必要的。

第四,应加大发展商品经济的宣传力度,努力改变西藏农牧民的轻商观念,提高农牧民的商品经济意识,以改变农牧区普遍存在的牲畜存栏率过高、出栏率低的现象,进一步推动农牧区经济的发展和农牧业实现可持续发展。

(九) 加快西藏农村产业结构的调整和生产经营方式的转变

依据以上分析结论,应加快西藏农村产业结构的调整,解决好西藏高原农业可持续发展,尤其是促进农牧民增收,应从以下多个方面入手:一是要引导农牧民转变现有的生产经营方式,实现西藏农业和牧业的规模化生产。西藏各地区应根据自身的实际情况,鼓励农牧民集体投资,建设有一定规模的种植和养殖基地,并成立相应的专业合作社来实现集约化经营,要实现生产资料的股份制经营方式,确定联合经营为主的经营模式,要根据市场的需求合理地配置生产资源,只有这样才能大步提高西藏农村生产资料的利用率。要想办法拓宽西藏农牧民的增收渠道,以实现西藏农村生产的科学发展,达到促进农牧民收入水平大幅增加的目的。二是要优化农业产业结构,增加农牧业特别是畜牧业在农业总产值中的比重。畜牧业是西藏农业中产业关联度比较高、效益比较好的优势产业和特色产业,因此要想加快西藏农业发展的质量和速度,就必须花大力气促进西藏畜牧业的发展,以促进西藏农业产业结构的调整和优化升级。西藏各地区要基于自身的实际情况有重点地支持当地龙头企业的建设,要给予一定的政策鼓励,要采取龙头牵动、政策驱动等措施,促进西藏畜牧业向规模化和集约化的方向大力发展,实现西藏农业总量的增长和经营规模的重大突破,要实际做到把畜牧业发展成为增加西藏农民收入水平的主要产业。

(十) 加大财政支农资金以保障西藏农牧民的主要物质支撑

依据本书分析的结论,西藏自治区政府应加大财政支农资金的投入力度,加强其对农牧民的收入增长的推动作用。这首先需要加大对农牧民收入增长有直接推动作用的支农项目的投入力度,其次要不断提升具有间接影响效应的支农项目的实施力度,以形成财政支农长短期政策优势互补的综合政策效应体系,促进西藏农牧民收入持续、稳定、快速、全面增长。

与此同时,在制定推动西藏农牧区经济社会发展政策时,必须保证牲畜的饲养数量和青稞、小麦、玉米等粮食作物的产量,以保障农牧民的生活在西藏特殊的地理条件、气候条件下有主要物质支撑。

为了保证粮食作物的生产,政府的财政补贴政策和农牧产业扶持政策必须以促进种植业结构调整,建立区域规划合理的优质青稞、小麦、玉米、高原油菜、马铃薯、蔬菜、藏药材等高原特色鲜明的农产品生产基地,发展高原特色的优质粮食作物为重点;同时应更多地支持农牧区的水利设施建设、耕地改良、大棚种植等现代农业生产技术的推广,大力推广种植大户为龙头的规模化经营的生产方式,培育有竞争力的高原特色现代农业。

在扶持畜牧产业发展方面,政府的财政补贴政策应以支持畜牧产业的结构调整,加速牦牛、肉牛羊、奶牛、细毛羊、绒山羊等牲畜的优质品种的引进与改良,促进养殖结构的优化和升级;同时应推进牦牛、奶牛、细毛羊、绒山羊、藏猪、藏鸡等牲畜养殖区域规划的合理化,建立特色鲜明的牲畜养殖基地,以促进畜牧业和农牧区经济结构的战略性调整和升级。

此外,政府的财政补贴政策应更多地支持扩大人工种草面积、退耕还草、草场围栏设立、水土流失防治、荒漠化草原治理等草场保护与建设项目,扶持草种改良、草场轮牧、草场休牧等生态工程,以提高草场的承载能力。

通过提高草场的承载能力、引进培育适应高原地区的优质品种、建立特色鲜明的牲畜养殖基地等措施,从而有效地促进适应高原地区的牲畜品种质量、数量和养殖结构,培育有竞争力的第一产业,从而有效保证西藏高原农牧民生活的主要物质支撑。